本丛书得到何东先生独资赞助

This series of books is financially supported exclusively
by Mr. Eric Hotung.

20世纪中国文物考古发现与研究丛书

秦文化

王学理 梁 云 ／著

文物出版社

一　秦始皇陵

二　秦俑一号坑

三 杜虎符（秦杜县遗址出土）

四 高奴铜石权（秦阿房宫遗址出土）

五 彩绘铜车马（秦始皇陵园出土）

六　蹲姿射俑（秦俑二号坑出土）

七 秦公镈（宝鸡太公庙出土）

八 驷马壁画（秦咸阳宫殿遗址出土）

20 世纪中国文物考古发现与研究丛书

序 / 张文彬

　　俗称"锄头考古学"的田野考古学的诞生以及中国考古学学科体系的基本完善，由此而引起的古物鉴玩观赏著录向科学的文物学的转变，是 20 世纪中国学术与文化界的大事。它从材料与方法两个方面彻底刷新了持续了数千年之久的中国古代史学传统，不但为中国学术界和文化界开拓出更加广阔的研究天地，也为一切关心中华民族悠久历史和灿烂文明的人们不断地提供了可贵的精神滋养和力量源泉。

　　仰古、述古、探古，进而考古，向来为我国传统文化中一个明显的学术特点。先秦时期诸子百家发其端，汉代司马迁撰写《史记》，北魏郦道元作注《水经》。他们对相关的遗迹遗物，尽可能地做到亲自考察和调查，既能辨史又可补史。这种寻根追源的治学态度，为后世学术上的探古、考古树立了榜样。此后，山河间的访古和书斋式的究古相继开展，特别是对古器物的研究，成了唐、宋时期的文化时尚。不少学者热衷于青铜铭文、碑刻、陶文、印章等古文字的考释，进而有了对器物的辨伪鉴定、时代判断、分类命名等，逐渐兴起了一门新的学问——金石学，涌现出许多著名的古器物鉴赏家和收藏家。只是囿于当时的历史条件，金石学家们无法了解所见文物的出土地点和情况，也难以涉及史前时代漫长的演进历程，因而长期以来始终脱离不了考证文字和证经补史的窠臼。即使如此，他们的艰辛努力和取得的成绩，还是为推动我国传统文化的发展起到了积极作用，并且在事实上也为中国考古学和中国文物学的起步铺设了最早的一段道路。

20 世纪初，近代考古学由西方传入。中国学者继承金石学的研究成果，学习并运用西方考古学方法，开始从事田野考古，通过历史物质文化遗存，探寻和认识古代社会，揭示人类社会发展规律。早在 1926 年，中国学者就自行主持山西南部汾河流域的调查和夏县西阴村史前遗址的发掘。随后，我国学者同美国研究机构合作，有计划地发掘周口店遗址，发现了北京猿人。从 1928 年起至 1937 年，连续十五次发掘安阳殷墟遗址，取得了较大收获，引起了国内外学术界的重视。自 20 世纪 50 年代以后，随着国家大规模经济建设的进行，田野考古勘探、调查和科学发掘工作在全国范围内蓬勃有序地开展，许多重要的典型遗址和墓地被揭露出来，重大发现举世瞩目。它们脉络清晰，层位分明，文化相连，不仅弥补了某些地域上的空白，而且衔接了年代上的缺环，为研究中国古代史、文化史、科学史以及其他学科领域，提供了珍贵、丰富的实物资料，极大地影响着人文社会科学诸多学科专业的研究与发展。这段时间被学术界称为中国考古学的黄金时代。在马列主义理论指导下，具有中国特色的考古学理论体系和方法论逐渐形成。有关研究成果不仅极大地改变和丰富了人们对中国文明起源、中国古史发展等重大问题的认识，同时也扩展了中国文物的研究领域和研究方式。可以说，考古学的发展与进步，直接影响到文物学的形成与发展，而且影响到全社会对文化遗产重要作用的认识以及世界学术界对中国古代文明的重新认识。

从 20 世纪 80 年代开始，文物界就中国文物学的创立，逐渐取得共识，在共同探讨的基础上，初步形成了学科体系。不少学者发表了有关论文，出版了专著，就文物的历史价值、科学价值、艺术价值以及在社会主义的物质文明与精神文明建设中如何对文物进行有效保护、合理利用发表意见。这些研究成果已获得学术界的赞同。

在这世纪之交和千年更替之际，对中国考古学和中国文物事业作一次世纪性的回顾和反思，给予科学的总结，是许多学者正在思考和研究的问题。如果能通过梳理 20 世纪以来重大发现和研究成果，透视学科自身成长的历程，从而展望未来发展的方向，以激励后来者继续攀登科学高峰，无疑是一件很有意义的事。为此，经过酝酿、商讨和广泛征求意见，我们约请一批学者（其中有相当多的中青年学者）就自己的专长选择一个专题，独立成篇，由文物出版社编辑出版一套《20 世纪中国文物考古发现与研究丛书》，并以此作为向新世纪的献礼。

从某种意义上说，《20 世纪中国文物考古发现与研究丛书》是一套学科发展史和学术研究史丛书。其内容包括对 20 世纪考古与文物工作概况的综合阐述；对一些重要的考古学文化和古代区域文化研究情况的叙述；对文物考古的专题研究；对重要的文物考古发现、发掘及研究的个例纪实。

此套丛书的内容面广，而且彼此关联。考虑到各选题在某些内容上难免会有重叠或复述，因此在编撰之初，我们要求各选题之间互有侧重，彼此补充，以期为读者了解 20 世纪中国考古学和文物学的发展提供更多的视角。

我国的文物与考古工作，虽在 20 世纪得到了迅速发展，但仍有许多重大学术问题需要进一步探索。我们主持编辑这套丛书，除了强调材料真实，考释有据，写作态度严谨求实外，也不回避以往在工作或研究上曾经产生的纰漏差错和不足之处，以便为今后的工作和研究提供借鉴。虽然我们尽了很大努力，但限于水平，各篇仍很难整齐划一。由于组稿和作者方面的困难和变化，一些计划之中的题目也未能成书。这些不周之处，敬请专家、学者和广大读者批评指正。

在丛书编印过程中，我们得到了文物、考古界的广泛支持。何东先生在出版经费上给予了热情帮助。在此，一并深表感谢。

2000 年 6 月于北京

目　　录

插 图 目 录

绪　论

（一）考古发现的简单回顾

秦文化的发现和现代中国考古学的产生基本同步。30 年代国立北平研究院为了探索周、秦二族文化派人赴陕西调查，苏秉琦先生主持发掘了宝鸡斗鸡台的屈肢葬墓，首先接触到了秦文化。虽然没有直接命名，但已将它与其他性质的文化区分开来。这是严格意义上秦文化考古工作的开始。

50 年代至 60 年代初，考古工作者先后在西安半坡、长安客省庄、宝鸡福临堡、宝鸡秦家沟等地发掘了一些春秋中期至战国晚期的秦墓，已基本能够理顺它们之间的年代先后关系。此外，还调查了雍城、栎阳、咸阳故址，确定其地望，并作了一些试掘。这一阶段属于资料的积累时期。

70 年代至 80 年代初，重大发现接踵而至：秦始皇兵马俑坑举世瞩目，云梦秦简令学界沸腾，雍城陵园规模之大前所未见，秦国都城的真面目在考古学家的手铲下开始显山露水。中小型墓葬的发掘全面铺开，雍城南郊高庄和八旗屯墓地尤为重要，为后来秦墓的编年工作奠定了基础。

80 年代研究成果累累，一些学者开始总结秦文化的特征，墓葬分期亦由粗到细，人们为屈肢葬的含义争论不休，关于秦文化渊源的讨论也变得异常激烈，并导致了甘肃省甘谷县毛家坪西周秦文化遗址和墓葬的发掘。秦公一号大墓的发掘历经十载，最后"揭椁"时，新闻媒体喧嚷一时，但留给人们的却是文物被盗的无限遗憾。整个 80 年代，发现的狂热已经让位于冷静的理性思考。

90 年代，研究趋向专门化，在金文、陶文、城市、陵墓方面相继有专著问世。田野工作沉寂了一段时间后，终于有了宝鸡益门村秦墓的发现。在陇县店子村和咸阳任家嘴、塔儿坡发掘的秦墓，除了可以印证以前的分期，还为分类分区提供了依据。考古报告的完善，使个案研究成为可能。近年西安北郊相家巷有大宗秦代封泥面世，可望在秦代职官、地理研究方面有一个大的突破。

（二）当前秦文化研究需要深入
探讨的几个问题

1. 秦文化的概念

这里所说的"秦文化"，指存在于一定时间、分布于一定空间，主要由秦族秦人及相关人群创造和使用的有自身特点的考古学文化遗存。它包括目前发现的遗迹和遗物的总和及其所反映的物质和精神两方面的内容。

秦文化不是从来就有的，也不是永远存在的，如果把起源阶段包括在内，其年代上限可追溯到商代晚期；如果把消亡阶段也考虑进去，其年代下限可推迟到西汉武帝时期。秦文化的分布区域有一个自西向东、由小到大的发展过程：西周时期它仅仅局限在渭河上游、陇山以西的河谷地带，春秋时期已经扩散至整个关中地区，战国中晚期以后则开始遍布于全国。

秦文化和秦族秦人有着复杂的辩证关系。并非所有秦人使用的文化都属于秦文化，例如战国末年以后，关中秦民中有的迫于苛政亡入周边地区，他们中的绝大多数混居在当地人中间，"以夷变夏"，使用着当地的文化，生活习惯和关中有很大区别，如同汉武帝时投降匈奴的李陵"椎髻左衽"。有些非秦人使用的文化反倒可以归入秦文化的范畴，如在陕西户县宋村和南关发现的春秋早期鄝国王室墓葬，青铜器与同时期陇县边家庄秦宗族墓地所出酷似，属于同一文化。因此，不能简单认为秦文化就是秦族秦人文化。

界定秦文化的首要标准是文化特征，而非时间、空间、国别。秦国建立于公元前 770 年，灭亡于公元前 207 年，但秦文化并不与之同步。秦国版图不断扩大，在新占领区往往既有秦人又有本地居民，遗存面貌也驳杂不一。例如公元前 230 年秦灭韩后，郑州一带划归三川郡，但那里既有出釜、盆、罐的秦人墓，又有出鼎、盒、壶的韩人墓，文化性质判然有别。因此，也不能简单地认为秦文化就是秦国文化。

70 年代俞伟超先生曾对秦文化的属性和特征加以概括。秦文化概念的提出则是考古学文化本体论日益明朗化的结果，它继夏文化、商文化、楚文化的讨论之后，必将随着考古学理论的进步而发展。

2. 秦文化的分期

考古学文化的分期必须建立在典型遗址分期的基础上。50～60 年代，田野工作刚刚展开，材料不足，秦文化的全面分期还无从谈起。70 年代，凤翔雍城南郊几处规模较大的秦中小型墓群被清理，使秦墓的编年成为现实。80 年代，长期在雍城工作的尚志儒根据随葬品组合和形态把秦国小型墓分为

7期，并综述了各期特点。叶小燕把全国范围的秦墓分为5个阶段，并论及秦文化在发展过程中与其他文化的关系。

考古学文化分期反映了该文化纵向的阶段性发展，它应该从各类遗存、尤其是器物群自身演化轨迹中归纳得出。它不同于历史分期，不能简单套用文献史学的时代划分给考古材料贴标签。考古分期须详略兼顾：略者要反映文化在宏观方面的大转变，详者要反映文化在微观方面的细部变化。秦器物群在战国早中期之交发生了突变，但此前此后均表现为连续性的渐变。陈平对关中秦墓青铜容器的分析较好地把握住了这一点，她的两大器群、五期、十组的分法基本上照顾到从宏观到微观的各个层次。

历史时期考古学文化分期同时还要和文献记载中移风易俗的革新运动相联系，惟其如此，才能知其所以然，也才能找到考古学和史学的契合点。秦孝公迁都咸阳，奋起变革，大批关东客卿人才涌入关中，加上战争掳掠，关东青铜文化随之而至。大量新器物的涌现使战国中期秦文化面貌焕然一新，几乎改变了原有主体文化因素的构成。如果不是以屈肢葬的传统和文献记载为依据，如果是对待史前文化，我们甚至可以认为一种新的考古学文化代之而兴起了。秦文化的独特道路对考古学中"文化"、"分期"这类概念的传统解释提出了挑战。

墓葬分期和等级分类相结合，能揭示社会各阶层平行发展关系以及变动情况，"就可以把考古学的年代学研究推进到社会历史的研究"[1]。

本书的研究显示，东周时期在东方各国普遍发生的下级僭越使用上级礼制的情况，在秦国并不突出。当东方国家社会急剧变化，推陈出新，礼崩乐坏的时候，秦人却继承丰镐旧习，以掩饰自己的卑微出身，标榜自己属于华夏正统。文字研究也说明了这方面的问题，秦系文字和东土文字虽然都源于西周文字，但东方文字的变异程度却较秦文字大得多。

3. 秦文化的渊源和流向

早在 30 年代苏秉琦先生整理斗鸡台沟东区墓葬时，就意识到屈肢葬墓可能代表"一支早已华化的外族文化"，它所出土的铲脚袋足鬲，"只能向西北去找它的渊源线索"。70 年代末，俞伟超先生发展了这一观点，指出秦墓所具备的屈肢葬、铲脚袋足鬲、洞室墓三个特征皆来自西北羌戎文化，秦人是西戎的一支，但受周文化强烈影响，也可归入周文化这个大文化圈。刘庆柱则明确提出秦文化渊源于甘青地区的辛店文化。80 年代以后，越来越多的材料显示铲脚袋足鬲和洞室墓并非秦文化的本来特征，而是后来外部文化对它的影响。韩伟就此撰文力图澄清，但矫枉过正，他把屈肢葬这一秦人的标志性特征也一块否定掉了，进而否定"西戎说"。他提出秦文化与殷商文化存在着渊源关系，认为马家庄宗庙符合"殷人三庙"的记载，秦陵"亞"字形、"中"字形大墓与殷墟商王陵相同。见解虽新，其实证据并不充分，"殷人三庙"纯属误传，秦与商陵墓制度的关系应表述为"周承殷制，秦袭周礼"。

与此同时，史学界关于秦人来源问题的讨论也日趋激烈。熊铁基等"西来说"学者认为秦开国前世系为"宗祝伪托"，乃后世伪造，不足征信；马非百等"东来说"学者认为《史记·秦本纪》关于秦先世的记载毋庸置疑，从地名、信仰等方面都能在文献中找到秦人来自东夷的线索。近年，"东来说"有压倒"西来说"之势。

要寻找秦文化渊源，我们认为必须以东周秦文化为起点，一步步地向前追溯，找到西周秦文化的实物材料，才可作为讨论的基础。80年代北京大学考古系在甘肃省甘谷县毛家坪发现了西周时的秦文化居址和墓葬，居址可到西周早期，墓葬可到西周中期。赵化成分析了其文化因素的构成：一方面屈肢葬、西首葬等葬俗与甘青古文化有关，另一方面陶器的组合形态与周文化有关。对秦文化渊源他持谨慎态度，认为不宜过早下结论。近年牛世山从陶器而非葬俗出发，提出秦文化起源于先周文化，并为西周文化的一个地方类型。滕铭予更明确地指出毛家坪居址最早的陶器年代可以早到商代晚期，这时的秦文化是先周文化的一个地方类型，具体地讲，是郑家坡文化的一支向陇西迁徙的结果。

秦文化起源的探索才刚刚起步，目前亟待在甘肃东部做更多工作，获取新材料以验证诸说。就方法而言，文化渊源和族属问题应分开讨论，因为秦文化不等同于"秦人秦族文化"。即便秦人来自东方，也不能简单地说秦文化来自东方，因为"文化东来说"在考古材料中还没有任何过硬的证据。就目前材料而言，我们完全可以说秦文化有多个源头，既接受了周文化的影响，又继承了甘青古文化的因素。探讨文化渊源要抛开单系直线思路。此外，就工作实践而言，要把秦文化从甘肃东部的"西周文化"中剔出来，还得靠屈肢葬，它在文化渊源探讨中的标志性意义不容轻易否定。

纵观秦文化发展历程，西周中晚期它被西戎文化和周文化包围，头角尚未崭露；穆公以后，在与东方半隔绝半封闭的情况下形成了一些自己的特点。这些特点概而言之，反映了其文化上的守旧性。如三晋地区春秋早中期铜鼎的立耳就发展成附耳，秦国在战国早期依然很少见到附耳铜鼎。战国中期秦从东方接受了矮足鼎、锺式圆壶等青铜礼器，从巴蜀吸收了釜、鍪等实用铜容器，创制了蒜头壶等陶器新品种，从北方戎狄部落吸收了洞室墓型，文化面貌发生巨变。随着秦军事力量的扩张，秦文化开始向周边辐射，在影响东方六国文化的同时，自身也发生了一些变异，由此引发的文化碰撞、征服、反抗、融合，为后来汉文化的形成打下了基础。

目前在河南、湖北、四川等秦国本土之外地区发现的战国中期以后墓葬都有秦文化系统和当地文化系统两类。例如在湖北，既有云梦睡虎地秦人墓，又有鄂城钢厂等楚人后裔墓地；在四川，既有荥经曾家沟、城关镇、青川秦墓，又有涪陵小田溪、巴县冬笋坝、昭化宝轮寺等巴蜀文化的墓葬。在上述地区的某些小地点，只有其中的一种文化遗存。如在河南陕县，秦攻占这里后实行民族清洗政策，把当地的魏民统统赶走，"出其人与魏"（《史记·秦本纪》），又从本国迁入居民，使这里只有清一色的秦文化墓葬。在某些小地点，则有两种以上的类型，比如在郑州岗杜。不同种类墓葬的差别到西汉武帝前后才最终消失。可以说，徙民运动在把秦文化传播到各地的同时，也打破了西周以来逐渐形成的三晋、楚、巴蜀等几大文化地理单元格局，使它们在更广阔的空间范围内得以融合。

4. 关于秦都邑、陵墓的研究

史载秦人先祖从中潏时就居住在犬丘，后来非子被改封在秦，秦人因之得名。秦襄公时迁都汧。秦文公至汧渭之会营建都邑。秦宪公时又迁都平阳。秦德公时迁雍城，这里作为秦国都城时间长达 327 年之久。后来秦灵公和秦献公又分别把泾阳和栎阳作为临时性都邑，以经略东方。直至孝公徙都咸阳，新都才最终确定下来。秦人屡次迁都的原因是出于政治和军事考虑，而非其他。

早在20世纪30年代，国立北平研究院的苏秉琦等就对西安三桥附近的阿房宫遗址和凤翔县城南的雍城遗址作了勘察。50年代至80年代，考古工作的重心在雍城、栎阳、咸阳。到了90年代，平阳以前的早期都邑的地望成为大家日益关注的课题。

城市布局形态和城内建筑物的性质功能永远是都城考古的重要内容。先秦很多城市经历了一个长期动态的发展过程，其布局并非一次定型，秦咸阳尤其如此。通过考古发掘呈现在我们面前的各类遗迹是多次人类活动后的结果，我们首先要依据各单位的地层关系和遗物形态去确定其始建年代，不能把不同时期的单位放在一个平面上去探讨其布局。目前关于咸阳有无外郭城的争议很大，这个问题的解决当然要依靠考古调查，但观察角度和分析方法的更新也很必要。咸阳的空间范围是否一直都局限在"山南水北"，能否用六国都城的城、郭分治模式来理解咸阳，这些都值得我们深思。对雍城也该如此。目前仅仅在雍城遗址发现一圈城垣，城垣内宫殿基址的分布范围较大，但并不集中，很可能与咸阳一样，是一种不同于东方的、非城郭制的城市形态。东方国家楚郢都、齐临淄、鲁曲阜、燕下都，以及韩、赵、魏都城，无论是小城嵌入大城一角或与大城分离，还是小城居于大城中央，都有城、郭分治的共同点，这是在东方国家贵族之间权力斗争日趋激烈以及国人暴动频繁的情况下，王室安全需要强化的产物。秦都城非城郭制的特点，只能说明其政治生活与东方有所不同。

秦都邑可分三种：一是早期封地，有中心聚落性质，如西犬丘、秦。它们已有代表权力的宫室，如西犬丘有"西垂宫"，秦有"秦川宫"。二是百年以上的长期性都城,如雍城、咸阳。三是为了军事目的设置的短期的临时性都城,如汧、平阳、泾阳、栎阳。从城市规模也可看出它们之间的差别,雍城面积达1000万平方米,咸阳面积最保守估计也有4000万平方米,栎阳却只有400万平方米,汧城更小,可能不到25万平方米。相差之悬殊,不可以道里计。第一、二种和第三种都城往往共存,如秦文公即位时,还"居西垂宫",秦献公已"徙治栎阳",但到秦孝公时才正式把都城从雍城迁至咸阳。

陵墓是都城的有机组成部分,前者往往在后者附近。近年甘肃礼县大堡子山秦公大墓的发现就为确定西犬丘的具体位置提供了线索。当然,我们也可把陵墓独立出来作纵向考察。秦国陵墓序列完整,特征清晰,在东周列国中实属罕见。从雍城秦公陵园到芷阳东陵,再到秦始皇陵园,茔域界限从兆沟发展成墙垣,封冢从无到有,墓型从"中"字形到"亞"字形,从葬制度不断丰富和完善化,以及园寺吏舍的设置等等,一定时期的陵墓形态总是秦国特定历史阶段的产物。目前秦国和东方列国陵寝制度的横向比较研究尚嫌不足,一个很重要的原因是晋、楚、齐、鲁等国春秋时的陵墓还没有大宗发现。雍城陵园18座"中"字形墓被集中在一个外兆包围的茔域内,相互之间没有打破关系,规划严谨,与西周时的北赵晋侯墓地,乃至洛阳金村的东周王室墓地有一定相似性。秦始皇陵园布局却和雍城、芷阳陵园有相当差别,表现出很大的跳跃性,其制度渊源似乎更应当到东方国家去寻找。

（三）考古学思潮的变化和
秦文化研究的前景

世界范围内考古学思潮此起彼伏，既有奔腾喧嚣的急流，又有水珠飞溅的浪花，很难用一种声音去概括。考古学前进的每一步，既来自于对本学科工作的批判和反思，又得益于其他学科的推动。19 世纪中后期考古学产生的原动力是为了回答"人类在自然界中的位置"这一时代的核心命题，考古学与地质学、生物学、哲学为此携手共同作出了贡献。然而，当考古学独立出来并与其他学科分道扬镳之后，它却越来越专门化，陷入自身方法论限定的狭隘空间，越来越难以和其他学科对话。当个别学者踏遍某个小地区的每一条溪流河谷，翻遍每一条相关史料，并为此耗尽一生时，考古学自己也不可避免地四分五裂了。"真正的学者在地方"，这是我们经常听到的一句口头禅，对传统考古学的怀疑由此抬头了。60 年代宾福德号召的"美国的考古学就是人类学"，的确鼓舞人心，至今余音回荡。学科之间概念相互介入和思想碰撞日益频繁，新进化论就曾为新考古学关于文化的理论分析提供了借鉴。20 世纪末，一种试图突破人文和自然科学界限，以了解物质现象的丰富性和复杂性为目的的"复杂科学"正在兴起，一些考古学家也开始思考遗迹遗物所反映古代社会的复杂性问题。世界潮流，浩浩荡荡。在中国，这种学科大整合的趋势也显露端倪，张光直先生关于破除考古学、文献学、民族学之间清规戒律，建设一门"中国先秦史"的倡议[2]，俞伟超先生关于全息阶段考古学行将消亡的预言[3]，都透露出这方面的信息。考古学不能只会利用科学技术的"剩余价值",也不能只会简单对照民族学中"活的例证";我们不需要人类学、考古学、历史学的"三拼盘",而是三者的水乳交融,目的是为了回答社会科学共同关心的一些课题。

研究秦文化对理解世界文化有什么意义?在这里,我们提出一些不成熟的看法。

六七十年代美国的塞维斯(Service)和萨林斯(Salins)倡导新进化论,提出特殊进化和一般进化的区别是:前者指物种或文化系统对特定环境的专门化适应,后者指更高级形式生命的出现或文化综合水平的阶段性提高。二者存在逆反关系,一个物种或文化系统越是专门化和适应,它走向更高等级序列的潜力就越小。进化运动的总体特征是非线性的,一个发达了的物种不会必然导致下一个进化新等级[4]。秦帝国无疑是中国历史上一种更高形式的国家形态,然而在春秋早期至战国早期,秦国的发展速度却大大落后于东方国家。商鞅变法成为转折点,此后经济上突飞猛进,军事上一跃成为头号强国。秦发展史再一次证明,落后国家可以通过直接引进先进社会的文化,跳跃既定阶段,赶超那些貌似繁荣、但实际发展已濒临极限的国家。这就是文化进化的潜力法则——"落伍者的特权"。

一张白纸上才能画出最新最美的图画,落后国家没有沉重的传统包袱,引进新装备时不必为淘汰旧设备付出太大代价,因而具有广泛的适应力和潜在活力。秦民质朴,这在墓葬材料中看得很清楚:不严格遵守棺椁制度,洞室墓率先在他们中间流行;庶民坚持日用陶器随葬的习俗;铜礼器制作粗糙草率;秦系文字较六国文字简便易行等等。春秋以来秦对周礼的模仿仅仅停留在物质表面,没有深入到精神内部;仅仅局限在上流贵族，没有普及到社会下层。秦人主关中后，周遗民的向背对巩固其统治举足轻重，故利用周礼名号，标榜自己华夏族的血统，以暗合当日现实。战国中期由于形势的变化，又很快将之抛开。通观秦国青铜文化的发展，战国中期两大器物群交替之际的不衔接不整合现象，实可称为一个文化的断裂，这在东方国家根本看不到。商鞅变法是列国变法运动中最后一个，但最为彻底、最富成效。正因为民风淳朴，法令得以上行下效；正因为还不像六国那样公室衰微、政归私门，国君才有足够的权威推行变革。荀子谈到秦国强大的原因时也说："入境观其俗，其百姓朴，其声乐不流污，其服不佻，甚畏有司而顺，古之民也。"（《荀子·强国》）

　　从葬圭习俗的变化也可以观察秦人对周礼的态度。《周礼·考工记·玉人》把圭的使用放在首位，天子册封、诸侯朝觐、使者征伐、祭祀天地山川日月星辰以及祖先宗庙都要用到，是重要的瑞节礼器。从周成王削桐叶为圭封唐叔虞的故事，可知圭在周人心目中更是赐国拜官授爵的信物和地位的象征。只有公、侯、伯之类高级贵族才配拥有，而子、男爵位的只能"守谷璧"或"守蒲璧"。正由于贵重，在西周时期较大的周人墓中才能见到圭。沣西张家坡发掘的 182 座小型西周墓葬，仅出土 2 件石圭，就很说明问题。相反，在西周中晚期的小型秦墓中随葬石圭却极普遍，甘谷毛家坪 8 座西周秦墓座座出圭，多者 10 件，少者 1 件，"石圭出土时多散置于死者身上，估计原放在棺盖上"。它们多用页岩或板岩打磨而成，不同于玉圭，它们不可能是礼仪生活的实用品，当专为随葬而制作，有祈求来世高爵厚禄的意义。这反映了秦人已经认同周礼所代表的价值观念，但对其等级制度的遵循又远不及周人严格。春秋秦墓

葬圭习俗依然盛行，如宝鸡福临堡 11 座墓，凡出铜陶器物的
皆有石圭；长武上孟村春秋晚期至战国早期 20 座墓出石圭
110 件；凤翔高庄战国中期以前的墓共出石圭 77 件。此时，
东方国家的小型墓也开始用石圭随葬，侯马上马墓地 244 座
墓，出土各种质地的圭 680 多件，大有泛滥的趋势。侯马还曾
发现制作石圭的作坊遗址，原来尊贵的礼器现在沦落到可以滥
制贱卖的地步，礼制被僭越被破坏自不待言。令人感兴趣的
是，战国中期以后的秦墓里葬圭之风戛然而止，西安半坡 112
座、大荔朝邑 26 座、河南三门峡公布 的 150 座秦墓中没有出
土一件石圭。如此大的转变说明了什么？这与秦墓原来流行的
彩绘仿铜陶礼器和微型化的铜礼器在战国中期被日用器皿完全
取代的现象有着相同的意义。商鞅变法推行的社会大变革使人
们把周礼那一套价值观及其符号系统彻底抛弃，奖励耕战、崇
尚军功，秦国之俗变得"贪狠强力，寡义而趋利"（《淮南子·
要略》）。值得注意的是，战国中晚期东方国家葬圭之风依旧。
50 年代在洛阳烧沟发掘的 59 座战国小型墓，每墓出土一件石
圭。由此可见，对周礼的破坏，秦和东方列国走过了两条不同
的道路[5]。

　　秦文化的考古工作经历了风风雨雨 70 年的时间，光阴荏
苒，当年稚气未脱的少年今天已成为耄耋长者。秦文化研究前
进的每一步，不正象征着中国考古学成长的蹒跚脚步吗？忆往
昔，思来者，如果说 30 年代秦文化的发现肇始于中国学者对
探索本国文化起源的一种执著追求的话，那么，在世纪之交的
今天，如何使秦文化研究回归到中国文明的总体进程中去，如
何理解秦文化所走过的独特道路和所具有的一般性意义，则是
新一代考古工作者面临的任务。

注　释

[1] 俞伟超：《先秦两汉考古学论集》第 251 页，文物出版社 1985 年版。

[2] 张光直：《中国考古学论文集》第 31～43 页，生活·读书·新知三联书店 1999
年版。

[3] 俞伟超：《考古学是什么》第 186 页，中国社会科学出版社 1996 年版。

[4] 夏建中：《文化人类学理论学派》第 237～246 页，中国人民大学出版社 1997
年版。

[5] 关于这一点，俞伟超先生在论述周代用鼎制度时也谈到了，详见《周代用鼎
制度研究》，《北京大学学报》（哲社版）1978 年第 1、2 期。葬圭和用鼎的变
化情况一致，都反映了共同的社会变迁。

一 秦文化的初步探索

（二十世纪三十年代以前）

（一）历代对秦文化遗存的著录与考释

关于秦文化最早的文献记载，当属《史记》的《秦本纪》了。它记述了秦人早期的历史，特别是秦人在春秋初年建立国家之后的历史，按世系、依年代较详细地记录了秦国的政治、军事、经济、外交与文化活动。而《秦始皇本纪》则围绕秦始皇和秦二世的行迹，全面记述了秦统一六国和建立秦帝国的经过、推行全国的各项政令，而其中关于首都咸阳、宫殿、陵墓等项的规划与实施尤为详尽，不失为研究秦文化的重要线索。散见于《史记》中的秦史史料，还有《吕不韦列传》、《李斯列传》、《蒙恬列传》等。

汉人关于秦史的史料多取自《史记》。有关秦史的记载可作凭信者还有一些，如《三辅黄图》中记有始皇所规划咸阳的范围和主要宫殿、苑囿、桥梁等，《三秦记》也有类似的记叙。但可惜的是这两部秦汉时期的地理书早已佚亡于唐，今天我们所见到的是后人经过多次补缀、修订的辑本，其中还有相当多的讹夺。北魏郦道元的《水经注》一书，按河流的流经给我们提供了秦城邑、宫殿、陵墓及其设施的相对位置，同样成为研究秦文化不可或缺的文献。

秦末的大火、项羽的劫夺，造成建筑成墟，以至后人不能确指其所在。如果说汉代人还能根据秦遗址道明其所由来的话，那么随着时间的流逝，人们的记忆就越来越模糊，甚至把口头传说同错简的记载混杂起来。这就出现注家相抵牾的情况，像《史记》、《汉书》多家的注释就不尽一致，而对秦的遗物更是说不上个所以然来。

晋人葛洪在其《西京杂记》中载有两个故事，一个是"高祖入咸阳宫，周行府库，金玉珍宝不可称言"，见有稀奇的青玉五枝灯、奏乐铜人、昭华之琯、方镜等；一个是汉五柞宫青梧观前有石麒麟二枚，胁有文字，被断定为秦始皇陵墓上之物。由于始皇陵墓之内"宫观、百官、奇器、珍怪，徙藏满之"（《史记·秦始皇本纪》），是财富集中的地方，所以有关它的传说故事更是不一而足。《拾遗记》记载：东吴宝鼎元年（266 年），郡民看到有凫雁向南飞，至淫泉，常戏于沙濑。有罗得者，知其为金凫，就献给日南太守张善，经考订知，原是秦始皇陵墓内之物。这种古代的笔记小说，往往事涉离奇甚或荒诞不经，故而不为治史者所采用。但我们换个角度就不难发现，它实际上映现着后人对秦代文物鉴赏的影子。

唐代初年，石鼓的出土是秦文物面世的一件大事，轰动朝野，影响数百年。据考，鼓形的刻石有十枚，最先发现于今宝鸡市东南约十余里的石鼓山，诗人杜甫称之曰"陈仓石鼓"。后迁凤翔，因战乱"毁失"，宪宗时复出于县南石落务。刻文作猎祭的四言诗，字用籀文大篆，所以连大学问家韩愈在《石鼓歌》里都以为是"周纲陵迟四海沸，宣王愤起挥天戈。……辞严义密读难晓，字体不类隶与蝌"。他错把石鼓的时代定在周宣王时，对文字不认识，更不明白辞意了。经过历代学者的考释，终于弄明白，所谓"石鼓"就是刻记秦国君主狩猎之事

的"猎碣"，时代当在春秋中晚期。尽管它究竟属于秦的哪代
君主，迄今还没有定论，但毕竟有一点可以肯定，它是距今
2300 年以前的秦物。

我国宋代开辟了金石学的先河，学者迭出，著录丰硕。吕
大临《考古图》虽著录古铜器、玉器只有二百来件，但附图并
加释文终究为金石学著录开了个头。随后，王黼对宋徽宗宣和
殿中所藏的 839 件古铜器绘图，就其款识、大小、容量、重量
逐一考订，成就《宣和博古图》一书，其分类与考订的成就使
之成为考古的重要工具书。薛尚功的《历代钟鼎彝器款识法
帖》（又名《薛氏钟鼎彝器款识》）一书，更是文字考释的上乘
之作。大文学家欧阳修的《集古录》考释金石文字四百余篇，
"上自周穆，下更秦汉隋唐五代"，可说是我国现存著录金石最
早的学术专著。赵明诚的《金石录》对铜器、碑刻、墓志考释
精慎，补正史书，尤具参考价值。此外，还有王俅的《啸堂集
古录》、王厚之的《复斋钟鼎款识》等都是当时重要的金石学
典籍。这些著录和考释，一则反映了前此收藏历代文物的传
统，二则说明已经萌发了研究物质文化的意向。

宋人的方志书中，涉及古都者以宋敏求的《长安志》、程
大昌的《雍录》二书较为重要。虽然其重点是讲汉唐都城长
安，论述范围甚或扩大到"雍州"之地，但考订长安都邑、城
郭、宫室、津渡等古迹，搜集资料颇广，可作为研究汉唐长安
的参考。因涉及都城演变，自然也就追溯到秦。

元代编纂的类书，关于秦汉都城资料最为丰富的要算骆天
骧的《类编长安志》。但仅存明抄本，也不易看到。

前人在搜集文献、整理散佚故实、保存文化史资料方面确
实功不可没，但也不乏陈陈相因、辗转误抄之弊。而重视访

查、核实遗迹,有益后学的行为却是后起的一股清风。明弘治进士都穆曾奉使至关中,踏勘山川形势、故宫遗址、金石刻文,著有《西使记》、《金薤琳琅》。在《骊山记》一文中就秦始皇陵园,他说:"自南登之,二邱并峙。人曰:此南门也。右门石枢,犹露土中"。这里所言的"二邱"实际就是始皇陵园内城的南门阙,在今天我们仍能看到它的遗迹。把文献记载同实际调查相结合,都穆开始了一个好风气。

大学者顾炎武(1613-1682)反清复明,遍游华北,晚年卜居陕西华阴。其丰硕的著述中,《天下郡国利病书》、《历代宅京记》和《肇域志》作为都邑史地专著,从大的地域范围陈述地理的利弊,资料详审,对研究秦文化具有极重要的参考价值。清代还有一位官僚学者,他就是乾隆进士毕沅。在他任陕西巡抚期间,曾给古代帝王陵墓立碑,其志书《关中胜迹图志》通过文字和图,详细记录了关中政区演变和名胜古迹,给我们提供了检索的方便。

历代正史的《地理志》及其注释也是研究秦文化的重要资料。另外,秦汉前后的杂史、笔记、小说等,除前引的《三秦记》、《三辅黄图》、《水经注》、《西京杂记》、《拾遗记》外,还有《三辅故事》、《三辅决录》、《三辅旧事》、《关辅古语》、《三辅宫殿名》、《独断》、《关中记》、《古今注》、《博物志》等等。尽管有些早已佚亡,后人辑录本也多零星甚或芜杂,但经过钩沉辨正,毕竟从中会提炼出秦汉文化史的材料来。

（二）20 世纪初中外学者对秦
文化遗存的调查与研究

在 20 世纪初期，日本人足立喜六来到陕西高等学堂执教。1906 年，他利用闲暇时间对关中的历代帝王陵墓和重要的都城遗址作了较详尽的调查，回国后写成了《长安史迹考》一书。由于他实地考察又具备地学测量技术的有利条件，所得结果一般都较为可信。仅以始皇陵而言，除形状的客观描述外，对陵冢的高程、陵基范围等的测量数据都相当准确。但其所言陵基，经现在验证，实际是墓圹上口的施工范围。

1917 年，法国人维克多·萨加林等三人，也曾对中国古代的陵墓作过实地考察。他们说秦始皇陵"在中国所有现存的古冢之中，这是最突出的一个。……外形有高低三层，设计良好。整座坟像是三座小山重叠在一起。"[1] 因为这只是一般性的寻访，没有能够进一步作勘测工作，故而在其书中所写也只能是一般性的描述。

中国人自己的考古是随组织的建立而展开的。1932 年 3 月，国民党中央决议组建西京筹备委员会，推举张继（溥泉）为委员长，另由国民政府聘任居正、杨虎城等 19 人为委员。办公地点先设在西安西大街后迁东木头市。西京筹委会从 1932 年 4 月成立到 1945 年 4 月撤销的 13 年时间内，在西安和关中数县对文物调查、规划和保护做了大量有益的工作。如整修"周陵"（即秦惠文王"公陵"）、茂陵、昭陵，旁设学校管护；制止秦阿房宫、汉长安城（包括未央宫、天禄阁）、唐大明宫三大遗址内农民取土烧砖，植树绿化，在含元殿遗址周围划红线确定保护范围，开辟丹凤公园；还计划在阿房宫、未央宫、茂陵、昭陵、香积寺、灵感寺、草堂寺等处修筑六条专用公路。

1937 年 9 月 28 日至 1940 年春，西京筹委会主任干事陈子怡同夏子欣等人进行了大规模的野外专题调查。其中除西安周围的名胜古迹之外，还对麟游境内的寺庙、宫殿遗址、石窟寺和墓葬作了调查。后因日本侵华、时局吃紧，不得不停止对千阳、扶风、岐山等地的工作。这些调查成果，后来集中地反映在陈子怡的《西京访古记》和《麟游访古记》两书内。尤其前书利用西安地区的秦汉遗址、遗物，对很多问题做了考释，富有创见。而陈子怡研究有关问题的手稿未能整理付梓，实属憾事。

1934 年，陇海铁路潼西段工程局施工中在临潼、西安东十里铺、米家崖、西安车站等地出土陶器、汉瓦当、琉璃器、唐石佛像等珍贵文物 300 余件。西京筹委会妥为保护，后点交给陕西考古会以作研究。

陕西文物考古的另一个组织就是陕西考古会。1929 年，北平研究院成立，随即把陕西、河南、河北、山东列为考古发掘和研究的重点地区。1933 年，北平研究院派出其史学研究会会长徐炳昶（旭生）来陕，以西安为中心展开渭河两岸的古迹调查。并同国民党陕西省政府联合组建陕西考古会，次年 2 月在西安正式成立，张扶万任会长，徐炳昶为发掘主任。陕西考古会当时做的工作是：先发掘了民政厅后院的遗址，出土了包括宋刻唐大明宫、兴庆宫图残石在内的一批珍贵文物，随即委派徐炳昶以考古会委员暨工作组主任身份拟订发掘宝鸡斗鸡台秦遗址的计划[2]。

（三）30 年代斗鸡台沟东区墓葬的发掘

20 世纪 20 年代，中国考古学尚处在襁褓之中，仰韶村和殷墟的发掘成为当时的两个热点。这两地文化与中国文化起源的密切关系以及它们彼此之间面貌上的巨大差异是当时知识界迫切需要解决的问题。以此为契机，30 年代，史学界开始质疑"虞夏商周一脉相承"的正统观念，提出"夷夏东西说"，考古调查方面有了城子崖龙山文化的发现。中国学者提倡仰韶文化和龙山文化并存于黄河流域东西部相互对峙、以及中国文化的摇篮应到环渤海东方大平原去寻找的史前文化二元对立学说，以间接否定中国文化西来说[3]。从地域差别和民族传统理解上古文化成为趋势，夏商一系、周秦二族文化开始进入议事日程，人们日益关注秦人的起源问题。在这一背景下，北平研究院史学研究所于 1933 年派徐炳昶、常惠到陕西调查周秦民族史迹。先后调查了丰镐（今长安西南）、犬丘（今兴平县东南）、雍（今凤翔南）、陈宝祠（今宝鸡东斗鸡台）、姜城堡、米家崖、阿房宫诸遗址，并最终选择宝鸡斗鸡台作为发掘的重点，理由之一，是"地处汧渭二水之间，为秦民族发祥之地"[4]。这是严格意义上秦文化考古工作的开始。

斗鸡台位于贾村原南坡下，南临渭河，西起刘家沟，东至杨家沟，为东西略长的一块平缓坡地。戴家沟位于中间，将其一分为二。发掘区以此为界，分成废堡区、沟西区、沟东区。从 1934 年至 1937 年，进行了三次发掘，在前两区的收获不大，在沟东区清理了 104 座墓葬，有随葬器物的 82 座。

这 82 座墓可分成多少文化期？它们之间顺序如何？在前

人对陕西考古认识几乎空白的情况下，苏秉琦先生采用了一种全面细致、在当时可谓全新的方法分析这批材料。他把全部墓葬各种内容特征分解成 105 项、234 目，例如第 1 项（墓形）中就包括 A（南北竖穴）、B（东西竖穴）、C（洞室）三目；然后又根据墓葬的共存关系，将它们重新组合，归为三大组，这三大组的形制项目绝大部分不互见，所以属于三个不同时期：瓦鬲墓时期、屈肢葬墓时期、洞室墓时期。第一期 45 座主要特征为南北竖穴墓，北首仰身葬及瓦鬲；第二期 11 座为东西竖穴墓，屈肢葬及瓦鬲瓦釜；第三期 26 座为洞室及陶制明器。他还敏锐地指出："以上三个时期之间，界限截然，说是三个时期固可，说是三个文化亦未尝不可。"[5] 今天看来，这种方法就是类型学的方法，这三种文化就是周文化、秦文化、汉文化。当时虽然还没有明确秦文化的性质，但苏先生已将它与其他文化遗存初步区分开来。

他还根据典型器物的平行共存关系在每一大组内再分期，比如瓦鬲墓可细分为锥脚袋足鬲时期、折足鬲时期、矮足鬲时期；屈肢葬组可细分为铲脚袋足鬲、模制瓦釜、小铁刀三期（图一）。当然，我们今天知道第二期 11 座墓均可归入战国晚期，近年发掘的秦墓也有铲脚袋足鬲与陶釜共出的例子，但瑕不掩瑜，30 年代类型学尚处在起步阶段，在资料不足的情况下，苏先生已尝试对秦墓分期，而且方法上也是无懈可击的。

《斗鸡台沟东区墓葬》报告着重探讨了屈肢葬墓和瓦鬲墓的关系："①此期的铲形脚袋足鬲与前期的锥形脚袋足鬲，在基本形制上，两者有若干共同之点，如横剖面呈正圆形的圜底袋足，三足的结合方法，直或斜领，双带状耳等。但两者又具有全然不同的外貌：铲脚袋足鬲器体较大，灰褐色陶，铲形

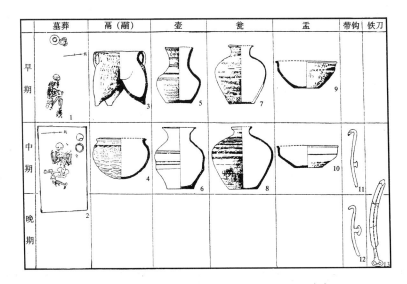

图一　　　斗鸡台沟东区屈肢葬墓墓葬器物分期图

1.H7, 2Ba 2.N2, 2Bb 3.A3, 3B 4.I3, 6A 5.A3,
15Cb 6.J3, 15Da 7.H7, 23Aa 8.I3, 23Ab 9.A3, 11A
10.H16, 11A 11.J3, 58A 12.F9, 58A 13.F9, 36

脚，无绳纹；而锥脚袋足鬲则器体较小，黑褐色陶，锥形脚，有绳纹。两者大约是很远的同宗，因为经过长期的独立的演化，所以成为两个特殊化了的品种。②此期的瓦鬲从形制上讲，是由前期的矮脚鬲蜕变而来的新种，但此一蜕变的中心，也许并不在此。"[6]

关于铲脚袋足鬲的渊源，苏先生指出它与甘肃洮河流域的寺洼鬲有更近似的外貌，并在1948年撰写的《瓦鬲的研究》中进一步说明："当D型（矮足鬲）几乎业已消灭之后，才随屈肢葬又突然出现于斗鸡台之 A2 型鬲（铲脚袋足鬲），恐怕只能向西北去找它的渊源线索了。"[7] 这个意见发表后的几十年间，通过不断的探索我们终于意识到：锥脚袋足鬲是分布于关中西部羌戎文化的典型器物，它与姬周文化（以折足鬲或曰瘪裆鬲为代表）相结合，成为先周文化的重要组成部分，考古学上称之为刘家文化；而铲脚袋足鬲是西北羌戎文化对秦文化的一种影响。它们二者都是起源于甘青地区羌戎系统的青铜文化，各自反映了周、秦二族与西北古文化的关系。世纪回眸，我们不能不对苏先生深邃的洞察力有着很深的感受。

关于釜、鬲之间的关系，苏先生意识到斗鸡台的矮足鬲并非这类器物的最晚形态。他在《瓦鬲的研究》中又举出凤翔南古城一件弇口、鼓肩、三足收敛的陶鬲作为鬲釜之间的过渡形式，"斗鸡台未见 D4（南古城鬲），但距此不远的凤翔南古城一带即为此一阶段的演变中心之一。"他还推测由于土灶的改进，促使陶鬲的三足蜕化，由兼充食器的炊具转 为专门化的炊具——釜，并根据秦人都雍的年代，估计这一转变发生在公元前 5 世纪左右。这实际上已经在暗示了釜取代鬲的过程，是由关中秦人完成的；而南古城的秦式鬲和周式矮足鬲之间，存在着亲缘衍生关系。

在葬俗方面，苏先生指出西首向的屈肢葬与中原古代传统葬俗不合。他根据《山海经·序录》记载汉宣帝时在上郡石室中发现"反缚盗械人"，当时大臣刘向以《山海经》穿凿附会强作解释的事例，推测西汉人已不知道京畿地区不久前还流行这种葬式。显然，他已把屈肢葬墓的年代明确定在战国。

对于斗鸡台墓葬所反映的周、秦文化的性质及它们之间的关系，苏先生概括道："如果说瓦鬲墓时期的仰身北首葬所代表者，为一种旧的土著文化；则此时期的屈肢葬所代表者，似当是一种新的外来的文化。但我们如果根据殉葬的瓦鬲来看，则此前后两个时期，或新旧两个文化之间，亦非全无瓜葛。我们如果再进一步的说，前期所代表者大约是古华夏文化的一支，则后期所代表者亦非全然是外族文化。它如果不是一支早已华化的外族文化，便当是一支早已夷化的华夏文化。"[8]

正如《斗鸡台沟东区墓葬》绪论部分所言，从秦文公东猎汧渭之会、伐戎并收周余民有之的故事，可以看出周、秦、戎三种人在文化上的异同、远近和变化，以及他们在此地带的出入和消长。斗鸡台墓葬的发掘和研究，已经切入这一主题，并极富成效。然而，斗鸡台墓地本身具有特殊性：第二期 11 座墓全属于战国晚期，除了 4 件铲脚袋足鬲之外，没有一件战国秦墓常见的小口鼓肩低裆鬲（秦式鬲此时已完全被陶釜取代）。因此，在缺乏可资对比的周边材料及前人研究的情况下，很容易将铲脚袋足鬲作为寻找秦文化渊源的线索，在陶釜与铲脚袋足鬲的关系问题上也不可能有清晰的表述。这是后来有学者把铲脚袋足鬲作为秦文化特征之一、并据此探讨文化来源的缘起。事实上，对秦文化而言，铲脚袋足鬲仅仅是一个外来的过客。

注　释

［1］奥德瑞·托平：《中国最难以相信的发现——秦始皇的地下卫队》，叶正沛译，原载美国《国家地理》1978 年第 4 期。

［2］关于西京筹委会与陕西考古会的材料，系罗宏才副研究员提供，并参见其论文，载《考古与文物》1998 年第 3 期、《文博》1998 年第 3 期。

［3］陈星灿：《中国史前考古学史研究》第 225 页，三联书店 1997 年版。

［4］苏秉琦：《斗鸡台沟东区墓葬》，《苏秉琦考古学论述选集》第 12 页，文物出

版社 1984 年版。

［5］同［4］，第 38 页。

［6］同［4］，第 41 页。

［7］苏秉琦：《瓦鬲的研究》，《苏秉琦考古学论述选集》第 153 页，文物出版社 1984 年版。

［8］同［4］，第 42 页。

二 秦文化考古资料的积累时期

（五十年代—六十年代）

（一）秦本土及周边地区墓葬
显示的秦文化特征

新中国成立以后，田野工作全面展开。50 年代，对秦墓的发掘主要在西安地区进行，其年代也主要是战国时期的。60 年代，工作重心转移到了宝鸡，墓葬的年代也上溯至春秋时期。这种以关中中心为出发点，很自然地由近及远地追溯，遂使东周秦墓的发展脉络和文化特征逐渐显露了出来。此外，这二十年内在关中以外地区还有几次重要发现。

1954 年 10 月至 1957 年 3 月，中科院考古研究所在半坡遗址东部清理了 240 余座古墓，并公布了 112 座战国秦墓的资料。其中竖穴墓仅 11 座，有生土二层台，台面上横架棚木，在生土台侧壁掏龛放置器物。洞室墓 101 座，按土洞墓室和竖穴墓道的构造关系，可分为墓室与墓道轴线平行的"平行式"、墓室与墓道轴线垂直的"垂直式"、墓室和墓道中轴线重合的"直线式"（图二）。第一种占绝大多数。104 座墓采用蜷曲特甚的屈肢葬，多数头向西。出土陶器为鬲、釜、盆、罐、盒等日用器，很多墓空无一物或仅随葬一件铜带钩。简报将之分为战国早、晚二期，早期仅 2 座，均为竖穴，比 30 年代的分期前进了一步。这次发掘的一个重要收获，是认识到洞室墓和屈

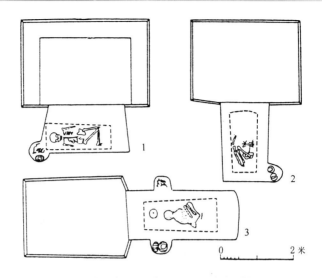

图二　西安半坡的洞室墓

1.Ⅰ式，半坡 112 号墓　2.Ⅱ式，半坡 68 号墓

3.Ⅲ式，半坡 29 号墓

肢葬都是战国秦墓的重要特征。如简报所言："绝大部分带有宽大竖穴的洞室墓和风行一时的屈肢葬，也是判断这些墓葬属于战国晚期的一个有力的旁证。"[1]已经意识到秦洞室墓和汉洞室墓的差别以及屈肢葬在汉代消失的历史事实。然而，简报中与其他地区对比研究仅限于年代分期，尚未从整体区分关中和关东的差别，因此其认识也没有 30 年代苏公所得到的那么耐人寻味。发掘者将墓地归入秦之芷阳县，大致不错；其实，M2 一件陶罐上"咸□里□"的陶文戳记，已指明它属于咸阳近郊。此外，M24 一件铜杖头，顶端蹲踞一环目圆耳的怪兽，半规形爪，与云南晋宁石寨山的卧兽纹金饰片酷似。就铜杖头的造型而言，又与 80 年代内蒙古准格尔匈奴墓的马驹形铜杖

首很相似。秦墓中一般不见杖形器，但北方草原一直流行鹿首形或马形的"竿头饰"。这些都是文化交流的例子，但在当时还注意不够。

1950~1951 年，中科院考古研究所在陕西长安县客省庄发掘了 71 座东周墓葬。均为口大底小的竖穴土坑，有生土二层台，台上铺板。无椁具，棺较短。南北向的墓，头多朝北；东西向的墓，头多向西。屈肢葬占百分之九十以上，绝大多数为蜷曲特甚式。出土的铜容器有鼎、方甗、簋、方壶、鉴等，均出自 K202。陶器有鬲、豆、盆、罐、仓。和半坡相比较，这批墓有着显著差别，如简报所言："第一，这批墓葬都是竖穴墓，没有一座是洞室墓。第二，半坡战国墓的随葬陶器鬲少而釜多，而客省庄的东周墓中主要是鬲。……第四，客省庄的墓葬中没有发现半坡那种被认为是战国晚期的茧形壶。"[2] 由于同属西安地区，这种差别不可能是地域造成的，而只能是年代上的，因此发掘者正确地将这批墓的年代定在战国早期或稍早（有些实可晚至战国中期）。在 K202 首次发现成组的秦铜容器，由于当时急于建立秦墓的年代序列，所以未遑分析秦铜器的自身特点。M140 较特殊，墓主人头向北，仰身直肢，随葬长方形透雕铜带扣，正面为两个椎髻着靴的角抵者形象。还有圆形透雕铜饰、金丝圈、小铁刀等，随葬品属于鄂尔多斯风格。由于客省庄在汉武帝建元三年以后属于上林苑，这座墓又打破战国地层，故发掘者认为其年代在"战国末年至西汉武帝以前"。其实，打破战国地层的墓的年代也可能属于战国，就西汉早期汉匈之间的紧张关系而言，匈奴人不太可能葬在京兆腹地，而战国中晚期秦与戎狄的接触却很密切，M140 是否和半坡 M24 一样反映了秦文化与北方青铜文化的关系，是个值得深思的问题。

1953～1955 年期间，陕西省文管会还在长安洪庆村、宝鸡李家崖各发掘了一批秦墓[3]。洪庆村出宽颈陶釜，年代在秦末汉初。李家崖出铲脚袋足鬲和釜、罐、壶、盆等，器类形态未超出斗鸡台和半坡的范围。

1959～1960 年，中科院考古研究所又在宝鸡福临堡清理了 10 座春秋秦墓。其中 M1 出鼎 3、簋 2、方壶 2、瓶 1、敦 1、盘 1、匜 1 的一套铜礼器。还有 3 座墓各出 3 鼎 2 簋（或 2 方壶）一套的仿铜陶礼器，2 座墓出鬲、盆、罐等日用陶器。这些墓有着等级差别，而且分布颇有规律。规格较高的 M1 遥居北部正中，其余各墓在它南部排成两排，似乎破落子孙附葬在祖父周围，形成一个家族茔地。发掘者将墓地年代定在东周早期，并根据铜器和郑县、上村岭虢国墓地的很相似，进一步推定在春秋初叶。其实，福临堡的鼎较上村岭的腹部更浅，底部更平、更大，蹄足根部也更靠外；铜壶上的窃曲纹也不像上村岭那样有头有目，属于简化了的形式，因此它应晚至春秋中期。福临堡秦墓为蜷曲的屈肢葬，发掘者认为"屈肢葬可能是秦国固有的葬俗"[4]。

60 年代，陕西文管会和宝鸡市博物馆在宝鸡阳平秦家沟、茹家庄、姜城堡的发掘大大丰富了人们对春秋秦墓的认识。秦家沟的铜礼器墓可早到春秋晚期，日用陶器墓则与半坡和客省庄战国早期的墓相同。茹家庄有出鼎和出鬲两种陶器组合的墓，年代都大致在春秋战国之交[5]。

至此，关中秦墓从春秋中期到战国晚期的年代顺序基本上就建立起来了。虽然这个顺序还是粗线条的，还停留在考古工作者的主观印象阶段，未经细致的器物排队和严密论证，但这较之以前已有了很大的进步。

五六十年代，在河南、山东、湖南、四川、广东等地还发现了一些含秦文化因素的墓葬。这些墓虽然不如关中那样集中，但也反映了战国时期在秦占领区秦文化与当地文化的关系。

1953～1955 年，河南文物工作队在郑州市西北郊的岗杜清理了 47 座古墓。包括竖穴和洞室两种，二者都有用空心砖砌筑墓室的情况（图三）。竖穴墓陶器组合有四类：第一类为鬲、盆、豆、罐，相当于春秋至战国早期；第二类为鼎、盒、壶、盘、匜及空首布、方足布等，相当于战国晚期；第三类为尊（折肩圜底罐）、盛（盒）及方足布等，也被定在战国晚期；第四类为釜、盆、甑、罐，发掘者认为应晚至西汉早期。简报根据墓室与墓道的宽度比将洞室墓分成三式：第一式的器物组合相当于竖穴墓的第四类，年代亦相同；二、三式出仓、灶及五铢钱，应晚至西汉中期[6]。当时探讨墓形、器物组合仅限于年代分期方面，没有考虑它们也能反映不同的地域文化传统。发掘者认为郑州地区的土洞墓是由竖穴墓发展而来的，没有意识到它完全是一种外来因素，即秦文化的因素。岗杜竖穴墓的第四类和土洞墓明显不同于竖穴墓的前三类，应当是秦灭韩后秦移民及其后裔的遗存，其年代上限据公元前 231 年内史腾俘韩王安的记载，可上推至战国末年；而后者族属自然应归入韩民，属于三晋文化系统。二者在时间上有平行交错阶段，空间关系如何，简报没有交待。它们之间的融合趋势也有表现，六七十年代俞伟超先生主编的北京大学《战国秦汉考古》讲义中曾这么说："基本特点相同的墓，在郑州岗杜也发现了一批，它们和当地大量出陶鼎、盒、壶、钫或陶圜底罐、盒随

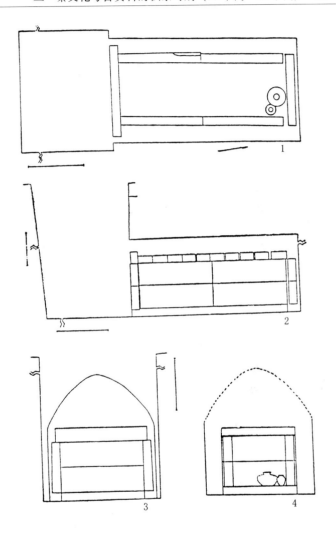

图三　郑州岗杜的空心砖墓

1.墓127平面图（盖砖已揭去）　2.西壁侧面图

3.南端侧面图　4.北端侧面图

葬的同类墓相比，文化面貌迥然有别，这是秦灭韩后秦移民及
其后裔的埋葬也是很清楚的。这批墓，年代最早的可达战国末
年，最晚的在武帝前后。大凡时代较晚的，尸骨卷曲程度较舒
缓，有的并变为伸直葬，墓室亦逐渐依当地风俗用空心砖修
筑，随葬陶器的器形也越来越和当地其他汉墓的出土物相似。
到西汉后期，这些秦人后裔的风俗、文化当已和当地其他人民
相融无别，故这种有秦文化传统的墓葬就基本消失。秦人墓的
材料，表明了秦人和山东六国人民文化面貌的逐渐融合，在秦
统一以后还要经过七八十年以上的时间；但同时又深刻揭示出
秦汉统一事业对促进各地文化统一的巨大作用。"

　　1956 年，黄河水库考古队在河南陕县的后川也发掘了一
批类似的秦人墓，"上限以秦吞并这个地区起，下限至汉武帝
时期"。它们与后川出鼎、豆、壶、盘、匜等陶礼器组合的战
国墓时空关系如何，简报没有交待[7]。

　　1959 年山西考古所在侯马乔村发掘了 2 座古墓，它们南
北并列，相距不过 2 米，均为仰斗式的竖穴土坑，在倾斜度很
大的圹壁上用棚板构成简易椁室。两墓的周围环绕一条方形土
沟，其东面留有一个 1 米宽的缺口，象是门道，使全墓平面
呈"臼"字形。墓主人仰身直肢，头向东，随葬鼎、豆、壶、
盘、匜之类陶礼器。沟内埋有 4 具殉人，均作挣扎状。年代
相当于战国晚期（图四）。乔村一带在东周时是一处较大的墓
地，1969 年山西省文管会又在这里发掘了 20 余座墓葬，也是
以墓主人夫妇的两个墓室为中心，环绕一周围沟，沟内殉人被
肢解或带铁钳。年代较早的墓形为竖穴，随葬釜、盂、豆等陶
器，沟内殉人较多；年代较晚的主墓已变成洞室，围沟又窄又
浅，沟内不再有殉人[8]。发掘者认为这批墓属于战国晚期的

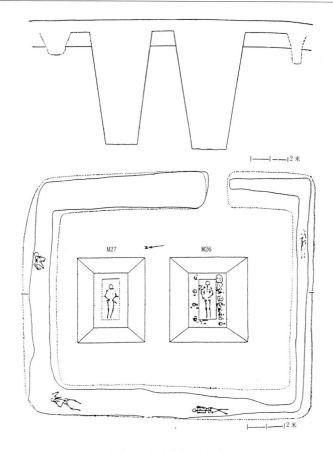

图四　侯马乔村殉人墓

秦人墓。然而，侯马秦墓的某些现象值得深思，像 1959 年那组墓所出鬲形鼎、高柄圈足小壶、豆等均为典型的三晋样式，与关中秦墓不同，反映出秦占领这里后新旧文化交错复杂的情况。由于 60 年代材料至今没有公布，这些问题只能留待日后解决。

1953 年四川省文管会在成都羊子山发掘了 1 座大型木椁墓，编号 M172。墓形长方形竖穴土坑，长约 6 米，内填白膏泥。出土了大量铜陶玉器[9]。随葬品可分三类：一是无盖羽状蟠夔纹大铜鼎、涡纹铜罍、甗鼎合体的甗、玉具剑、彩绘漆器等楚式器物。二是侈耳鼓腹矮蹄足的小铜鼎、带圈足的茧形陶壶等秦文化器物。三是三角援铜戈、带辫索纹耳的铜鍪、圜底圆腹的绳纹罐等巴蜀文化的器物。这座墓应当属于秦惠文王后元九年（前 316 年）司马错灭蜀后，葬俗受秦影响的蜀人后裔。等级相当高，仅随葬升鼎 2 件，很值得重视。

除此之外，南方地区还有几次零星发现。1957 年在长沙左家塘发现 1 座竖穴秦墓，出土"四年相邦囗不韦造"铭文的铜戈。1962 年在广州东郊罗冈发掘 2 座木椁墓，出土一把"十四年属邦工囗囗戴丞囗囗囗"铭文的长胡四穿戈[10]。

综上所述，20 年间在关中内外的发掘扩大了人们对秦文化的认识。然而，墓葬的年代学问题没有综合起来深入探讨，秦文化与周边文化的关系问题也没有全面展开论述，所以这一阶段只能称为考古材料的积累时期。

（二）故都的调查和发掘

从 50 年代末至 60 年代初，陕西社科院考古所渭水队、凤翔队和西安市文管会分别调查了秦都咸阳、雍城、栎阳遗址，初步确定了它们的地望和范围，并作了试掘，为进一步摸清城市布局提供了线索。

1. 咸阳

咸阳故城的勘查自 1959 年秋季开始，到 1963 年底连续四年进行选点试掘。

在今咸阳市东北约 10 公里的长陵车站，以及约 20 公里处的窑店镇东北塬边聂家沟至刘家沟一带，发现了灰坑、水井、陶窑、夯土墙、建筑台基等文化遗迹多处。其中 12 座建筑基址位于聂家沟至刘家沟的塬上和塬边。1961 年 11 月，清理了第 6 号（即后来重编的第 1 号）的 2 座房子，确知墙壁用土坯和花砖砌成，抹一层草拌泥，再涂一层石灰面，然后用红、黑、蓝、黄颜料绘成直线纹、几何纹、曲线纹等图案的壁画。附近夯土中有较多战国时期板瓦、筒瓦片，及釜、盆、罐、甑、瓮等残片[11]。

水井、窖穴、陶窑集中在长陵车站、长兴村、滩毛村、店上村一带。水井三五成群，数以百计，用陶井圈重叠而成。陶窑有圆形和马蹄形两种，从多重窑床看是经过长期反复烧用的。有些窖穴中倒置着陶瓮、鬲、釜、盆、鸭蛋壶、豆、窑垫等。陶器形体硕大，多盖有"咸亭沙寿□器"、"咸亭阳安驿器"、"咸屈里角"、"咸屈里新"、"咸屈里跬"、"咸巨阳鬲"、"咸安新盼"、"咸屈小有"、"敬事"、"咸"等戳记。原来"屈"字旁都加有"阝（邑）"，发掘者当时把"咸阳"、"咸里"作为地名，"咸里"可能是当时私人作坊聚集之所，"新"、"角"为人名，"屈"姓作坊则是其中较大者。今天我们知道，这些陶文很多是右起的自上而下再由右向左接读。"郦里"连读，表示工匠的户籍里居。但不管怎样，当时的确发现了咸阳的民营手工业作坊区[12]。

值得注意的是，1961 年在长陵车站北的沙坑中出土了重达 500 多公斤的铜铁器。还有一件秦始皇二十六年统一度量衡的铜诏版。1962 年又在长陵车站南沙坑的又一个地点出土了

280 余件铜器，其中有鉴、鼎、鍪、罐、盒等生活器皿，弩机、镞、矛、戈等兵器，舌、辖等车马器。还共出 140 枚金属货币，除秦"半两"外，均为东周六国钱，如"安邑二釿"布、"梁正尚金当孚"布、平首平肩方足小布、"齐法化"刀、"明"刀、尖首刀、蚁鼻钱等。发现者认为这些金属器产于秦国国都的铸造工场，藏于府库，供统治者使用[13]。关于这些坑的性质，未作说明。后来刘庆柱提出它们是商人手中商品的储存坑[14]。又有学者认为是官府机构集中保管的等待上缴的报废金属器的储藏窖[15]。后说近是。

除了六国货币外，在咸阳还曾发现三晋铜容器窖藏。1966年在塔儿坡塬边的一处窖藏出土了 24 件铜器，除蒜头扁壶为典型秦器外，大部分为战国中晚期的魏器，包括私官鼎、中畋鼎、平鼎、半斗鼎、素鼎、安邑下官锺、修武府耳杯、方壶、提梁壶等[16]。安邑原是魏都，公元前 364 年魏徙都大梁，安邑成为陪都。秦孝公十年（前 352 年），商鞅东渡黄河围降安邑，但直到秦昭王二十一年（前 286 年），秦派司马错夺回河西地，魏献安邑，"秦出其人"，才最终归入秦版图，魏国的铜器才被掳至咸阳，并按秦制校量后刻记容积和重量，继续使用。如私官鼎，盖面原有六国古文"私官"二字，口沿下又加刻"卅六年工帀（师）瘨工疑，一斗半升，十三斤八两十四朱"，笔画纤细，属秦文字。"卅六年"，当为秦昭王三十六年（前 270 年）。类似的鼎又如临潼出土的"私官甚鼎"，"私"字作"𩵋"，是典型的魏器写法。1960 年在临潼戏河库发现的一件鼎，盖铭"公朱（厨）左𠂤（官）"，腹刻"十一月乙巳朔左𠂤冶大夫杕命冶憙铸贞（鼎），容一斛"，也是流落到秦地的周器，"十一年"据考证是周安王十一年（前 391 年）[17]。

此外，在长陵车站和滩毛村南的渭河北岸，还发现有小孩的瓮棺葬，用鬲、盆、板瓦作葬具。他们被埋在人烟稠密的生活区，不同于那些独立成片的成人墓地。

2. 栎阳

根据《史记·秦本纪》，自秦献公二年（前 383 年）至秦孝公十二年（前 350 年），栎阳一直是秦国一处重要的都城。秦末项羽封司马欣为塞王，都栎阳。楚汉相争时，栎阳还是刘邦临时性统治中心和支援前方战争的重要根据地。甚至徙都长安后，这里依然是一个繁华所在，太上皇的栎阳宫就建于此。到了东汉以后，栎阳被并入万年县，由于并县移治，这里才被逐渐废弃。所以说，寻找栎阳城是秦都邑考古乃至秦汉考古的重要内容。

1963 年 1 月临潼武家屯关庄东村的村民在取土时发现铜鍪一个，内装 8 枚金饼，口部用瓦片堵塞。金饼直径 6 厘米，圆形薄身，净重 250 克，含金量为百分之九十九。其中五个正面阴刻文字，分别为"Ⅲ两半"、"己"、"六十四"、"六十三"、"八十八"。既有重量标记，又有干支或数字编号[18]。类似的金饼 20 年代曾在兴平县念流寨出土过，上面有"□两半"和"寅"字的刻文，那里据说是秦废丘故城。《史记·平准书》讲："及至秦，中一国之币为三等，黄金以溢名，为上币。"这些金饼不以镒为单位，但同样有储藏价值，显系富贵人家的埋藏。此外，武屯村附近还发现过秦葵纹瓦当、陶罐、陶管水道等遗物。这些都引起了陕西文管会的注意，因为据文献记载，秦栎阳城就在这一带。1963 年 6 月，他们进行实地勘察，初步确定栎阳遗址位于石川河以西、武屯镇以东、古城屯以南的范围，南距渭河约 7.5 公里。

共探出三条街道、六个城门和 500 多米的夯土北城墙。由于城墙在夯土前不挖基槽而是直接从地面上起筑，所以松软无层次，保存不好；而街道路土却坚硬清晰，考古工作者据此复原出栎阳为东西窄南北长的长方形。三条街道中，甲街居中呈南北向，全长 2232 米，路面呈鱼脊形，两侧有明沟排水。南北城门两侧有夯土墩及瓦片堆积。乙、丙二街呈东西向平行，形制与甲街相同，长 1801 米，横贯于城的南半部，两侧均有门洞，门洞路土较街面窄。发现 7 处建筑遗迹，主要分布在今泾惠四支渠以南、玉堡屯以西、关庄以东的范围，即城的南半部。其中第二地点就是上述出金饼的地方。城南有两个土冢，东西相距 1800 米。还在遗址的北部发现郑白渠遗迹。栎阳地处渭北灌区，石川河流经栎阳的东部和北部，白渠又"首起谷口，尾入栎阳"（《水经注》），所以水患严重，城内淤沙分布面积大、堆积厚。像乙街的路土上就有厚约 30 厘米的淤泥土（图五）。

遗物有石磨、石夯头、陶花砖、瓦当、陶井圈、陶瓮等。瓦当可分为葵纹和云纹两大类，后者又有云朵纹、羊角形云纹、蘑菇状云纹等不同样式[19]。

3. 雍城

《史记·秦本纪》："德公元年（前 677 年），初居雍城大郑宫，……卜居雍，后子孙饮马于河。"雍城一直是秦国重要的统治中心，尽管后来这里不再作为都城，由于是祖先陵墓和宗庙的所在地，故而许多重要祀典仍在此举行。汉代以后，雍城的秦国宫殿如蕲年宫、棫阳宫仍被继续使用。可以说，雍城是整个东周秦文化考古的关键。

30 年代，徐旭生、苏秉琦、石璋如等就曾在雍城作过调

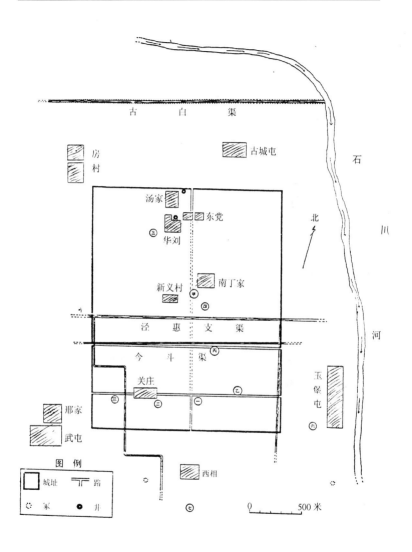

图五　栎阳城 60 年代钻探复原图

查。50 年代，中科院考古所渭水队也作过数次调查。1961 年，陕西省考古研究所凤翔队对南古城村遗址进行了钻探和试掘。该村位于凤翔县城南 3 公里，村北有夯土墙，墙外有壕沟。发掘者在村西开了一条探沟，其文化堆积可分三层：上两层为近代层和汉代层；第三层为战国文化层，出葵纹、叶纹、辐射纹瓦当，一件陶盆腹部有"亭"字戳记。由于未解剖夯土墙，所以无法得知南古城的始建年代，只能推测"德公所居雍城'大郑宫'的遗址，有可能就在南古城或其附近"[20]。

1962 年 5 月陕西省考古研究所再赴雍城调查，初步确定凤翔县城关南、雍河北、纸坊河西、河北屯东有一整片古文化遗址，"其北部主要为东周遗址，南部主要为秦汉遗址"。北部指南古城和马家庄以北，这个范围发现了大量的鬲、盆、豆、罐、瓦等东周遗物，特别是在凤翔县城西南角外约 50 米处暴露出夯土城墙遗迹两段，一段东西向，残长 750 米；另一段南北向，断断续续长 1875 米。至于南古城和马家庄之间及两村以南多出汉代砖瓦，包括"四百卅"铭文的子母砖，"械"、"年宫"字样的瓦当[21]。陈直先生也认为此类文字瓦当属汉物，"瓦文在下格，其余皆云纹，疑祈年宫之省文。……盖秦宫汉世犹存者。"[22]东周时的确罕见文字瓦当。调查者据此推定南古城和马家庄以北是东周秦雍城之所在，而南古城村的夯土墙可能是秦汉官署遗址。这实际是对上一年调查结论的纠正。

（三）秦始皇陵的初步调查

始皇陵位于陕西临潼县城东 5 公里处，南距骊山约 1 公里。历代文献如《史记·秦始皇本纪》、《水经注》、《太平寰宇记》都有关于陵墓修建的记载。1961 年 3 月被国务院公布为全国重点文物保护单位。1962 年 2 月陕西省文管会组成工作组在此进行了田野调查和钻探。

这次调查的主要收获是找到了陵园的内外城垣和门的遗迹。外城垣仅南面在地面上有断续夯土，其余三面仅保留了地下墙基。平面呈南北向的纵长方形，东西宽 974.2 米，南北长 2173 米，周长 6294 米。东墙方向为北偏东 10 度。调查到的内城近似正方形，东西长 578 米，南北长 684.5 米，周长 2524.5 米。从简报的平面图上看，内城的北墙紧邻临马（临潼——马额）公路，且与之平行。陵墓封土位于内城正中，简报称："土冢未夯，圆锥形，但下部周围因历年掘土耕地，已变成方形。东西现长 345 米，南北长 350 米；在冢正西约 277.7 米处，实测冢高约 43 米。"内城探出东、西、北三门，各门宽约 8.9 米。外城仅探出东门，宽约 12.2 米。各门均有红烧土和瓦片堆积。平面图上内城的东西二门和外城的东门在一条直线上，这条直线又穿过陵墓封土的顶端（图六）。

在外城西墙墙基下、临马公路南约 50 米处，以及内城东墙墙基下、与陵冢东南角相对处都发现了陶水道，均为六行并列，方向与墙基垂直。水道断面为五角形，底部较宽，上部为两坡屋顶状，通体饰粗绳纹。在晏家村南门外发现石水道，系用上下两块带条形槽的青石扣合而成。在晏家村南部和东部、毛家村、焦家村等处发现大片夯土遗迹。

调查到的遗物有男女踞跪式陶俑，形制各异的砖瓦、石材等。砖上有"左司高瓦"、"沈参"、"登宫水"、"安乐"、"宫屯"等铭文，发现者认为包含了官名、监工人名和吉语。还有

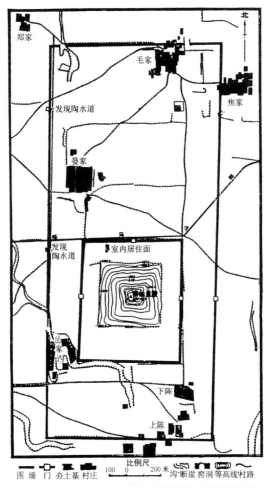

图六　秦始皇陵园60年代钻探平面图

一件夔凤纹残瓦当，直径约40厘米，凤纹遒劲，形体硕大。

这次调查基本确定了陵冢和城垣的相对位置关系，为进一步工作奠定了基础。但也有很大的不足之处，如临马公路以北的内城墙垣就没有被发现，所谓内城北墙垣的西段其实并不存在，只是调查者头脑中的想象复原。推究其原因，是由于调查前就有了前代文献如《两京道里记》、《骊山记》等关于秦始皇陵内城周长五里的先入为主的意见，所以忽视了某些重要迹象，在复原城垣时又过于迎合文献记载。如简报在结语部分所说："从这次探出的内城周长 2.525 公里（合 5.05 华里），外城周长 6.294 公里（合 12.588 华里），陵园形状为南北长方形，并探出四个门址（外墙一、内墙三）的位置，这与都穆《骊山记》谓'始皇陵内城周五里，旧有四门，外城周十二里……'的情况基本符合。"[23]

注　释

[1] 金学山：《西安半坡的战国墓葬》，《考古学报》1957 年第 3 期。

[2] 中国科学院考古研究所：《沣西发掘报告》第 131～140 页，文物出版社 1962 年版。

[3] 陕西省文物管理委员会：《陕西长安洪庆村秦汉墓第二次发掘简报》，《考古》1959 年第 12 期；何欣云：《宝鸡李家崖秦国墓葬清理简报》，《文博》1986 年第 4 期。

[4] 中国科学院考古研究所宝鸡发掘队：《陕西宝鸡福临堡东周墓葬发掘记》，《考古》1963 年第 10 期。

[5] 陕西省文物管理委员会：《陕西宝鸡阳平秦家沟村秦墓发掘记》，《考古》1965 年第 7 期；宝鸡市博物馆等：《陕西宝鸡市茹家庄东周墓葬》，《考古》1979 年第 5 期；王光永：《宝鸡市渭滨区姜城堡东周墓葬》，《考古》1979 年第 6 期。

[6] 河南省文物工作队第一队：《郑州岗杜附近古墓葬发掘简报》，《文物参考资料》1955 年第 10 期。

[7] 黄河水库考古工作队：《一九五六年秋河南陕县发掘简报》，《考古通讯》1957 年第 4 期。

［8］山西省文物管理委员会、山西省考古研究所：《侯马东周殉人墓》，《文物》1960 年第 8、9 期合刊；山西省文物工作委员会：《建国以来山西省考古和文物保护工作的成果》，《文物考古工作三十年》，文物出版社 1979 年版。

［9］四川省文物管理委员会：《成都羊子山第 172 号墓发掘报告》，《考古学报》1954 年第 4 期。

［10］广州市文物管理委员会：《广州东郊罗冈秦墓发掘简报》，《考古》1962 年第 8 期。

［11］陕西省社会科学院考古研究所渭水队：《秦都咸阳故城遗址的调查和试掘》，《考古》1962 年第 6 期。

［12］王学理：《咸阳帝都记》第 47 页，三秦出版社 1999 年版。

［13］陕西省博物馆、文管会勘查小组：《秦都咸阳故城遗址发现的窖址和铜器》，《考古》1974 年第 1 期。

［14］刘庆柱：《论秦咸阳城布局形制及相关问题》，《文博》1990 年第 5 期。

［15］陈力：《秦都咸阳金属窖藏性质试析》，《考古与文物》1998 年第 5 期。

［16］咸阳市博物馆：《陕西咸阳塔儿坡出土的铜器》，《文物》1975 年第 6 期。

［17］丁耀祖：《临潼县附近出土秦代铜器》，《文物》1965 年第 7 期；李学勤：《战国时代的秦国铜器》，《文物参考资料》1957 年第 8 期。

［18］朱捷元等：《陕西省兴平县念流寨和临潼县武家屯出土古代金饼》，《文物》1964 年第 7 期。

［19］陕西省文物管理委员会：《秦都栎阳遗址初步勘探记》，《文物》1966 年第 1 期。

［20］陕西省社会科学院考古研究所凤翔发掘队：《陕西凤翔南古城村遗址试掘记》，《考古》1962 年第 9 期。

［21］陕西省社会科学院考古研究所凤翔发掘队：《秦都雍城遗址勘查》，《考古》1963 年第 8 期。

［22］陈直：《秦汉瓦当概述》，《文物》1963 年第 11 期。

［23］陕西省文物管理委员会：《秦始皇陵调查简报》，《考古》1962 年第 8 期。

三 田野考古工作的蓬勃开展

（七十年代—八十年代初）

（一）三大发现

1. 秦兵马俑

如同殷墟的发现促成了甲骨学的诞生，莫高窟藏经洞的发现推动了敦煌学的产生，1974 年始皇陵东侧兵马俑坑的发现，有很大的偶然性和突发性，因此它具有强烈的社会轰动效应，是秦文化考古的一个转折点。1975～1979 年五年时间的发掘，奠定了日后秦俑学繁荣壮大的基础，同时对整个秦文化研究又产生了一些微妙的影响。

《史记》、《汉书》等文献曾以浓墨重彩描绘秦始皇陵的修筑工程如何艰巨浩大、地宫随葬如何豪华奢侈，但只字未提俑坑的存在。60 年代陵园调查报道的 3 件陶俑，都是解放前出土的，属于踞跪式男女奴婢形象，和后来气势磅礴的武士俑群有云泥之别。所以说 1974 年 3 月临潼县晏寨公社西杨生产队由于打井导致的这个发现，至今给人一种横空出世的感觉（图七）。

发掘工作由陕西省博物馆、文管会和临潼县文化馆组成的发掘队主持进行。1975 年完成了 1 号坑的试掘，1976 年夏季在 1 号坑北侧又探出了 2 号坑、3 号坑和一个未建成的空坑（4 号坑）。俑坑西距陵园外城东墙 1225 米，位于陵园东司马

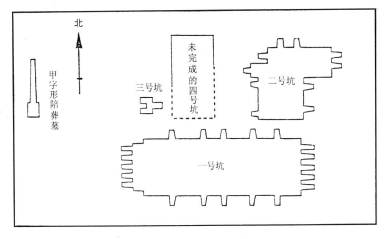

图七　秦兵马俑坑平面分布示意图

道北侧。1975 年在 1 号坑东端发掘了 960 平方米，还在俑坑的西端和中间开了 4 个探方，基本摸清了它的形制："东西长约 230 米（门道长度不在内），南北宽约 62 米，深 4.5 至 6.5 米，总面积约 14260 平方米"，内列武士俑和战车，"是一排列有序的大型军事长方阵"。俑坑的东端是 5 个斜坡形门道，进门后为一南北向长廊，长廊西边紧接着 11 个东西向过洞，过洞间为宽约 2.5 米的土隔梁，过洞一直延伸到俑坑西端的南北向长廊。从残留遗迹了解到其构筑方法是主要依靠立柱支撑俑坑顶部重量，立柱上置有纵横交错的梁枋，梁枋上密排棚木，然后铺席，席上覆盖胶泥土，最后覆各色封土。土隔梁和俑坑的边墙也起到承重作用。坑底青砖铺地，俑坑东端有一段砖墙，还没有采用错缝砌法，显示了其原始性。共得到 500 多件武士俑，东面长廊内三列南北向横队，是军阵的前锋。位于俑

坑南北边洞内的分别面向南、北的各一列横队，是军阵的左右
侧翼卫队。中间 38 路面向东的士卒纵队，是军阵的主体。至
于西侧的后卫横队，由于是局部发掘，当时还不太清楚。

出土了武士俑 500 多件，陶马 24 匹，木车 6 辆（四匹一
组），铜剑 7 柄，还有铜弩机、木弓、弓囊、铜镞、铜弯刀
（吴钩）、铜殳等各式兵器以及车马器、乐器（甬钟）。武士俑
按装束可分成短褐俑和铠甲俑两类。前者身穿交领右衽短褐，
发髻偏于头部右上方，腿扎行縢，足登方口齐头履，手执弓矛
类兵器；后者束发或戴小冠，有的腰佩铜剑。战车均为四马，
两骖两服。在东边长廊的三列横队 210 件武士俑中，仅 3 件铠
甲俑，位于第一横队的左右两端及中间，似为统率；余皆为手
执弩机、肩负矢箙的短褐俑，反映了"强弩在前，锬戈在后"
的场面。作为军阵主体的 11 组纵队为车步混编。陶俑的头、
手与躯干原系分制，烧前用泥条连接。俑马出土时有绿、朱
红、紫、蓝、橘黄等彩绘颜色。俑身上有"宫彊"、"咸令"、
"咸阳午"、"得"、"四"、"八"等文字。字体有小篆和隶书两
种[1]。

发掘者认为秦俑坑系秦始皇生前制作，毁于项羽入关后的
破坏，还提出这批俑群来源于现实生活，"是秦始皇统帅的强
大的军事实力的形象记录"。同时还注意到秦俑坑出土的兵器
均为铜制，与文献中这时期铁兵器已广泛使用的记载不相吻
合。与简报同时发表的秦鸣撰写的文章初步探讨了秦俑军阵的
布阵方式、武器配置及组合、兵器制作工艺等问题[2]。

1976 年 5 月发现的 2 号坑，平面略呈曲尺形，东西两边
各有 3 个斜坡门道，北边有 1 个斜坡门道。俑坑东西总长 124
米，南北总宽 98 米，总面积约 6000 平方米。布局内容大体可

分4个单元：第1单元为俑坑东边突出的大斗子部分，其东西两端各有一条南北向长廊，中部有6条东西向过洞，过洞与长廊相通，过洞之间用土梁间隔，所出均为步兵武士俑。第2单元即俑坑的南半部，有1～8号过洞。其东西两端也有长廊，长廊与过洞之间用立木封堵，所出均为驷马战车。第3单元即俑坑的中部，有9～11号过洞。其东端和第1单元的西端长廊以夯土墙相隔，墙上辟有小门相通。该单元出有战车、徒兵、骑兵等兵种的陶俑。第4单元即俑坑的北半部，包括12～14号过洞，其东端与第1单元的西端长廊也以夯土墙相隔，墙上同样辟有小门。它的西端有一南北向长廊。试掘方内出土的主要是骑兵俑和陶质鞍马，以及少数驷马战车。发掘者认为2号坑是一个面向东的车、步、骑各兵种联合编组的大型军阵。

发现的木质战车与西周以来的形制大同小异：单辕，辕前置衡，衡上缚轭，用来架辕马。车辕后端压在车厢下的车轴上，舆近横长方形，后开门。大多数战车有车士3人，左边为将军，中间为御手，右边为戎右。车后跟徒兵8人至32人不等，有的跟骑兵，反映了车骑配合作战的情况。

陶俑形象种类更加多样化，有身穿两层战袍，外罩铠甲，头戴双卷尾长冠，表情严肃的将军；有颈围方形盆领，双手握辔，神态专注的御手；有头戴圆形介帻，足登皮靴的骑士；有握弓引箭，严阵以待的射手。铠甲俑的甲衣根据盆领、护臂长甲、护手甲等附件的有无及胸腹甲的长短，可分成不同形制，但编缀方法完全一样，有固定甲片和活动甲片两种。甲衣的不同形制，与职务和身份有关，如骑兵俑甲衣较短，是为了方便骑马。身份越高，甲衣的甲片越小，结构越细密。一领铠甲上的密密甲钉，反映了秦俑雕塑逼真求实的艺术效果。

陶马四匹一组，昂首并立。马背上雕出鞍垫，质地似为皮革，面上钉钉，周围缀有璎珞和短带。马肚下有肚带，马臀勒后鞧，鞍侧无镫，说明当时鞍具还不成熟，骑兵还处在初创阶段，还没有完全取代车兵成为主力作战兵种[3]。

1977 年发掘的 3 号坑位于 1 号坑西端北侧，东距 2 号坑 120 米。此坑未经火焚，系自然坍塌，但塌陷前遭人为严重破坏。平面呈"凹"字形，东边中部有一个斜坡门道。俑坑主体可分 3 个单元：第 1 单元为南厢房，在俑坑南部，平面呈"土"字形，由东向西依次为廊房、甬道、正厅、便房。廊房和正厅的入口门楣上原来挂有帷幕。南厢房四个部分都有武士背靠周壁分列两边相向而立，担任警卫职责，两列横队之间形成夹道。武士俑身穿短褐，上披铠甲，腿扎行縢或缚絮衣，足登方口齐头翘尖履或单梁长靴。他们中的大多数左臂下垂，右臂前曲，半握拳作持长兵器状；少数双臂前曲作半握拳状，从站立位置看可能是领队。第 2 单元为车马房，位于俑坑中部。东与门道之间用立木封堵，南北分别与 1、3 单元相通。出土驷马鬃漆木质战车一乘，车上建华盖，车后有 4 件武士俑，前一后三，均戴单卷尾长冠，表明这辆战车及其乘员的级别身份较 1、2 号坑所出为高。第 3 单元为北厢房，在俑坑北部，平面呈"丁"字形。其东区为廊房，西区为正厅。正厅入口处有门楣残迹。正厅南北两边有 22 位武士俑警卫，装束与南厢房同。厅内仅存残鹿角一件，动物朽骨一堆，靠北壁出土了一束 20 件铜殳。

发掘者认为 3 号坑象征着 1、2 号坑的指挥部，也就是驻军统帅的帷幄或曰军幕。其南厢房是召集军吏议事的场所，北厢房可能用于宴饮或祭祀、祷战。这一点已得到学界的认可。由于3号坑内没有发现作为统帅的将军俑，简报推测3号坑以西150米处的一座秦代大墓，可能与指挥者有关。至于2、3号坑之间的一个未建成的废坑（4号坑），则被认为是一个拟议中的军阵被秦末起义所打断[4]。

秦俑坑是秦代军事生活的历史画卷。步、车、骑多兵种混编的建制，有很强的机动性，能够彼此取长补短，相机配合，以适应瞬息万变的战场情况；同时又反映出弩兵、步卒越来越占据主力作战兵种地位，但车战尚未完全退出历史舞台的事实。"强弩在前，锬戈在后"代表了以远射武器为先导，以长兵器和卫体武器为骨干装备的进攻阵形。各兵种军事编组既独立又联合，表现出秦军力量部署的全局性和战术上的机动性。

秦俑坑的兵器具有承上启下的历史地位，如三棱锥式镞取代了殷周通行的双翼镞成为主流，其瞄准性能更好，飞行更加稳定；170厘米的超长箭杆和强弓劲弩相配合，已非春秋时的小弓小弩所能比拟；秦剑窄而长，突破了东周的短剑形制，更加适应于近斗格杀的作战方式。但是，秦俑的护体装备和考古发现中的六国甲胄相比略显单薄，其仅仅用于防护胸腹要害部位的皮甲、头顶皮弁或绾髻的不戴头盔的装束不能和燕下都层层铁札片穿缀而成的"兜鍪"、"铁幕"相提并论。这也印证了"山东之士被甲蒙胄以会战，秦人捐甲徒裼以趋敌，左挈人头，右挟生虏"（《史记·张仪列传》）的记载，使我们深刻地感受到秦兵重进攻而轻防御的作战风格，秦军的胜利来自士卒"赴汤火、蹈白刃"的悍不畏死的勇敢精神。然而，最近在秦始皇陵东南角内外城之间发现了一处铠甲坑，可能属于"武库"性质，所出甲胄细小札片均用青石磨成，缀以铜丝；兜鍪的形制和燕下都的极其相似[5]。这些石铠甲不是实用品，属于冥器，它和武士俑哪一个更真实地反映了秦军的装备和作战风格，值得我们深思。

秦俑坑的发掘至今已逾廿载，然而，围绕俑坑的象征意义却有很大争议，目前有京城宿卫军说[6]、始皇东巡卫队说[7]、送葬俑群说[8]、纪念军功之"封"说[9]等。关于1、2、4号坑的性质，认识也不统一，或以为是右、左、中三军[10]，或以为是主军、佐军、后勤[11]。王学理认为秦俑坑用于"陈兵"，即表现秦国军事生活和军威军容；1、2、4、3号坑分别代表了"阵"、"营"、"战"、"幕"。2号坑不同单元之间用门墙相通相隔，是营垒的生动写照。3号坑内无指挥员，是因为军队的最高指挥权归国君，统帅不常设。至于俑坑的主人，无疑是秦始皇[12]。

秦朝短祚，但留下的文化遗存却受万人瞩目。在秦俑发现后的岁月里，陕西学者付出大量心血，研究著作汗牛充栋，秦俑学也成为一门显学。然而，秦俑也是秦文化的组成部分，人们震惊于它的夺目光彩的时候，往往忽视了那些小型墓葬貌不起眼的陶器；而小型墓葬往往是界定一个文化的最佳切入点，陶器又是研究一个考古学文化的首选对象，它最常见最敏感，最能反映文化的发展脉络和周边关系。因此，在秦俑发现后的几十年间，在文化分期分区等基础问题上的研究反而略显不足，这是秦俑发掘者始料不及的。

2. 云梦秦简

1975年底至1976年春，孝感地区第二届考古训练班在云梦县城关西郊睡虎地山嘴上清理出一批秦汉墓，在M11中发现了1100多枚竹简。M11是一座小型土坑木椁墓，椁室分为头箱和棺箱两部分，随葬日用陶器、铜鍪等秦式器物[13]。

这是我国秦代竹简的首次发现，出土时分八组，堆放在棺内人骨架的头部、身侧、足部。编缀简册的绳索已朽，顺序散乱，但墨书的秦隶简文依然清晰可见。经整理，内容可分为《编年记》、《语书》、《秦律十八种》、《效律》、《秦律杂抄》、《法律答问》、《封诊式》、《为吏之道》、《日书》甲、乙种。这十种中，《语书》、《封诊式》、《效律》、《日书》乙种的书题见于原简，其余是整理者拟定的。

《编年记》53 简，逐年记载了上起秦昭王元年（前 306 年），下迄秦始皇三十年（前 217 年），秦统一全国的战争大事以及墓主人喜的生平，类似后世的年谱。由此可见，墓中所有竹简都抄写于秦始皇时期，而且喜死于始皇三十年。

根据《编年记》可校对《史记》，如《史记·六国年表》记秦昭王元年"秦击皮氏，未拔而解"，简文则为"二年，攻皮氏"。由于《年表》材料主要来自《秦纪》，而《秦纪》"不载日月，其文略不具"，因此《编年纪》的发现就具有很重要的参考价值。

有学者认为由于《编年纪》记载了某一家族私事，因此属于私人撰述，从字体看是多次写成的。从内容看，昭王五十三年（前 254 年）以前的简文记载了秦国主要战役，连接不断，文体雷同，似乎一次性完成；昭王五十四年以后却一变而偏重于喜的私事，不再以秦国大事为主，而且统统写在竹简下栏，笔迹参差不均，并非一气呵成，这部分续编的作者应当就是喜本人，因为始皇三十年下没有喜之死的记载[14]。

《语书》14 简，前 8 简是秦王政二十年（前 227 年）四月初二南郡守腾颁发给所属县、道啬夫的文书。文告说："今法律令已具矣，而吏民莫用，乡俗淫失（泆）之民不止，是即法

（废）主之明法殴（也），而长邪避淫失（泆）之民，甚害于邦，不便于民。故腾为是而修法律令、田令及为间私方而下之，令吏明布，令吏皆明智（知）之，毋巨（距）于罪"。可见自昭王二十九年（前278年）南郡入秦后的半个世纪里，秦在这里的统治并不稳固，民族关系相当紧张。南郡守腾可能就是《史记》中俘韩王安的内史腾。《语书》后6简是南郡要所属各县书曹对吏进行考核，文意与前段呼应，可能是前8简的附件。

《秦律十八种》、《效律》、《秦律杂抄》、《法律答问》、《封诊式》可统称为《秦法律文书》。其中，前三种都是关于各方面的具体法律条文，有律名，可简称为《秦律》；第四种是解释刑律的，类似于后世的《唐律疏议》；第五种为治狱爰书。

《秦律十八种》内容广泛，包括《田律》、《厩苑律》、《金布律》、《关市》、《工律》、《工人程》、《均工》、《徭律》、《司空》、《军爵律》、《置吏律》《效》、《传食律》、《行书》、《内史杂》、《尉杂》、《属邦》等。涉及农田水利、山林保护、牛马饲养、徭役征发、工程兴建、货币流通、市场交易、官吏任免、军功赏赐诸多方面。《秦律十八种》的每一种都不是该律的全文，而是抄写人根据需要做的摘录。

《效律》60简，规定了核验官府物资、账目的一系列制度。对军事上有重要意义的物品如兵器、铠甲、兵革等，规定尤为详尽。对度量衡器，也明确规定了误差的限度，是一篇首尾完整的律文。

《秦律杂抄》共42简，是根据需要从秦律中摘录的一部分律文，有《除吏律》、《游士律》、《除弟子律》、《中劳律》、《藏律》、《公车司马律》、《牛羊律》、《傅律》、《敦表律》、《捕盗律》、《戍律》共十一种。律文多与军事有关，涉及军官任免、军队训练、战场纪律、战勤供应、战后惩罚等，是研究秦兵制的重要材料。

《法律答问》210 简，采用问答形式，对秦律某些术语、条文以及律文的意图作出明确的解释。以刑法为主要解释对象，范围与李悝《法经》六篇大体符合。还有一部分是关于诉讼程序的说明，如"辞者辞庭"、"州告"、"公室告"、"非公室告"等。《法律答问》很多处以"廷行事"，即判案成例作为依据，反映出执法者不拘泥于法条，可据以前的判例来办案，有一定的灵活性。

《汉书·张汤传》记西汉时的刑狱诉讼程序：劾、掠治、传爰书、询鞫、论报、具狱。但秦制失载。《封诊式》98 简为了解这方面的情况提供了材料。劾，即起诉。上述"辞者辞庭"意即原告可直接向郡守起诉，但多数情况是里典向县一级官府提起公诉，或将被告捆送官府。县吏根据劾状传讯被告，进行验问掠治。为了获得案情真相，《封诊式·治狱》要求法吏不要拷打逼供，不要恐吓犯人。整个询鞫过程都要以"爰书"的形式记录下来。《封诊式》的各类案例可供官吏学习，如有关查封犯人产业的例子，有关现场调查和法医检查的例子，有关惩罚奴隶的例子等。

《为吏之道》51 简，是供学习做吏的人使用的识字课本，其体例四字一句，与秦代字书《仓颉篇》、《爰历篇》、《博学篇》相似。提到做官要"精絜（洁）正直"、"忠信敬上"、"临难见死，不取苟免"等。末尾附抄《魏户律》、《魏奔命律》两条魏国法律，它们颁布于魏安釐王二十五年（前 252 年），内容是限制"假门逆旅、赘婿后父"和"率民不作、不治室屋"的人，精神与秦法相似，故抄以为参考。

《日书》甲、乙种在 80 年代才被公布，主要内容是选择日之凶吉。简文还有秦楚月名对照的材料，保留了楚月名的特殊叫法，指出它就是秦的几月，如楚"刑月"即秦正月；有的则以月序对照，如秦四月为楚七月。说明南郡在入秦后不久，秦楚历法在当地同时并行，有对照标明的必要。

由于唐以前的中国法律多已散佚，云梦的这批法律文书就成为我国年代最早、条目最全、内容最丰富的成文法典。它包括的内容非常庞杂，涉及刑法、民法、诉讼法、军法、行政法、经济立法各个方面，远远超出了李悝《法经》的范畴，是古代法制史上的一次空前发现。

云梦秦简具备中国古代传统法律以刑法为中心的一般性特征，在这方面的规定也最为详实。刘海年撰文分析了秦律刑罚，认为可分 12 种：死、肉、徒、笞、髡耐、迁、赀、赎、废、谇、连坐、收[15]。它们轻重不同，同一种内又可分成不同等级，如死刑就可分成戮、弃市、磔、定杀。各种刑罚可以单独使用，也可以两种以上结合使用，反映了"秦法繁于秋荼，而网密于凝脂"（《盐铁论·刑德》）。黄展岳的分类稍有不同，他将秦刑罚概括成 5 类：死、肉、作、赎、迁，而把笞、髡归入肉刑，把耐、鬼薪、白粲等归入作刑，把赀归入赎刑[16]。

云梦秦简在学术上的意义远远超出了法制史的范围，它为了解秦代社会提供了第一手材料。70 年代史学界的讨论集中在秦简涉及到的土地所有制、社会各阶层尤其是奴隶的地位和状况、职官制度、手工业等方面的问题。

　　马克思主义史学理论向来强调生产关系、特别是所有制形式的研究，而中国史学界又长期存在着封建社会土地国有抑或地主私有的热烈争论。秦简的发现，深化了这一争论。《汉书·地理志》："孝公用商鞅，制辕田，开阡陌，东雄诸侯。"张晏曰："周制三年一易，以同美恶，商鞅始割列田地，开立阡陌，令民各有常制。"孟康曰："三年爰土易居，古制也，末世侵废。商鞅相秦，复立爰田，上田不易，中田一易，下田再易，爰自在其田，不复易居也。"上古土地归公社所有，由于土地美恶不同，公社实行定期重新分配土地；商鞅变法后成为一次性授田，农夫不再定期分配耕地，而是自行在分得的土地中轮换休耕地。秦简《田律》："入顷刍藁，以其授田之数，无垦不垦，顷入刍三石，藁二石。"说明商鞅变法后很长时间内"授田制"依然存在。《为吏之道》后附的《魏户律》亦云："自今以来，假门逆旅，赘婿后父，勿令为户，勿与田宅。"说明魏国对一般农户也要授予田宅。然而，对这两条规定，学者理解的分歧很大，吴树平、黄展岳等认为它反映了国家掌握大量土地，并普遍授田的土地国有情况[17]；唐赞功、熊铁基等认为这种田宅一经授给立户农民，就成为农民的私产，这些农民随之成为自耕农[18]。看来，战国晚期授田活动的性质，关键得看是否如《汉书·食货志》所说"民年二十授田，六十归田"，即有授有还。要解决这个问题，尚需等待更多的地下材料。

　　《法律答问》："盗徙封，赎耐。可（何）如为'封'？'封'即田阡陌。顷半（畔）'封'殹（也），且非是？而盗徙之，赎耐，可（何）重也？是，不重。"这里讲到田界严禁私自移动，表明土田疆界一经划定，就会长期稳定下来并得到法律保护。却不知这种阡陌属于私产标志还是国家所授田地的界限。1978

年四川青川战国墓出土秦武王二年（前309年）左丞相甘茂更修田律木牍："二年十一月己酉朔日，王命丞相戊（茂），内史匽，□□更修为田律：田广一步，袤八，则为畛。田二畛，一百（陌）道。百亩为顷，一千（阡）道，道广三步。封高四尺，大称其高。捋（埒）高尺，下厚二尺。以秋八月修封捋（埒），正疆畔，及發（发）千（阡）百（陌）之大草。九月，大除道及除陰（浍）。十月为桥，修陂坡，利津梁。鲜草，虽非除道之时，而有馅败不可行，辄除之。"[19]详细规定了阡陌的数量、尺寸，政府除了负责整治田地疆界、清除阡陌杂草外，还要修理桥梁堤防等公共设施。这条记载和上面的《法律答问》都证明商鞅变法并非破坏阡陌之制，而是"开立阡陌"，并且一经确认，就很少变动。

根据《商君书·境内》和秦简《军爵律》的记载，打仗斩获一个敌首，可得田百亩。由商鞅推行的军功爵制造就了大量的军功地主。此外，土地买卖也产生了一些新型地主。秦代地主往往又是奴隶主，"爵吏而为县尉，则赐虏六，加五千六百"（《商君书·境内》）。秦律多处可见"百姓"这类人，他们家中有少量男女奴隶和牛马，并能从官府处借用奴隶，有多余的粮食可用来酿酒，甚至有时官府还欠他们的债，这些人一般属中小地主。至于吕不韦、王翦之类的将相，家中更是奴仆成群、田连阡陌。

秦等级制度通过二十级爵制建立起来，一级爵公士以下为庶民，"百姓"和"士伍"都属此类。但他们内部差别悬殊，所谓"庶人之富者累巨万，而贫者食糟糠"（《汉书·食货志》），不能归入同一阶层。刘海年专门分析了秦汉时期的"士伍"，指明其身份为无爵的成年男丁，并不是以前说的刑徒、"从卒之伍"或曾有爵而被夺爵的人[20]。他们中的少数经济优裕，蓄奴养婢（见《封诊式·治狱程式》），但大多数从事农业和手工业生产，并承担国家的赋税徭役。

多数学者都承认秦代有奴隶，但关于奴隶的来源、名称及规模数量却有很大分歧。于豪亮、吴树平等认为秦代既有官奴隶，又有私家奴隶，前者主要由罪犯及其家属、俘虏构成；后者主要通过买卖得到，包括臣、臣妾[21]。由于把刑徒罪犯也归入奴隶，秦代奴隶的数量就显得异常庞大。林剑鸣认为奴隶和刑徒属于不同性质的概念，秦代刑徒有家产妻室，不能被视作奴隶，秦代奴隶的数量是有限的[22]。

汉代的隶臣妾是一种刑徒，但秦律中的"隶臣妾"与"城旦"、"舂"、"鬼薪"、"白粲"等刑徒有很大的区别，如隶臣妾终身服役，世代相传（《法律答问》），"奴产子"依然为奴。像那些生而为奴的小隶臣妾就不一定受肉刑。高敏和黄展岳都认为隶臣妾是官奴婢而非刑徒[23]。

秦代刑徒有无服刑期限？秦律中并无这方面的规定。许多学者根据《汉书·刑法志》关于汉文帝十三年（前 167 年）下诏废除肉刑，要求按刑期释放罪犯的记载，反推秦代刑徒并无刑期[24]。有学者反对这个意见，认为《司空律》规定"司寇不踐（足），免城旦劳三岁以上者，以为城旦司寇"，可作为城旦有刑期的旁证[25]。对"城旦"、"鬼薪"这类名称也有不同理解，于豪亮根据秦简中"舂"、"白粲"、"司寇"从事土木工程，以及秦国兵器铭文上各类刑徒从事手工业的记录，主张"这几种刑名只表示按罪行轻重而判处服劳役的劳动强度的大小，决没有工种的含义"[26]。黄展岳却认为它们既有劳动工种、又有服刑期限方面的含义[27]。

　　运用阶级分析方法解剖古代社会，以究明其性质，并与马克思主义社会发展理论相对应，是 70 年代流行的做法。这一时期重新活跃起来的古史分期问题的大讨论，以及新出土的地下材料，又迫使人们再度审视以前的认识。即便是坚持秦汉封建说的学者，面对秦简中随处可见的奴隶，也不得不承认那或许是封建社会初期所具有的特殊现象。然而，更多学者意识到这已非奴隶制残余所能解释。秦国并无废除奴隶制的任何举措，相反，严刑峻法极易使农民沦为官奴婢，免为庶人的条件却又极为苛刻。80 年代俞伟超先生把秦汉时代国家直接控制着数量巨大的罪犯奴隶——刑徒，并驱使其从事手工业和各种土木工程，作为中国类型劳动奴隶制的特点，从考古学角度支持魏晋封建说，是这种认识的再发展[28]。

　　如前所述，刑徒是否奴隶本就争议颇多，虽然《说文》讲"奴，奴婢，皆古之罪人也"，但这与今天的奴隶概念差距很大。我们应该用今天的思维分析古代，还是以古人的眼光了解古代，这里存在一个方法论的根本问题。不管怎样，从中国实情和具体材料出发，而不是从现成理论模式出发，可能是今后的研究方向。

　　"千载犹行秦制度"，秦建立的一整套官僚制度，为后世树立了典范。高恒归纳了秦简中尤其是《置吏律》和《除吏律》所见的职官问题：国家官吏须经正式委任，才能任职事；官职不能私相授予；各都官、县、郡均有权任命本官府掾吏；不得任命"废吏"、"罪犯"、"下吏"以及新傅的士伍为官；保举者和被保举者之间有连带责任；"上计"制度及对地方官吏的考核等等[29]。其中，争议最大的莫过于"啬夫"，它在秦简中出现了十余处。郑实撰文认为"有秩"就是啬夫，即郡县以下直接统治人民的低层官吏。据《管子·君臣上》，啬夫分"人啬夫"和"吏啬夫"两种，前者即乡啬夫、县啬夫；后者又叫官啬夫，是某一方面或某一事物的主管，如田啬夫、仓啬夫、库啬夫、司空啬夫、苑啬夫、厩啬夫、亭啬夫等[30]。高敏不同意"有秩"是"啬夫"，认为二者之间有等级上的高低之别。参照王国维的说法，"汉制计秩自百石始，百石以下谓之斗食，至百石则称有秩矣"。秦有秩当泛指初具秩禄的低层官吏，啬夫却多指县以下属官，包括相当多的斗食佐吏[31]。裘锡圭指出"啬"是"穑"的初文，有收获庄稼之义，因此乡啬夫最早出现。在他的长篇论文里全面分析了啬夫的性质、品级、职能、种类以及从战国到西汉基层官吏设置方面的情况[32]。

睡虎地 4 号墓还出土了 2 件木牍，是战士黑夫和惊写给家里的家书。信中问家里要布、钱、衣服，说明秦士卒要自备衣服和费用。木牍甲写于二月辛巳，提到"黑夫等直佐淮阳，攻反城久，伤未可智（知）也"。木牍乙的反面提及"新地城"[33]。黄盛璋认为淮阳即"陈"，是古陈国的都城，楚灭陈后顷襄王一度迁都于此，又名"陈郢"。可见先秦已有淮阳之名。又据《编年记》，可知秦王政二十三年（前 224 年）破楚，杀项燕，二十四年（前 223 年）虏楚王负刍；而《史记·秦始皇本纪》所载年代次序正好相反，可见有误（这一点马衡亦早已提及）。木牍甲应定于始皇二十四年。目前发现的云梦古城内外三重，西外城最早，就是楚秦的安陆县城，由于被秦占领不久，又称"新地城"[34]。

3. 雍城秦公陵园

根据《史记·秦本纪》，从德公至孝公时雍城一直是秦国国都，其中，穆公至出子十七位国君（包括未享国的夷公、昭子两位太子）都葬在雍城附近。1976 年陕西考古所在寻找秦宪公和秦文公葬地的过程中，意外地在凤翔县南指挥乡南指挥村一带发现了一座"中"字形大墓（编号 M1）。经过四年的工作，共勘查出 13 座秦公陵园，拉开了寻找春秋秦公墓地的帷幕。到 80 年代中期又进行了第二次钻探，共找到（包括以前的发现）"中"字形大墓 18 座，"甲"字形大墓 3 座，刀形墓 1 座，"凸"字形墓 6 座，"目"字形墓 15 座，圆坑 1 座。前三者为主墓，后三者为陪葬坑[35]。

"中"字形大墓的墓室呈长方形，东西各有一条墓道，墓道平面呈向外收杀的梯形。东道较西道长，为主墓道；有的东墓道开有单耳室或双耳室。墓道方向在 270 度至 301 度之间。南指挥村 I 号陵园的 M1 规模最大，全长 300 米，总面积 5334 平方米，深达 24 米；规模最小的如 IV 号陵园的 M35，全长 170.8 米，总面积 2214 平方米，深 25.1 米。

"甲"字形大墓墓室为长方形，仅东侧开一条墓道，如 I 号陵园的 M5，全长 96 米，总面积 832 平方米，深 17.45 米。

刀把形墓一座，为 IV 号陵园的 M43，长方形墓室，墓道在墓室的东南侧，全长 34.2 米，面积为 208 平方米，深 11.8 米。

"凸"字形墓墓室为长方形，东侧中部有一条短墓道，如 II 号陵园的 M8，墓室长 106.6 米，宽 25.4 米，东墓道长 5 米，宽 9 米。

"目"字形墓平面呈长方形，最大者面积 2596 平方米，最小者面积仅 40.74 平方米。

圆坑一座位于 I 号陵园外，平面近似椭圆形，长径 9.05 米，短径 7.8 米，深 11.3 米。坑底有板灰、朱砂、漆皮等物。

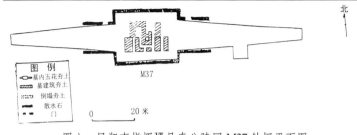

图八　凤翔南指挥XⅢ号秦公陵园 M37 钻探平面图

　　"中"字形和"甲"字形大墓墓室上的地面一般都发现绳纹瓦片。M1 墓室上有柱洞、圆形水管、倒塌后相互衔接叠压的"凹"字形板瓦等建筑遗迹。XⅢ号陵园的 M37 墓口上部南北两侧铺设散水，平面呈"中"字形，北侧散水的两缺口似为东西门。散水中有东西长 23.8 米、南北宽 16 米的黄色夯土墙基，构成了一个长方形的封闭空间，其性质应当类似于平山中山王墓上的享堂（图八）。

　　积炭填泥之风在雍城陵墓中很流行。有的木炭层厚达 3.3～3.8 米，外层的青膏泥厚 0.9～2.3 米，其目的是为了防盗防潮。

　　若根据 44 座大墓和陪葬坑在空间上的疏密关系，可分成 9 群，再根据隍壕设施又可细分成 13 个陵园。每个陵园内有大墓 1～4 座不等，分布颇有规律。由主墓形制可知陵园坐西向东，微偏西北。陵园内遵循尚右原则，"中"字形大墓作为主墓居右，"甲"字形、刀把形附葬墓依次向左下方排列；"目"字形和"凸"字形墓位于主墓的右前方，从钻探发现的马骨看，应当是陪葬的车马坑。如 I 号陵园内 M1、M3、M5 从右向左依次错列，墓室恰好在一条斜线上，三墓的右前方各有一座车马坑。

　　陵墓的兆沟有外、中、内三重。外兆即整个陵地外的围
沟；中兆是几座陵墓组成的分陵园的围沟，有的南北两边留有
未挖通的缺口，作为南北门；内兆是某一陵墓自身的围沟，有
的在四边均留有缺口通道。沟的横剖面呈槽形，宽与深均在
3～4米。对其局部进行解剖，发现板瓦、筒瓦、盆、罐等残
片。北沟可能挖掘于春秋晚期，在战国晚期或稍后淤积废弃。
根据中兆、内兆的有无及配套情况，可将13座陵园分成4种
类型：

　　（1）双兆型。以马蹄形的内兆围绕"中"字形主墓，再以
中兆环绕主墓、附葬墓、重要车马坑。如Ⅱ、Ⅲ、Ⅸ、Ⅹ号分
陵园（图九）。

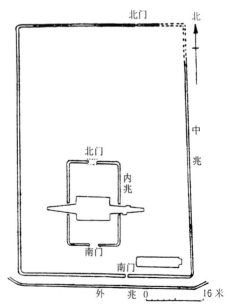

图九　凤翔南指挥Ⅲ号秦公陵园平面图

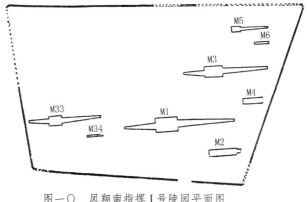

图一〇　凤翔南指挥 I 号陵园平面图

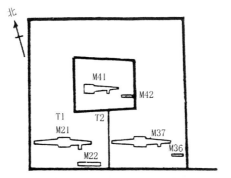

图一一　凤翔南指挥Ⅷ、Ⅻ、ⅩⅢ号陵园钻探平面图

（2）单兆型。有中兆而无内兆，如 I 、Ⅳ、Ⅺ号分陵园（图一〇）。

（3）组合型。共用中兆及陵中套陵的特殊类型，如Ⅷ、Ⅻ、ⅩⅢ号分陵园（图一一）。

（4）无兆型：既无中兆、又无内兆的类型，如Ⅴ、Ⅵ、Ⅶ号分陵园。

外兆作为整个秦公陵区的范围界限，囊括的面积有 21 平方公里。经钻探发现的北、西、南三条均在南指挥乡境内。外兆的地势最高处是它的西南隅，又以其西南角为最高点，由此向北、向东展开即西兆、南兆。西兆全长 2170 米，北至太尉村又东折形成北兆，北兆全长 1530 米。南兆绕过Ⅲ号陵园，又利用Ⅷ号、Ⅻ号陵园的部分兆沟，向东折而南行至塬楞，全长 3320 米。南兆可能比钻探所得要长得多。

雍城陵园的占地面积为 2000 万平方米，外兆、中兆、内兆的总长度可达 35 公里，墓葬及兆沟的土方达 110 万立方米，充分显示了其规模的宏大。它和北部的雍城遗址以及八旗屯一带的中小型墓群构成了一个整体，将秦都雍城的地理坐标落到实处，为东周秦文化考古奠定了坚实的基础。它本身对探讨秦国陵寝制度、族坟墓制度的演变也有极重要的意义。然而，考古材料并非不言自明，70 年代发现的雍城陵园留给研究者一系列尚待解决的问题：这 13 座陵园是否就是雍城陵园的全部？它和同时期东方诸侯国的公墓地比较有何异同？它的源和流在哪？分陵园是按照什么次序从早到晚排列的？历史上的秦国国君是否可以和陵园内的大墓对号入座？这些问题的提出和解决，则是 80 年代以后的事情。

（二）秦遗址和墓葬的多头调查和发掘

70 年代发现的重要遗迹主要有秦咸阳一号、三号建筑遗址及其宫城，凤翔春秋时期的秦凌阴遗址，凤翔姚家岗、高王寺和宝鸡太公庙的铜器窖藏等。

1. 咸阳

咸阳一号建筑基址位于咸阳市东窑乡牛羊村北塬，包括牛羊沟东西两部分对称的夯土基。1976 年仅发掘了沟西的夯基，发掘前形似大冢，东西长约 60 米，南北宽 45 米，高 6 米，台面由西向东缓降。清理后则表明是一座曲尺形的多层高台建筑。

台基底层周围是一圈宽约 250 米的回廊，其外缘与方砖镶边的卵石散水平接。从北回廊沿踏步登上台基（高 0.96 米），通过边墙甬道就进入 6、7 号室，从南回廊进入 8、9、10、11、12 号诸室亦如此。8 号室有暖炭炉和排水陶地漏，似为盥洗、沐浴场所。8 号室西侧的 9~12 号室内有壁画，当为卧室。台基上层主殿 1 号室地面涂朱（高 4.90 米），平面长方形，中心有一都柱，南北两侧各有对称二门，东开一门与 2 号曲阁相通。基址内出土"左胡"、"左齐"、"咸邑如顷"、"咸里喜"等陶文。2 号室以南有一居室（3 号室）。1 号室以西有斜坡道，可上其西侧高起的平台，台以西又有 4 号、5 号室，地面标高 4.90 米。1 号室的南面和北面就是底层 6~12 号室的顶面，可能是露天的台榭[36]。

杨鸿勋对一号基址进行了复原。他根据牛羊沟断崖暴露出的陶水管道坡降走向，认为此沟秦时已存在，兼具排水和上塬的双重功能。沟西的主体殿堂东向，与沟东侧西向的主殿相对，通过飞阁复道相连，从而构成了以牛羊沟为中轴的东西对称的两观形式（图一二）。他还推算 1 号室主殿屋脊标高 17 米，而且分为上下层，如此，一号基址就是一座上下三层的巍峨建筑[37]。

三号基址在一号西南约百米，东北角与一号的西南角有建筑遗迹相连。基址南北长、东西窄，南部破坏严重，残存长九间的走廊，廊东西两侧坎墙上有成组的长卷轴式壁画，有车

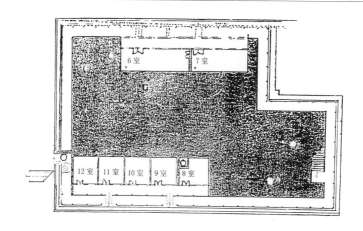

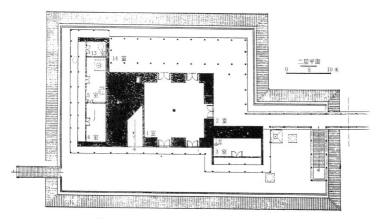

图一二　咸阳一号宫殿遗址复原平面图

（上）遗址底层复原平面图　　（下）遗址上层复原平面图

马、仪仗、建筑、植物等图案。廊北接进深两间的正殿，殿旁
又有曲尺形回廊和东北部的偏殿相连。遗址的整体布局还不清
楚，但就局部发掘而言，这里不像生活起居之处，应为宫廷活
动的场所[38]。

需要补充的是80年代初发掘的二号基址，位于一号宫殿西北90米，西宽东窄，上层有3座宫室（3、4、5号），4号为主殿，在西部居中，面积386平方米。下层北侧2座宫室（1、2号），1号中有隔墙别为两间，各有排水池和蓄水窖。底层回廊一周，长320米，有插立旌旗的地方11处。遗址内出土"左禾"、"左嘉"、"田"、"王"、"咸阳成申"、"咸卜里戍"等陶文。二号基址可能是处理政务的所在[39]。

1973年11月至次年4月，秦都咸阳考古工作站围绕一号宫殿建筑遗址作大面积钻探时，已经发现了一座地跨塬上下、包围诸宫的墙基。但1976年发表简报竟没有就这段墙的形制、走向和性质作交代。尔后，还是长期从事咸阳考古工作、又曾亲手操作大平板仪测绘的王学理在1985年出版的《秦都咸阳》一书中发表（图一三）。1999年他出版《咸阳帝都记》，对此

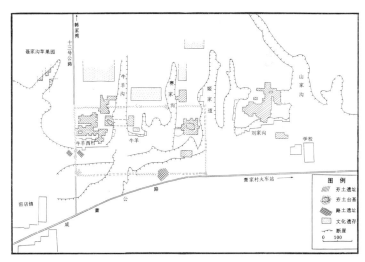

图一三　咸阳宫城与北阪宫殿遗址探测图

城有着详细的介绍："探测出的宫城呈长方形，西墙紧压在窑店去韩家湾的十三号公路上，东墙在姬家道，南北两道墙分别位于牛羊村的塬上和塬边。在宫墙之内分布着八处大型的宫殿建筑遗址，其中的'冀阙'位于城中部偏西处，西南有三号宫殿遗址，西北方包括了二号宫殿遗址的南中部，城东北部的姬家道西则是高六米的咸阳宫别殿遗址。城南半部在塬下，地势较为开阔平坦，发现多处路土和小面积夯土。此道城墙的东墙和南墙的基部保存较差，断断续续，但走向明确。南墙长902米，北墙残长843米，西墙长576米，估计周长2956米。墙基宽5.5～7.6米，距地表深1.4～2.2米。"

他根据解剖墙基的包含物及其同宫殿建筑遗址的关系，断定它属于"故咸阳的早期之城"。

随着咸阳考古材料的日益丰富，一些学者开始探讨秦都咸阳的地望和布局。刘庆柱根据毛庆沟以西、长陵车站正北发现的中小型墓群以及《史记·白起列传》"出咸阳西门十里至杜邮"的记载，考订杜邮即今摆旗镇，其往东"十里"（合今4175米）正好是毛庆沟、孙家一带，认为这里就是秦咸阳城的西界（即西门）。柏家嘴以东、高干渠以北再无宫殿遗址，因此它们分别是东界和北界。秦渭桥在今西安六村堡公社，距今天的渭河11公里，足证渭河北移冲掉了咸阳南8公里的部分，今西安草滩农场一带当为都城南界。因此，"东至柏家嘴，西至长陵车站附近，北起成国渠故道，南到汉长安遗址3275米"，是咸阳城（大城）的范围，东西约7200米，南北约6700米。他还认为西起聂家沟、东至山家沟塬上塬下密集宫殿群（包括一、二、三号宫殿），是历史上的"咸阳宫"，"六国宫殿"在其附近。聂家沟西北是官府手工业作坊区，长陵车站附近是官私混合的手工业区[40]。

王学理认为秦都咸阳和咸阳城是两个不同的概念，秦咸阳有一个发展过程，孝公时"山南水北俱阳"，统一后则又急剧扩建至渭河南岸，成"渭水贯都"之势。秦都咸阳的范围包括了以秦咸阳城为中心的渭河两岸的广阔地带。咸阳城则指"渭北早期包罗诸宫阙建筑较为集中的宫城"，并非通常意义的外郭城。既不能把秦咸阳地理范围局限在渭北，也不能单就咸阳城而论秦都咸阳的布局特点。秦都咸阳宫观极多，绝非限于"咸阳北阪"。"咸阳宫"乃专名而非通称，一号基址发掘简报插图所示"咸阳宫"范围过大（图一四）。一号宫殿就其东西对称的特点，应当是商鞅所筑的"冀阙宫廷"[41]。

2. 雍城

1977年在雍城遗址中部偏西的姚家岗村发掘出一座完整的先秦凌阴建筑遗址。遗址建在一个近方形的夯土台基上，台基四边有夯土墙，周长约24米，夯土墙内壁抹细泥，西墙开有二缺口。台基中部向下挖有口部东西长10米、南北宽11.4米的仰斗形窖坑。坑壁打破夯土并伸入生土之中，底部留一周生土二层台。二层台范围内为长6.4米、宽7.35米的窖底，底铺砂质片岩。窖穴容积约190立方米。

窖穴和夯墙之间是回廊，西回廊正中有一条东西向通道，通道由内向外有五道平行的槽门，第一道边槽上口开在二层台上，其余的开在边廊的地面上。近窖穴的1、2号槽门有底槽。所有槽门的沟槽横剖面均为倒置的等腰梯形，便于插入和提出板门。通道底部发现一列陶排水管道，据钻探，此列水道东高西低直通姚家岗西南部的白起河。

窖底周缘多为口径较大的长方形或方形柱洞，构成一个支

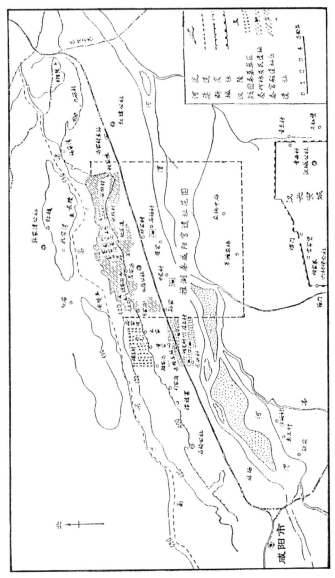

图一四　秦咸阳宫遗址范围推测图

撑上部建筑物重量的柱网，柱网的中心部位有大量板瓦、筒瓦堆积。回廊和土墙中多为口径较小的圆形柱洞。从这些迹象看，窖穴上部有一个以中心柱网为承重柱，以边墙为檐墙，施瓦覆草的四坡流水式大屋顶（图一五）[42]。

《诗·豳风·七月》："二之日凿冰冲冲，三之日纳于凌阴。四之日其蚤，献羔祭韭。"意思是说腊月里采冰，正月里将冰块藏在冰窖，二月里出冰，献祭祖先寝庙。《周礼》记载着主管冰政的"凌人"，应当是凌阴的负责人。先秦膳食宴饮、天地宗庙祭祀、国君丧葬等活动都要用大量冰块，凌阴的储备应是实际用量的三倍，以做到保障充足。姚家岗凌阴遗址建筑设计缜密、构造合理，有良好的遮光、隔热、防水、防风功能，是当时的杰作。

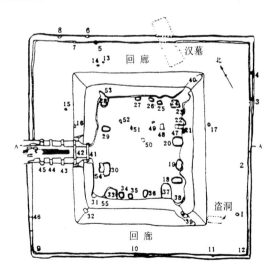

图一五　秦国凌阴遗址平面图

1～38.柱洞　39～40.冲沟　41～46.槽门　47～55.片石

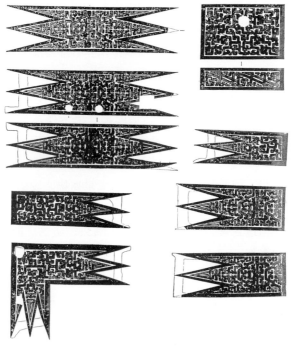

图一六　凤翔姚家岗出土的金钉花纹图

姚家岗遗址规模较大，是雍城一处重要的宫殿区，凌阴位于其范围内，是它的附属建筑。凌阴向东不足 200 米处，曾发现铜质建筑构件窖藏，前后共出土阳角双面蟠虺纹曲尺形构件 2 件，阳角三面蟠虺纹曲尺形构件 3 件，阴角双面蟠虺纹曲尺形构件 2 件，双面蟠虺纹楔形中空构件 13 件，双面蟠虺纹单齿方筒形构件 27 件，单面蟠虺纹单齿方筒形构件 6 件，双面蟠虺纹双齿方筒形构件 7 件，单面蟠虺纹双齿方筒形构件 1 件，单面蟠虺纹双齿片状构件 1 件，小拐头 2 件（图一六）。构件在窖穴内排列有序，显系有意埋藏。有的构件内有朽木残迹，说明它们是与枋木结合使用的[43]。杨鸿勋指出这些构件用于宫殿的壁柱和壁带（联系各壁柱的横向杆件），即汉代所谓的"金钉"。春秋秦钉的发现，证明中国古代建筑木结构节点的构造，曾经历一个金属件的加固阶段。秦钉中的阳角型当用在木结构的外转角处，阴角型当用在内转角处；单齿方筒形当用在柱（带）的尽端处，双齿方筒形当用在中断处。片状构件只具有装饰意义。随着榫卯结构的完善，金钉丧失了加固功能，蜕化成木结构上的装饰性彩画[44]。

1977 年还在雍城的马家庄宫殿区附近发现了一处铜器窖藏，出土"吴王孙无土之脰（厨）鼎"、盖豆、镶嵌射宴壶、西瓜状敦、盘、匜、甂共 12 件铜器。鼎为吴器，敦为楚器，豆、壶等则为三晋器。从形制推测它们的年代都属于战国早期[45]。公元前 506 年吴楚柏举会战，吴破楚师入郢，楚大夫申包胥七天七夜哭于秦廷求救，秦派子蒲、子虎率军入楚境挫败吴师。这些吴楚式铜器大概是从吴人手中得到的战利品，并被带回秦国。至于窖藏的性质，目前还不太清楚。

3. 秦始皇陵园

除了兵马俑外，70 年代至 80 年代初，始皇陵园内外的各种遗迹接连被发现，陵园总体平面布局也逐渐水落石出。

（1）陵园墙垣及墙垣内外的建筑遗迹

60 年代曾误把内城的南区作为内城的全部，1976 年秦俑坑考古队重新调查，发现内城墙垣可继续向北延伸，南北全长1355 米，周长 3870 米。在内城的东北角又筑有一南北长 695米、东西宽 330 米的小城，小城西墙为宽约 8 米的夹墙（甬道）。如此划出一区后，内城就成为南北向的曲尺形。陵园三城，共 10 门。外城四面各 1 门；内城东、西、南三面各 1 门，北面2门，小城南墙1门。这在上焦村秦墓的位置钻探图中有清楚的显示（图一七）[46]。

1979年在始皇陵封土北侧53米处，发现一处面积3524平方米的建筑台基，中间台基略高起，呈方形，有墙体和瓦片堆积。周围有回廊。回廊东南端向外凸出，好像是门。东汉蔡

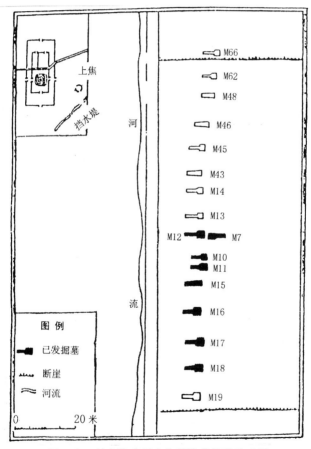

图例

■■ 已发掘墓

ᴧᴧ 断崖

〜 河流

0   20 米

图一七　始皇陵东侧上焦村陪葬墓群平面图

邕《独断》："古不墓祭。至秦始皇出寝，起之于墓侧。故今陵上称寝殿，有起居衣冠象生之备，皆古寝之意也。"该建筑位于陵侧，与文献记载吻合，应当是始皇陵的寝殿。

在封土北约150米外，内城的西北部有成组的密集建筑遗址，分布范围南北长670米，东西宽250米。1976年底至1977年初，整理了南面的1～4号基址，它们东西向排列成一组，又以承重墙相隔，自成单元。2号较完整，呈南北向的窄长方形，由主室和门道组成。室内地面夯筑，北半部有片石砌成的甬道直通室外。主室西侧有廊房式门道，青石阶墀[47]。关于这组建筑的性质，《三辅黄图》讲汉高祖陵园（高园）："于陵上作之，既有正寝，以象平生正殿露寝也；又立便殿于寝侧，以象休息闲晏之处也。"《汉书·韦玄成传》："又园中各有寝、便殿。日祭于寝，月祭于庙，时祭于便殿。寝日上四食，庙岁二十五祠，便殿岁四祠，又月游衣冠。"分别说明了寝殿和便殿的功能、象征意义和相互位置关系，虽然是汉代的情况，但在秦代自有其渊源。1～4号建筑应即便殿。

在陵园内外城之间，从西门起向北，直到内城北墙，80年代初发现了三组建筑基址。第一组位于临马公路两侧，包括6座建筑，自东向西依次排列，东边的Ⅰ号，坐东面西，面阔五间，前有长廊，属于东厢。Ⅲ号同它东西两侧的Ⅱ、Ⅳ号及北面的"井房"相连，构成一个"四合院"，可能是造饭之厨。Ⅴ号占地面积最大，室内有巨大的地槽，上铺木板，北部有蓄水池和渗井相连，可能是制作牺牲的清洗场所（图一八）。这组建筑除了残留大量的砖瓦外，还有瓮、罐、盆、碗以及高50厘米的巨型茧形壶等陶生活器皿，出土的错金银铜乐府钟、铜雁足灯、两诏铜版弥足珍贵。陶文有"丽山飤官"、"丽山飤

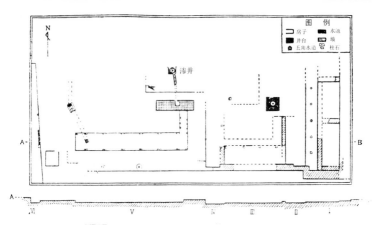

图一八　丽山食官遗址（东段）建筑群坐落及高程示意图

官左"、"丽邑五升"、"丽邑二斗半"、"丽山厨"等。"丽山"
指秦始皇陵，"飤官"即食官。《后汉书·百官志》："先帝陵，
每陵食官令一人，六百石。"注曰："掌望晦时节祭祀"。这组
建筑，是始皇陵园中掌管供奉陵寝膳食的"食官"遗址[48]。

　　第二、三组位于"食官遗址"以北的晏家寨一带，有的房
屋紧贴内城西垣，坐东面西。据《汉书·百官公卿表》，奉常的
属官中与陵墓有关的，有均官、都水长丞、诸庙寝园食官令长
丞等。这两组建筑，可能就是陵园管理机构的园寺吏舍。

　　陵园墙垣外，还有各种遗迹：陵南的防洪堤，鱼池遗址，
鱼池村的官邸、军防建筑，陵园周围的窑场，郑庄村南的石料
加工场等。

　　始皇陵位于骊山北麓的冲积扇上，地势南高北低，为防止
山洪暴发冲毁陵园，故在陵南的大水沟口，西起陈家窑，东北
至王埝村，修筑了一条长 3000 多米的夯筑大堤，以改变地表
径流的方向。《史记·秦始皇本纪·正义》引《关中记》："始皇

陵在郦山。泉本北流，障使东西流。"这样就保障了修陵工程和陵墓的安全。

始皇陵东北 5 里许的"鱼池"遗址，据说是当年建筑取土的地方，地势低洼，现为水库。《水经注·渭水》："始皇造陵取土，其地淤深，水积成池，谓之鱼池。池在始皇陵东北五里，周回四里。"

在鱼池遗址东北有一个面积近 100 万平方米的大型宫殿建筑遗址。东西长 2000 米，南北宽 500 米。发现有墙基、房基夯土、排水管道、灰坑、渗井，以及大量的花纹方砖、瓦当、板瓦、刀、戈、矛、陶瓮、罐等器物，陶文有"宫甲"、"左司空尚"、"北司"等，内容与陵园的相同。这里可能是指挥修陵的官邸或警戒陵区的驻军所在[49]。

修陵所需砖瓦多就近烧造，在陵园周围的赵背户村、上焦村、西横村、下和村、鱼池村等地，都发现有秦代窑址。其中以陵西侧赵背户村至郑庄村的窑址比较密集，范围东西宽 1 公里，南北长 2 公里[50]。

修陵的石材采自渭北的泾阳诸山中，《史记·秦始皇本纪》："发北山石椁，乃写蜀、荆地材皆至。"通过人力推挽运输，渡渭，至陵园西北的石料加工场。石料加工场遗址东西长 1500 米，南北宽 500 米。其西半部属于堆料场和加工场，青石荒料、剥落的石渣随处可见；东半部为产品存放地，散见半成品的青石水道等。还出土有铁锤、铁錾、铁铲、铁削等劳动工具[51]。

（2）从葬坑

陵园的马厩坑主要分布在东垣外的上焦村一带和陵西内外城垣之间。

陵园东墙 400 米外，南自今杜家村，北达下焦村的长
1900 米、宽 50 米的范围内，原来埋有三四百个马坑。早在 60
年代，就在这里出土过跽坐陶俑，1976 年曾钻探出 93 个坑，
呈南北向平行的两列。按内容可分为马坑、俑坑、俑马合坑三
种。马坑为长方形竖穴土坑，每坑一马，头西尾东。有的活
埋，有的杀死后放入木椁。马头置陶质的盆、罐、灯，分别是
喂马的草料盆、汲水具和槽前的照明设施。俑坑为方形或梯形
的竖穴土坑，俑多靠西壁面东跽坐，俑前有陶罐、铁锸、铁镰
刀、陶灯等。俑马合坑为长方形或梯形的竖穴土坑，其西端开
有壁龛，俑置壁龛中，马放在木椁内。马前也有盆、罐、灯等
物[52]。

坑内器物上有"大厩四斗三升"、"中厩"、"小厩"、"宫
厩"、"左厩容八斗"等文字，表明这些从葬坑象征着秦宫廷厩
苑，马属于"天子六厩"，俑是饲养马匹的"圉人"。

内外城西垣之间的南半部有两个大型马厩坑，一个带平行
的双斜坡道，在北；另一个呈曲尺形，在南。后者长百余米，
宽 9 米，计有被杀的马数百匹，还出土大型立姿陶俑 11 尊，
有的为戴长冠袖手者，可能是饲养人员，还有曲肘挂兵的守护
者。马厩坑有内外之别，间接反映了当时皇家马厩的设置情
况[53]。

1977～1978 年，在陵西内外城之间西门大道的南侧钻探
出 31 个苑囿散坑，它们占地面积 2000 平方米，南北 80 米，
东西 25 米，东距内城西墙仅 25 米，由南向北作三列分布。东
边一列 6 坑和西边一列 8 坑，坑底放面东的跽坐俑，著右衽，
长褐，面前置陶罐一个。中间一列 17 坑，坑内置瓦棺，棺内
有食草类、杂食类或飞禽类珍异动物骨骼一具，并伴出陶盆、

铜环。这些当是皇家苑囿中饲养的动物[54]。

历代帝王都有自己的苑囿作为游猎场所，周文王有"灵囿"；秦惠文王将上林苑辟为王室苑囿；秦二世"日游弋射，有行人入上林中，二世自射杀之"（《史记·李斯列传》）。秦还有"兽圈"、"虎圈"。上林苑中置令、丞，指挥大批仆役，饲养动物，摆弄花草。陵西的珍禽异兽坑和跽坐俑坑无疑是始皇帝生前苑囿的缩影。随葬禽兽的做法向上可追溯到殷墟武官村大墓，向后可延续到汉代帝后陵园的从葬坑。

在陵墓封土外侧四周，分布着十多个从葬坑。已探明陵东 3 坑南北排列，位于 5 条斜坡墓道前，内藏带武器的车马；陵南 3 坑东西排列，藏有大型陶俑；陵西 2 坑，位于墓道之南；陵北 15 坑，在中阙门之东有一大坑，它的两耳室内藏有木质和铜质车马。墓穴为地宫，这些环绕地宫的内实车马的大坑，显系御府。《通典·职官》："秦有御府令丞，掌供御服，而属少府。"

陵墓西墓道有一个侧室，面积达 3025 平方米，平面呈"巾"字形。它的南区是放置铜木车马的南北向长方形坑道式建筑，里面用夯土隔墙分成 5 个单间，南北向平行，东端贯通形成前廊（图一九）。1980 年 11 月至 12 月，在北一间清理出两乘铜车马，置于一个长方盒状的木椁箱内，一前一后（分别编为 1 号和 2 号），马西车东。两乘铜车马的大小约相当于真车真马的 1/2，均为单辕、双轮，前驾四马，各有一戴切云冠的铜御官俑。1 号车上竖立一柄圆盖伞，配备弓弩、箙矢、盾牌。御手立在车上，双手揽辔。这种车古称"立车"或"高车"。2 号车周围立有厢板，上覆椭圆形篷盖。车厢前头和两侧开有窗牖，后面辟门。车厢内三面有台阶，便于乘者前伏和

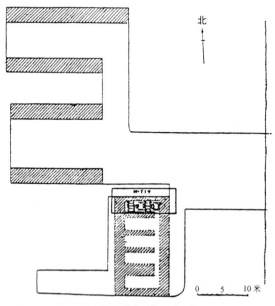

北

0　　5　　10 米

图一九　秦陵铜车马坑位图

依靠。佩剑御者踞坐在车厢前的"育"座里，神态恭谨。这种车古称"安车"，专供尊贵者乘坐。由于可调节车内温度，秦时又称"辒辌车"。出土时立车在前先导，开路警戒，安车随后为主[55]。

两辆铜车马为了解秦代车马的系驾方法提供了珍贵的实物资料。从 2 号车来看，当时骖马和服马都有靷，且均为单靷。两骖马靷的前端呈环套形，束约马胸，用胸肌的力量挽车。服马靷的前端系在轭钩上，用肩部力量拉车。既不同于汉代的双靷，也不同于西方的颈驾法。御者手执六辔，即古之所谓"六辔在手"。其余两服马的内辔系在轼上。为了防止骖马外逸，在其颈部套一根缰绳，另一端系在衡和轭的交接处。为防止骖马内靠，在服马外胁悬吊一个丁字形的铜胁驱。其他诸如此类的例子更多[56]。

蔡邕的《独断》说：“法驾，上所乘曰金根车，驾六马；五时安车、五色立车各一，皆驾四马。”也就是说天子出行，按五时（春、夏、季夏、秋、冬）的颜色（青、赤、黄、白、黑）去配备舆马。这两辆铜车马通体白色，与文献记载吻合。陵墓西侧从葬坑5个单间中埋的成组车马当是秦代的五时副车。“副车”就是“属车”，是一种随行车乘，不同于天子所乘的金根车。古代皇帝出行的仪仗次第的卤簿有大驾属车81乘、法驾属车36乘、小驾9乘。陵西车马坑是这种仪仗的反映[57]。

（3）陪葬墓及修陵人墓

始皇陵的陪葬墓区主要有3处：一在陵东上焦村，二在内城东北部，三在陵西重城之间。此外，在封土西北角和3号兵马俑坑西侧，还各有一座“甲”字形墓。

上焦村陪葬墓群是1976年10月发现的，计17座，成南北一字形排列，处在陵东马厩坑的西侧。同年10月至次年1月，发掘了8座，除M7朝东外，其余都是带斜坡墓道朝西的方圹墓或方圹洞室墓。葬具一椁一棺。椁有头箱、边箱、脚箱、棺室四部分，但有两墓在椁室内加前后档板，将其分成头箱、脚箱、棺室三部分。8墓中7座见人骨，五男二女，年龄在20～30岁。M11人骨上下腭骨错位，仰身直肢，较完整，可能是缢死，其余各墓人骨都身、首、四肢分离，显系肢解而死。随葬器物有金、银、铜、铁、陶、玉、蚌、贝、漆器、丝绸等，约200件。一件银蟾蜍口腔内侧刻“少府”二字。出土两枚铜印章，一为“荣禄”，一为“阴嫚”。陶文有“咸亭芮柳婴器"、"栎市"、"亭"等[58]。

这批墓葬排列极为整齐，显然是同时埋葬。从随葬品丰富且有少府主造的器物、墓形规格较高以及死者年龄和尸骨状况来看，墓主人很可能是被秦二世处死的始皇的公子、公主。胡亥即位后害怕诸公子不服，听从赵高"灭大臣而远骨肉"的建议，"乃行诛大臣及诸公子"（《史记·秦始皇本纪》）。事情发生在秦二世元年（前209年）春，当时天气寒冷，上焦村两座秦墓中发现柴火灰烬，系筑墓者烤火所为。史载秦始皇有子20多人，上焦村陪葬墓绝非始皇子女的全部。

内城东北的小城内没有任何地面建筑，在地下探出中小型墓28座，以"甲"字形居多，还有竖穴土洞式。均为南北向，墓道在北，由东向西作三行排列。该墓区未作发掘，情况不明，可能是陪葬的嫔妃宫女。

在西重城两门之间向北，有一片东西长170米、南北宽90米的墓区，在东部集中分布着61座陪葬墓，形制多样，有"甲"字形、长方形、刀把形、曲尺形等。由于未钻探出任何文物，它们可能是预先规划好的、徒具形式的空墓。

始皇陵西墓道北侧有一座"甲"字形墓，总长30多米，规模较大。从所处位置看，似乎是公子高。胡亥屠杀诸公子，"公子高欲奔，恐收族。乃上书曰：'……臣请从死，愿葬丽山之足。惟上幸哀怜之。'……胡亥可其书，乃赐钱十万以葬"（《史记·李斯列传》）。"丽山之足"指始皇陵封土脚下。

3号兵马俑坑西侧90米处有一座坐南向北的"甲"字形大墓，墓道长约40米，墓室面积约300平方米，是陪葬墓中较大的一座。有人说是宣太后或兵马俑指挥者之墓。由于未做发掘，这些观点纯属推测，不可信从。

1979年12月在始皇陵西侧发现两处修陵人墓地，一在姚池头村南，破坏严重，地表0.5～0.7米以下埋着杂乱的骨骼，层层叠压[59]。另一处保存完整，位于赵背户村西的台地上，西至姚池头村北，在南北长180米、东西宽45米的范围内探出修陵人墓葬160余座。墓作三行排列，西边两行东西向，东边一行南北向。清理了32座，均为竖穴土坑，一般长1.1～1.76米，宽0.6～0.76米，距地表深0.2～0.76米。墓圹中少则一人，多则二三人，甚至有14人同埋一坑的。清理的103具骨架中，除4具为仰身直肢葬式外，其余均为蜷曲特甚的屈肢葬。除3具女性、2具儿童外，其余都是30岁左右的青壮年男性。墓地出土18件墓志瓦文，内容为地名、服役性质、爵名、姓名等。瓦文有县名10个，为原三晋、齐、楚故地，证明这些人是从原山东地区被征调来修陵的[60]。有学者根据瓦文将这些人定为"居赀役人"，即欠债而做劳役抵偿的人。其实，他们的命运和刑徒区别不大，而且整个墓地仅出土了18件墓志，其余的大多数可能并不是服居赀劳役的，因此，仍可将这片墓地称为刑徒墓地。

4. 中小型墓葬

70年代至80年代初发掘出的秦墓集中在陕西、甘肃、河南、湖北、四川、内蒙古几个省和自治区。陕西以雍城南郊的中小型墓群为最，1976～1984年共清理出160多座；此外，还在宝鸡西高泉村、咸阳黄家沟、长武上孟村、大荔朝邑、户县宋村、铜川枣庙有所发现。甘肃主要在灵台景家庄和平凉庙庄发掘了几座东周秦墓。四川省的包括青川72座、荥经曾家沟6座、荥经城关镇3座、涪陵小田溪3座。湖北秦墓以云梦睡虎地为大宗，1977～1978年清理了53座，此外还在襄阳山湾、宜都楚皇城、江陵张家山等地有零星的发现。河南发掘的秦墓数量不多，1978年在泌阳清理的4座墓比较引人注目。1975年在内蒙古准格尔旗瓦尔吐沟发掘了18座秦汉墓，使人们认识了北方边陲地区的秦文化特征。这一时期可谓地不爱宝，田野工作突飞猛进，成果累累。丰富起来的资料迫使人们去分析去思考，这才有了80年代以后分期分区等问题的讨论。

（1）关中地区

1974年在户县发掘了春秋前期的宋村M3及其附葬坑，出五鼎四簋铜礼器一套及车马器，墓主葬式不明。生土二层台上用木匣盛殓4个男性殉人，仰身直肢，头骨与身体错位分离。附葬坑中还发现12匹马和驭奴。该墓铜器秦式风格浓烈，与传出户县的宗妇诸器相似，是平王东迁后秦国势力到达宗周之地的证据[61]。此后，还在户县南关发现春秋早期的五鼎墓和七鼎墓各一座，铜器制作粗糙，非实用器，形制与宋村的相同[62]。传世宗妇诸器铭为"王子剌公之宗妇鄁婴为宗彝鬵彝，永宝用，以降大福，保辥鄁国"，郭沫若认为此"王子"是宣王之子[63]。俞伟超认为西周时某些边鄙诸侯已称王，此"王子"为鄁国王子，故使用七鼎的礼制[64]。陈平则认为这些铜器是秦武公元年（前697年）伐彭戏戎，秦征服户县一带后，臣服于秦的丰王王子宗妇所作，鄁国与丰通婚，是宗妇的父母之邦。如此，户县的这批墓当是古丰国的王室之墓[65]。

同属春秋早期的还有1978年在宝鸡杨家沟公社西高泉村清理的2座秦墓。除陶明器外，还随葬两件西周晚期的壶、豆。豆铭："周生乍鬵豆，用享于宗室"，此"周生"应即周宣王时的"琱生"。琱生器群可能在犬戎入侵时散失，后来落入秦人手中。西高泉村的墓葬南距太公庙铜器窖藏仅1公里，可能是平阳城郊的国人墓地[66]。

雍城墓群位于雍水南岸、秦公陵园以北，以八旗屯和高庄为主。墓形有竖穴土圹和洞室墓两种，前者流行于春秋时期，本身有从狭窄到宽敞的变化；后者流行于战国中期以后。春秋至战国早期的较大的墓多有殉人，盛殓在壁龛的小木匣中。有的附葬车马坑，位于主墓的左侧或脚下，埋一车二马或三车六马，车辕东向。

随葬的铜器在早期尚有一些实用器，战国以后多为微型化的明器。陶器为灰、黑色，有鼎、簋、豆、壶、盘、匜、甗、鬲、盂、喇叭口罐等，春秋中晚期流行彩绘仿铜陶礼器，战国早期出现囷，战国晚期流行釜、缶、茧形壶等日用器。发掘者将八旗屯分成六期，即春秋、战国各早中晚三期，上限不早于德公元年（前 677 年），下限不迟于战国晚期。高庄分为五期，从春秋晚期延续到秦代[67]。对整个考古学文化的分期是建立在对典型遗址剖析的基础上，雍城墓群就是这种典型遗址，其重要性不言而喻。

这里需要重新认识高庄墓地的分期。1977 年发掘的 46 座墓被定在战国中期的 15 座、战国晚期的 3 座、秦代的 10 座，分别相当于简报的三、四、五期。三期的墓中 M24 出高圈足的茧形壶，可知它早不过秦代；M27 和 M20 都出二鼎、二豆、二壶，形态组合与中原战国墓相同，可定在战国中期；剩下的 12 座都属于战国晚期。

四、五期的墓有一些共同特点：葬式清楚的均为仰身直肢葬；顺室的洞室墓，墓道的宽度往往等于或小于洞室；器物组合为鼎、盒、壶、钫、镤之类的陶礼器或者罐、盆之类日用器，不出实用陶釜；普遍随葬锸、刀、剑、釜、削、锯等铁器；一些墓葬半两钱的数量达百枚以上，很多钱径在 2 厘米以下。高庄的铁剑长达 105 厘米，形体窄长，扁茎无首。从秦兵的发展历史看，秦代还以青铜兵器占绝对优势，秦俑坑就没出土一把铁剑。而且，高庄的这几座墓规格并不高，秦代以后才有布衣佩剑的记载，如《史记·淮阴侯列传》："及项梁渡河，信杖剑从之"，因此把这些墓定在西汉早期是合适的。许多学者根据当初高庄墓地的分期，认为在战国晚期就出现了直径 2 厘米以下的榆荚钱[68]。其实《汉书·食货志》原来说得很明白："汉兴，以为秦钱重难用，更令民铸荚钱"。始皇陵园出土 600 多枚半两中，绝大多数直径在 2.5～3 厘米，秦代以前年代明确的墓葬也没有出榆荚钱。因此，这个问题需要重新澄清。高庄的材料发表后，关中其他地区的墓多以它为断代标准。现在看来，像咸阳西北林学院、杨陵区[69]那些定在战国晚期和秦代的墓葬都应晚到西汉早期。

咸阳是战国中期以后秦国都城。1975～1977 年在黄家沟发掘了 48 座战国中晚期的墓葬，其中西首葬仅 24 座，蜷曲特甚葬式仅 12 座，还有一些墓随葬鼎、豆（盒）、长颈壶等类似于中原战国墓的陶礼器组合[70]。总之，黄家沟墓地三晋因素较为突出。咸阳作为秦国首府、京畿之地，荟集着众多来自关东地区的客卿人才，黄家沟墓地应当包含了相当数量的外来人口。

1974～1975 年在大荔朝邑发掘的 26 座战国墓则表现出强烈的秦文化特征：都是单人蜷曲特甚的屈肢葬，绝大多数头向西；墓形有竖穴和土洞两种；随葬釜、盆、罐、甑、壶等日用陶器[71]。大荔地区春秋时期盘踞着大荔戎，秦穆公时属秦，取名临晋县。后来时而归戎，时而归魏，直至魏襄王五年（前

314 年）尽献河西地，临晋复属秦，才处于秦国比较稳定的统治下。这应当是朝邑秦墓的上限。从形制分析，除 M107 个别墓能早到战国中期，其余均晚至战国晚期。

铜川枣庙 25 座秦墓个性鲜明：大多数棺椁齐备，但仅仅随葬鬲、盆、罐等日用器，棺椁的层数与用鼎的隆杀、随葬品的多寡并无联系，等级制度的约束在这里显得比较松弛。双耳鬲、三足瓮反映了北方古文化的因素，M25 的一件鹰搏猛虎铜牌饰，更是典型的北方草原风格的艺术品。此外，一批小型的彩绘泥俑，可说是秦俑的前身。枣庙秦墓的年代大致在春秋晚期至战国中期[72]。

（2）江汉地区

这里曾是楚文化的中心，秦昭王二十九年（前 278 年）白起拔郢，设置南郡，才划入秦国版图。因此，江汉地区秦墓的上限是清楚的。睡虎地 M7 椁室门楣上所刻"五十一年曲阳徒邦"，应当是秦昭王五十一年（前 256 年）[73]；M11 的墓主人"喜"据《编年记》的记载死于始皇三十年（前 217 年）。这两座有纪年的墓为整个江汉地区秦墓的编年建立了标准。因此，可将这里秦至西汉早期的墓分成 4 期：

第一期：如睡虎地 M7、江陵杨家山 M135，相当于战国晚期。随葬鼎、锺式圆壶、蒜头壶、扁壶、鍪、甗、匜等铜器，釜、盆、甑、罐、壶等陶器。鼎分矮足式的秦鼎和高足式的楚鼎两种。蒜头壶口沿蒜瓣内聚，颈较短，腹部浑圆，但形态较凤翔野狐沟 M1 所出更为晚近。铜鍪单耳溜肩。

第二期：如睡虎地 M11、M33、M47，相当于秦统一时期。铜蒜头壶颈部变长，腹部趋扁，口部蒜瓣开始外展。铜鍪双耳一大一小，颈腹之间往往有一折棱分界。小口陶罐肩部广平，腹部急收，底部变小。茧形壶圈足较高。陶器肩部有"安陆市亭"戳记。

第三期：如睡虎地 M39、M35、M43 以及云梦大坟头 M1、宜昌前坪 M105 等，相当于汉初惠帝高后时期。铜蒜头壶扁腹略翘，圈足加高。铜鍪双耳等大，鼓肩。小口陶罐肩部趋鼓，器表绳纹减少。

第四期：如睡虎地 M1、M2，大坟头 M2、M3，组合为鼎、盒、钫或灶、罐之类，相当于文景时期。

江汉秦墓包含了一些巴蜀和楚文化的因素。如江陵杨家山 M135 的一件鼎甗合体的铜甗，下部的鼎带凸棱状子母口，高蹄足外撇，足内侧有三角形凹槽，楚式风格强烈[74]。它可能被作为战利品随葬。宜都楚皇城雷家坡 M6 的一件三足细瘦外撇越式鼎，可能是楚灭越后仿铸的，或直接掳自越人，最后辗转落到秦人手中[75]。睡虎地秦墓出土的一种圆肩、圜底略凹的粗绳纹陶罐，本是巴蜀地区的传统炊具，秦并巴蜀后就出现在羊子山 M172 这样的秦墓里；随着秦人东下江陵，便传入两湖地区。据《战国策·楚策一》，历史上秦攻楚主要分两路进行：一路自巴蜀从长江乘船而下，另一路出武关沿汉水而下。而且秦人浮江伐楚的确有巴人参加。绳纹圜底罐出在四川和湖北的秦墓里，关中反倒不见，说明巴蜀和荆楚两地的紧密联系。此外，宜昌前坪 M14 的一件戟刺，形制与秦俑坑的铜矛无异，上有一"枳"字，可能是涪陵地方产品。墓主人名"偻曋"，属汉姓，此戟刺应是他戍守"枳"地所得，后来携至夷陵（今宜昌）[76]。这些例子都说明秦人在东进过程中不自觉扮演了文化传播者的角色。

秦文化向南方传播后变异程度较大，主要表现在两个方面：一、江汉秦墓中迄今为止没有发现一例土洞墓，而且墓圹中填充青白膏泥，用立柱和隔板分割椁室空间的做法，明显继承了当地楚墓的传统。这与当地自然条件有关，不同于陕甘一带富含直立性、易于凿挖洞室的黄土，长江流域分布着黏质红壤，这里绵延千年的竖穴墓到东汉直接被砖室墓所取代。二、江汉地区缺少关中那种蜷曲特甚的屈肢葬，以仰身直肢葬为多。这和楚文化的同化作用有关。从秦简《语书》可知楚人固守本地习俗的情况；从天水放马滩和云梦睡虎地两地《日书》差别，可知信鬼好祀的楚文化对秦文化的影响。葬式自然不能例外。

公元前 278 年后，江汉地区主要分布着三种墓葬：一是秦文化的墓葬，如云梦睡虎地，实用铜容器和日用陶器的组合形式与关中一致，多数学者认为其族属是秦人。另一种随葬鼎、盒、壶等仿铜陶礼器，未见秦式陶生活用器，如鄂城钢厂、七里界[77]，宜都楚皇城魏岗，黄岗太平寺等地点[78]，文化面貌继承了楚墓传统，应属于楚人后裔。还有一种调和了上述二者特点，数量较少，既有成套陶礼器，又混出秦式铜陶器，如云梦木匠坟 M2[79]，其族属尚难判断。就地理分布而言，第一类集中在云梦、宜城、江陵几个地点，它们分别是楚国的战略要地：安陵、鄂、郢都。秦攻占这里后不仅派重兵把守，还大规模移民，"大良造白起攻楚，取鄢、邓，赦罪人迁之"（《史记·秦本纪》），因此秦文化面貌比较纯粹。这几个地点之外的广大的两湖地区，则分布着第二类墓。初来乍到的秦文化似乎处在当地楚文化汪洋大海般的包围之中。这种情况到了西汉早期才有所缓解，像睡虎地第四期的墓也开始随葬成套陶礼器，表明两类墓的差别已趋于消失。

　　睡虎地秦墓出土了大量漆器，主要器类有圆盒、双耳长盒、长方盒、盂、奁、凤形勺、扁壶、樽、卮、杯、盘、耳杯等。有木胎和夹纻胎两种，一般内涂红漆，外涂黑漆。在黑漆地上用朱、褐色漆绘成凤鸟、鱼、梅花、云气、柿蒂、几何纹等图案。

　　陈振裕、郭德维、院文清等探讨了睡虎地漆器与湖北楚墓漆器的差别：组合方面，楚漆器多镇墓兽、虎座飞鸟、虎座鸟架鼓、卧鹿、俎、几、豆等礼祭器，秦漆器多壶、杯、盘等实用生活器；装饰纹样方面，楚漆器多三角雷纹、三角卷云纹、陶纹、蟠虺纹等模仿了当时青铜器上的纹样，秦漆器表现出生动写实的新风气；制作工艺方面，楚漆器常常分部件雕凿成型，然后卯合成器，秦漆器则采用了卷制、雕凿、削挖等多种手法[80]。

　　秦楚漆器差别显著，分明属于不同的系统。有学者认为，白起拔郢对当地漆器工业进行了毁灭性的打击，但把大批楚工匠掳至咸阳，从而发展起自己的漆器制造业[81]。还有学者认为秦国自己的漆器制造业原本就很发达，《秦律杂抄》中关于漆园的规定可资佐证[82]。目前看来，后说较为合理。睡虎地漆器上的"亭"、"咸亭"、"咸市"、"咸里"、"咸亭上"、"咸亭包"等烙印戳记，说明它们原为咸阳市府的产品，随着秦军事征服，很快流通到安陆一带。1958 年在长沙烈士公园 M3 出土了一件带铭的漆樽，铭文作："廿九年，大司□造，吏丞向，右工师象，工大人臺"，格式字体与秦器无异，当是秦国工匠的产品[83]。此樽作于秦昭王二十九年（前 278 年），恰好在这一年，白起拔郢；次年，秦蜀守张若取楚巫、黔中及江南地以为黔中郡，长沙才入秦。可见，拔郢以前秦国的漆器制造业已经很发达，以至于远销荆楚。

(3) 巴蜀地区

公元前 316 年，张仪、司马错伐楚，灭巴、蜀二国，在此设巴郡和蜀郡，并多次向这里移民。《华阳国志·蜀志》："戎伯尚强，乃移民万家实之。"因此，四川也出现了秦移民的墓葬。

1979 年发掘的青川战国墓群地处双坟梁的山腰上，墓坑按台地逐层分布，墓向基本西北，排列整齐，无打破现象。均为长方形竖穴土坑，坑内填白膏泥。多为仰身直肢葬。随葬品有铜、陶、漆器。铜器包括矮足深腹圜底鼎、单耳铜鍪等秦式器[84]；还出一种桥形铜饰，过去有学者认为是巴蜀地区特有的桥形币，后来又有学者订正为装饰品[85]。陶器种类比较复杂，象蒜头壶、大口罐属于秦文化因素；无把豆、侈口束颈的深腹罐、陶鍪属于巴蜀文化因素；个别盖顶有钮、肩部有衔环的陶壶，与楚墓同类器相似；双耳的深腹平口罐又是羌戎文化的器形。很多墓的陶器组合为鼎豆壶或鼎盒壶之类的礼器，有些墓又显然不是。漆器有鸥枭壶、扁壶、双耳长壶等，有的上面针刻"咸亭"，表明是成都市府的产品。M50 出两件木牍，其中一件记载了秦武王二年（前 309 年）11 月命丞相甘茂、内史匽更修《为田律》的事，可知该墓的年代在昭王元年（前 306 年）左右。关于这批墓的族属，有学者认为是秦人，大致不误[86]。其实，战国中期以后"秦人"的成分比较复杂，包括"故秦"和"新民"两种，前者指秦本土原来的居民，后者指新招徕或迁徙来的山东之民[87]。叶小燕曾注意到青川战国墓的陶礼器组合和同时期关中秦墓的典型组合不同，反而与三晋战国墓相一致[88]。可见，移川的"秦民"，实际包含了相当数量的三晋旧民。《史记·货殖列传》："蜀卓氏之先，赵人也，用铁冶富。秦破赵，迁卓氏。……诸迁虏少有馀财，争与吏，求近处、处葭萌。……程郑，山东迁虏也，亦冶铸，贾椎髻之民，富埒卓氏，俱居临邛。"葭萌即昭化，当时迁民途经昭化，沿白龙江、浔江而上进入青川，完全有可能。

郝家坪 M50 还出土了 7 枚半两钱，直径 2.6～3.2 厘米，重 2.1～9.5 克，是迄今惟一有确切年代可考的半两。其"半"字上部两拐角方折较大，下横较短；"两"字上横较短，风格古朴。它表明秦惠文王二年（前 336 年）初行之钱，就是半两，而不是以前所说的"铢重一两十二"、"铢重一两十四"之类的圜钱。纠正了过去圆形方孔钱是秦始皇统一时发明的错误认识。

荣经城关镇、曾家沟的墓葬内涵单纯，漆器上有"王邦"、"成亭"、"成草"等朱书或针刻文字，年代在汉以前[89]。

秦举巴蜀后，这里还分布着当地的巴人、蜀人上层贵族墓葬，像成都羊子山 M172，墓主人当是蜀人后裔。1972 年在涪陵小田溪发掘的三座土坑墓则表现出更强烈的巴文化特点，如辫索状耳的铜釜甑、扁茎无格柳叶形剑、折腰式圆刃铜钺、三角援的铜戈、虎钮镈于等。M3 的一件秦始皇二十六年的长胡四穿内刃戈，限定了它的年代。M1 的 14 件编钟，M2 的带"王"字符号的铜钲，足以表明这几座墓规格之高，属于巴人上层[90]。据《华阳国志·巴志》，巴人先王陵墓恰好在涪陵一带。秦灭巴后，曾竭力安抚、拉拢当地贵族，《后汉书·南蛮西南夷列传》："及秦惠文王并巴中，以巴氏为蛮夷君长"。

除此之外，还有巴蜀当地土著中的平民墓葬，巴人的如50 年代发掘的巴县冬笋坝和昭化宝轮寺船棺葬，文化面貌单纯，出无把豆、圜底罐、釜等陶器，鍪、甑、釜等铜器。均为典型的巴蜀式。有的出半两钱。蜀人的如四川郫县红光公社、犍为的土坑墓，也出半两钱[91]。

考古学界过去一直认为釜、鍪等铜器是战国秦墓的典型器物。随着材料的日益积累，特别是战国中期新都大墓和战国早期成都百花潭中学 10 号墓的发现，使人们认识到巴蜀地区这类器物较秦墓的为早。李学勤率先指出它们是巴蜀文化的独特器形，秦并巴蜀后随秦人东进流布到全国各地[92]。叶小燕识别出这些铜器中有用锤揲法制作的，不同于中原铜器的范铸法[93]。

（4）河南地区

1978 年在河南泌阳的官庄村清理了 4 座秦墓。其中 M3 随葬 42 件器物，竖穴土坑内并列南北两椁室，从南室"‖（二）小妃"漆器文字判断，当为夫妇合葬。铜器有鼎、圆壶、蒜头壶、双耳鍪等。北室的一件矮足圆腹鼎，嵌饰红铜片，盖器各有刻铭两处，字体为六国古文。

盖铭："廿八年平安邦司客财四分齋一镒十釿半釿四分釿之重。""卅三年单父上官庖宰悥所受平安君者也"。

器铭："廿八年平安君司客财四分齋六镒半釿之重"。"卅三年单父上官庖宰悥所受平安君者也"[94]。

漆器内红外黑，有的嵌铜镀银。北室一件漆盒口刻"平安侯"，盒底针刻"卅七年□工造"。这些字体，李学勤认为也是六国古文。黄盛璋则认为具有秦国特点。

从器物形制判断，这座墓是战国晚期的秦墓，惟带铭铜鼎与漆器的国别和年代有争议。李学勤认为平安君（侯）是卫国分封在单父（今山东曹县境内）的贵族，庖宰悥是在单父掌管膳食的上官负责人。据《战国纵横家书》，至迟秦昭王三十四

年（前 273 年）卫国还有单父，故铜鼎和漆器上的纪年（二十
八至三十七年）不是秦昭王或秦始皇的，也不是魏年号（魏王
没有在位 37 年的），只能是卫孝襄侯的纪年（二十八年是公元
前 297 年，三十七年是公元前 288 年）。平安君鼎是目前惟一
可以识别出来的战国晚期卫国文物。由于单父附近的"陶"是
穰侯魏冉的封地，而魏冉原封地"穰"离泌阳不远，故此鼎被
秦人夺得后流入河南南部[95]。黄盛璋根据卫孝襄侯五年（前
320 年）已"贬号曰君，独有濮阳"（《史记·卫世家》），不可
能拥有山东之"单父"，以及《战国纵横家书》并不能证明秦
昭王三十四年卫还拥有单父，反而说明此地已归魏，认为平安
君是魏国的封君，铜鼎"卅三年"是魏安釐王的纪年（前 240
年）；漆器刻文"卅七年"为秦始皇年号（前 209 年）。平安君
鼎为魏器，平安侯盒为秦器[96]。两说之中，前者近是。

（三）秦文化研究热的兴起

过去对于秦文化面貌的认识是模糊朦胧的。艺术类的专题
史如雕塑史、绘画史、工艺史等涉及到秦的内容，往往是一片
空白。要么引用几段有关秦史的文献资料作为交待，如"建筑
史"就是这样；要么统一并于汉或以"秦汉"代之。而 20
世纪 70 年代初以来接连不断又令人振奋的考古发现，则使这
一状况彻底改观。陕西秦始皇陵园考古以兵马俑坑的发掘为契
机，把秦军事生活、艺术门类、科技水平给形象化了。湖北云
梦睡虎地秦墓竹简的出土，把"秦法严酷"的一般说法引申到
法律制度研究的领域里来。

秦俑、秦简的发现，有似一石激起千层浪，学术界以极大

的兴趣加以关注。不过，从陆续发现和积累资料、给予初步解释到深入研究，是经历了一个过程的。

1974年发现秦兵马俑。由于俑坑规模宏大，兵马俑数量近万，发掘工作时停时续，虽经过了25年，至今尚未完成全部的1/5。而陵园范围广阔、内容复杂，在短期内也不可能尽知其丰富的全部内涵。故而初期边发掘、边参观、边研究的工作方案，对秦文化热的形成起了推波助澜的作用。我们考古工作者在坑里正做细部清理，而群众络绎不绝，观者如堵。各方学者更是闻风而至，一睹为快，思辨争论是这群人显著的特点。外国人不甘落后，往往凭借家资的方便远程探胜。新加坡总理李光耀1976年5月14日看过刚刚露出的秦俑后，题词道："世界的奇迹，民族的骄傲。"他是第一位参观秦俑的外国元首。美国的权威性杂志《国家地理》（*NATIONAL GEO-GRAPHIC*）闻风而至，报道了秦始皇陵与兵马俑的考古发现，图文并茂，引人入胜，对英语世界了解这一振奋人心的发现起了重要作用[97]。1978年9月，法国总理希拉克在发掘现场说："世界上有七大奇迹，秦俑的发现，可以说是八大奇迹了。"1979年10月1日，秦始皇陵兵马俑博物馆正式成立，开放展览。1982年，秦俑首次出国展出，先到澳大利亚，随后配合其他珍贵文物联合展或独立展，把秦俑的知名度逐渐推向世界。

随着俑坑发掘和陵园探测简报的陆续发表，自1976年之后的十年间有关秦俑与秦始皇陵的各类文章，就有542篇之多，而且有逐年增多的趋势。其内容除介绍与评说俑坑形制与大小、陶俑的种类与数量、车马结构与排列方式、陵园发现及参观信息外，有的学者已经注意到从文化意义的深层探索秦陵与秦俑的问题。

秦俑坑的性质是长期以来众说纷纭又莫衷一是的话题。当年在秦始皇陵东1500米之外设置这么一处大型的俑坑是出自何种考虑，有何作用？或以为象征京城的宿卫军，或以为是东巡的卫队，或说是送葬的俑群，或说是表彰军功的"封"……如此等等。因猜求据，见仁见智，不一而足。涉及到对秦俑的军事内容定性时，多数论者常将此与设俑的作用相混淆。就一、二、三、四号坑的形状、内容及其位置分析，除三号坑属于"军幕"尚无大的争议外，对其他三坑的属性在看法上就有了很大的分歧。前后出现的观点主要有三种，即：一、左、中、右"三军"说[98]；二、表现主军、佐军（偏师）、后勤（"左追蓐"）的"三师"说[99]；三、"陈师"说。笔者认为秦兵马俑坑的设置，同秦始皇陵园内外诸多从葬设施的用意没有什么区别，同样是出自统治者想把他在阳间世界享用的一切都搬入阴间世界的考虑，只不过是为了表现秦军军事生活的主要内容，而选取了"军阵"（一号坑）、"营练"（二号坑）、"示战"（四号坑）和"军幕"（三号坑）这四种代表性的形式而已[100]。

王学理首倡的"陈师说"，既给秦兵马俑坑定了性，也廓清了咸阳卫队、冥军送葬和东巡车驾的一般性猜想，还明确了四坑不是一切皆"阵"的布置。此论尽管后出，但因证据实在，往往能得到识者的赞同，所以后来对秦俑坑的性质问题再少有文章论及。

秦俑是一批陶质的偶人，其形象富有魅力，往往给人心理以强劲的震撼，故而从艺术角度来研究同样也耐人寻味。王朝闻经过参观考察，成为第一个著文详论秦俑艺术的人。他论秦俑产生的社会条件时，指出"秦俑是法家政治路线的产物"。他认为秦俑艺术的成就在于创造力，"秦俑群像的神态，给人以性格多样的感受"，而这是通过秦勇士典型的创造才体现出来的。秦俑艺术"适当解决了动与静、无限与有限的关系"，才能够突破"军阵题材容易出现的形体呆板"这道难关，从而使秦俑艺术形象富于感染力。秦俑艺术的出现绝不是孤立的和偶然的，它对前代艺术有所取舍的继承关系和对后世的重大影响都是有迹可寻的。"秦俑艺术"概念的提出及其基本观点，为以后这一课题的深入研究指明了方向[101]。

随着兵马俑知名度的增加，自80年代初期开始，一些以兵马俑为主要内容的书刊有如雨后春笋般地纷纷问世，不少画家、雕塑家、美术史工作者也都以饱含深情之笔畅谈秦俑的艺术成就。袁仲一以考古工作者的观察方法，从艺术风格与技巧方面描述了秦俑艺术[102]。台湾的陈英德曾数次赶到法国去参观秦俑展览，随后写出《中国写实雕塑的成就——秦陶俑》一文在《雄狮美术》杂志上发表，在国内外产生了广泛的影响[103]。中央美术学院的刘骁纯则在《美术史论》上撰长文谈秦俑艺术特征，比较冷静地观察气势磅礴、宏伟壮观的整体与精心雕琢、模拟实物的局部，从帝王与工匠的创作心理上分析了秦俑神态上的矛盾现象，指出"它是神、形、体恰到好处的结合"。他的结论是：正是由于那种"历史的、特定的、既一致又不一致的巨大创造力，才创造出秦俑特有的写实风格，才创造了秦俑那理性的、充满矛盾的、但又为其他任何雕塑所不能取代也不可能再重复的特有的崇高"[104]。在这一时期，诸多的艺术大师如傅天仇、刘开渠、王子云、王朝闻、叶浅予、张汀、吴作人、金维诺、常任侠、何正璜等老先生都卷入到秦俑艺术讨论的行列里来，使盛赞秦俑的声浪一层高过一层。

人们对秦俑的兴趣出现了一个猛增的势头，参观者纷至沓来，国外展览接连不断。深层次地认识秦俑，破解各种疑问，大大地推进了秦文化研究热的形成。1984 年 10 月 23 日在陕西临潼召开了秦俑研究第一届学术讨论会，与会代表 96 人，收到学术论文虽然只有 38 篇，但毕竟是秦俑发现 10 年来的第一次全国性的学术专题会议。从论文涉及的范围与深度看，"欣赏评介→艺术成就→艺术渊源"这样一个参差互见又触及新领域的倾向是异常明显的。这也是探究秦俑的必然过程。当追溯秦俑之源时，呼林贵通过对比，提出铜川枣庙春秋战国秦人墓的小彩塑泥俑是"重要的线索和依据"[105]。

秦始皇陵兵马俑坑出土的青铜兵器具有种类全、数量多的特点，是过去任何遗址、墓葬、窖藏文物无可比拟的，也是传世秦兵器中罕见的。当人们兴致勃勃地介绍、品味秦俑坑及陶俑形象时，对兵器只是略带一笔地轻描淡写而已。而身为秦俑考古队一员的王学理，一开始就选取了秦俑青铜兵器这一难题。他首先注意了综合考察，接着从科技水平探讨时代与成就的因果关系，再到标准化等专题的探讨。他由冶金、机加工、表面处理等方面研究秦代兵器科技成就，被学术界认为是从新角度研究古代兵器的开端[106]。

当秦文化研究热兴起时，自然科学领域中有关学科的介入也起了重要的作用。受王学理论文中所论述的组合兵器部件具有互换性的启示，陕西省标准化情报所等单位也参与了对秦代机械的标准化问题的研究。中科院自然科学史研究所李亚东第一次对秦俑体表颜料的化学成分作了取样分析，进而探讨秦代颜料的制造及其彩绘技术[107]。北京钢铁学院等单位组成的

《中国冶金史》编写组对秦青铜兵器兴趣尤浓，对箭镞样品进行检验，首先揭示出表面含铬氧化层的秘密，从而引起国内外冶金史学界的高度重视[108]。接着，中国科学院地质矿产部物化探研究所的科研人员，用勘查地球化学中的汞测量技术，最早发现在秦始皇陵墓有一个约 12000 平方米的强汞异常范围，证明《史记》中关于墓内"以水银为百川江河大海"的记载是可信的[109]。惊人的考古发现，往往成为激发人探求新知的动力。在秦俑研究深入的同时，研究领域扩大到始皇陵园，进而促进了秦文化研究高潮的到来。也正因为有冶金、化学、标准化、地学等等"边缘学科"的参与，不但使考古工作者开阔了视野，而且也丰富了秦考古研究的内容。

秦兵马俑以其大、多、真、神的特点很容易唤起人们的感悟，它的可视性又使展览具备群众性的基础，所以在不太长的时间内，秦俑就能引起全国性的轰动。正当举国上下处在一派兴奋之中，学术界欢庆秦俑坑的发现具有填补秦史研究空白的价值之时，在发现秦俑的第二年即 1975 年，在湖北云梦睡虎地发掘了一批秦墓[110]，其中的第 11 号墓出土一批律文秦简，竟能使人全新地认识秦严刑峻法的实质。虽然云梦秦简引发的轰动范围主要还只是局限于学术界，但它反映战国晚期到秦始皇时期的历史、政治、法律的情况却大大弥补了文献记载的不足。于是，由国家文物局组织成立了"云梦秦墓竹简整理小组"进行整理工作。他们把整理的成果及时地发表在 1975 年的《文物》第 5～8 期上，这就是《云梦睡虎地秦简概述》、《云梦秦简释文》（连载）。接着，文物出版社正式出版了几种版本的《睡虎地秦墓竹简》，并附全部释文、注释。随之，学术界就该书收入的秦律简文作了多课题的专门研究。1981 年出版的《云梦睡虎地秦墓》发掘报告，公布了包括《日书》在内的全部简文[111]，使秦简的研究成为中国简牍学的重要内容，推动了简牍学的深入研究。

对于秦简的研究，台湾和日本的学者都不断地有重要成果问世。事实上，秦墓竹简材料公布及时，一开始的研究就具有世界性。

如果说 20 世纪末对秦文化能够全面认识的话，那应归功于 70 年代秦俑坑和秦简发掘所提供的资料。秦俑坑发掘带有持久性，深入研究还是 80 年代以后的事；而秦简出土属于一次性，研究与整理系同步展开。这两大考古发现为 80 年代研究秦文化提供了资料准备。

"秦文化"一词无论是作为考古学意义上的文化（包含科学技术和物质文化）还是作为文化史意义上的文化（着重意识形态），作为一种具有确定含义的名词出现并当作专门的研究课题是较晚的事了。湘、鄂、豫、皖四省于 1981 年 6 月联合成立了"楚文化研究会"。之后，区域文化的研究相继展开，1990 年 6 月"秦文化研究会"宣告成立。不过，70 年代秦文化研究资料的积累与探讨表明，秦文化研究热已经在形成之中。

注　释

[1] 始皇陵秦俑坑考古发掘队：《临潼县秦俑坑试掘第一号简报》，《文物》1975年第 11 期。

[2] 秦鸣：《秦俑坑兵马俑军阵内容及兵器试探》，《文物》1975 年第 11 期。

[3] 始皇陵秦俑坑考古发掘队：《秦始皇陵东侧第二号兵马俑坑钻探试掘简报》，《文物》1978 年第 5 期。

[4] 秦俑坑考古队：《秦始皇陵东侧第三号兵马俑坑清理简报》，《文物》1979 年第 12 期。

[5] 张占民：《秦陵铠甲坑发掘记》，《文博》1999 年第 5 期。

[6] 陕西始皇陵秦俑考古队、秦始皇兵马俑博物馆：《秦始皇兵马俑》，文物出版社 1983 年版。

[7] 同［2］。

[8] 黄展岳：《中国西安、洛阳汉唐墓的调查与试掘》，《考古》1981 年第 6 期。

[9] 林剑鸣：《秦俑之谜》，《文博》1985 年第 1 期。

[10] 袁仲一：《秦始皇陵东侧第二、三号俑坑军事内容试探》，《中国考古学会第一次年会论文集》，文物出版社 1979 年版。

[11] 白建钢：《秦俑军阵试析》，《西北大学学报》1981 年第 3 期。

[12] 王学理：《秦俑专题研究》第 3～24 页，三秦出版社 1994 年版。

[13] 孝感地区第二期亦工亦农文物考古培训班：《湖北云梦睡虎地十一号墓发掘简报》，《文物》1976 年第 6 期。

[14] 马雍：《读云梦秦简〈编年记〉书后》，《云梦秦简研究》，中华书局 1981 年版。

[15] 刘海年：《秦律刑罚考析》，《云梦秦简研究》，中华书局 1981 年版。

[16] 黄展岳：《云梦秦简简论》，《考古学报》1980 年第 1 期。

[17] 吴树平：《云梦秦简所反映的秦代社会阶级状况》，《云梦秦简研究》，中华书局 1981 年版。

[18] 唐赞功：《云梦秦简所涉及土地所有制问题》，熊铁基、王瑞明：《秦代的封建土地所有制》，《云梦秦简研究》，中华书局 1981 年版。

[19] 四川省博物馆、青川县文化馆：《青川县出土秦更修田律木牍》，《文物》1982 年第 1 期。

[20] 刘海年：《秦汉"士伍"的身份与阶级地位》，《文物》1978 年第 2 期。

[21] 于豪亮：《秦简中的奴隶》，《云梦秦简研究》，中华书局 1981 年版。

[22] 林剑鸣：《秦汉史》第 57 页，上海人民出版社 1989 年版。

[23] 同［16］。

[24] 同［17］。

[25] 同［16］。

[26] 同［21］。

[27] 同［16］。

[28] 俞伟超：《古史分期问题的考古学观察》，《先秦两汉考古学论集》，文物出版

社 1985 年版。

[29] 高恒：《秦简中与职官有关的几个问题》，《云梦秦简研究》，中华书局 1981
年版。

[30] 郑实：《啬夫考——读云梦秦简札记》，《文物》1978 年第 2 期。

[31] 高敏：《"有秩"非"啬夫"考——读云梦秦简札记兼与郑实同志商榷》，《文
物》1979 年第 3 期。

[32] 裘锡圭：《啬夫初探》，《云梦秦简研究》，中华书局 1981 年版。

[33] 湖北孝感地区第二期亦工亦农文物考古培训班：《湖北云梦睡虎地十一座秦
墓发掘简报》，《文物》1976 年第 9 期。

[34] 黄盛璋：《云梦秦墓两封家信中有关历史地理的问题》，《文物》1980 年第 8
期。

[35] 陕西省雍城考古队：《凤翔秦公陵园钻探与试掘简报》，《文物》1983 年第 7
期。

[36] 秦都咸阳工作站：《秦都咸阳第一号宫殿建筑遗址发掘简报》，《文物》1976
年第 11 期。

[37] 杨鸿勋：《秦咸阳宫第一号遗址复原问题的初步探讨》，《文物》1976 年第 11
期。

[38] 咸阳市文管会等：《秦都咸阳第三号宫殿建筑遗址发掘简报》，《考古与文物》
1986 年第 4 期。

[39] 秦都咸阳考古工作站：《秦咸阳第二号建筑基址发掘简报》，《考古与文物》
1986 年第 4 期。

[40] 刘庆柱：《秦都咸阳几个问题的初探》，《文物》1976 年第 11 期。

[41] 学理等：《秦都咸阳发掘报道的若干补正意见》，《文物》1979 年第 2 期；王
学理：《"秦都咸阳"与"咸阳宫"辨正》，《考古与文物》1982 年第 2 期。

[42] 陕西省雍城考古队：《陕西凤翔春秋秦墓凌阴遗址发掘简报》，《文物》1978
年第 3 期。

[43] 凤翔县博物馆、陕西省文管会：《凤翔先秦宫殿试掘及其铜质建筑构件》，
《考古》1976 年第 2 期。

[44] 杨鸿勋：《凤翔出土春秋秦宫铜构——金釭》，《考古》1976 年第 2 期。

[45] 韩伟、曹明檀：《陕西凤翔高王寺战国铜器窖藏》，《文物》1981 年第 1 期。

[46] 秦俑考古队：《临潼上焦村秦墓清理简报》，《考古与文物》1980 年第 2 期。

[47] 赵康民：《秦始皇陵北二、三、四号建筑遗迹》，《文物》1979 年第 12 期。

[48] 秦始皇陵考古队：《秦始皇陵西侧"丽山飤官"建筑遗址清理简报》，《文博》

1987 年第 6 期；王学理；《丽山食官（东段）复原的构想》，《考古与文物》1989 年第 5 期。

[49] 秦俑考古队：《陕西临潼鱼池遗址调查简报》，《考古与文物》1983 年第 4 期。

[50] 秦俑考古队：《临潼县陈家沟遗址调查简记》，《考古与文物》1985 年第 1 期；秦俑考古队：《秦代陶窑遗址调查清理简报》，《考古与文物》1985 年第 5 期。

[51] 秦俑坑考古队：《临潼郑庄秦石料加工场遗址调查简报》，《考古与文物》1981 年第 1 期。

[52] 秦俑考古队：《秦始皇陵东侧马厩坑钻探清理简报》，《考古与文物》1980 年第 4 期。

[53] 王学理：《秦始皇陵研究》第 108 页，上海人民出版社 1994 年版。

[54] 秦俑考古队：《秦始皇陵园陪葬坑钻探清理简报》，《考古与文物》1982 年第 1 期。

[55] 秦俑考古队：《秦始皇陵二号铜车马清理简报》，《文物》1983 年第 7 期。

[56] 袁仲一、程学华：《秦陵二号铜车马》，《考古与文物丛刊第一号》，1983 年第 11 期。

[57] 王学理：《五时副车铜偶所反映的秦代銮驾制度》，《考古与文物丛刊第一号》，1983 年第 11 期。

[58] 秦俑考古队：《临潼上焦村秦墓清理简报》，《考古与文物》1980 年第 2 期。

[59] 王学理：《秦始皇陵工程与兵马俑从葬坑浅探》，《人文杂志》1980 年第 1 期。

[60] 秦俑考古队：《秦始皇陵西侧赵背户村秦刑徒墓》，《文物》1982 年第 3 期。

[61] 陕西省文管会秦墓清理组：《陕西户县宋村春秋秦墓发掘简报》，《文物》1975 年第 10 期。

[62] 曹发展：《陕西户县南关春秋秦墓清理记》，《文博》1989 年第 2 期。

[63] 郭沫若：《两周金文辞大系图录考释》，科学出版社 1957 年版。

[64] 俞伟超、高明：《周代用鼎制度研究》，《北京大学学报》1978 年第 1、2 期。

[65] 陈平：《试论关中秦墓青铜容器的分期问题》，《考古与文物》1984 年第 3、4 期。

[66] 宝鸡市博物馆、宝鸡县图书馆：《宝鸡县西高泉村春秋秦墓发掘简报》，《文物》1980 年第 9 期。

[67] 吴镇烽、尚志儒：《陕西凤翔高庄秦国墓地发掘简报》，《考古与文物》1980

年第 2 期；陕西省雍城考古队：《一九八一年凤翔八旗屯西道沟秦墓发掘简报》，《考古与文物》1986 年第 5 期；吴镇烽等：《陕西凤翔八旗屯秦国墓葬发掘简报》，《文物资料丛刊》第 3 辑。

[68] 吴镇烽：《半两钱及相关问题》，《陕西省考古学会第一届年会论文集》1983 年版。

[69] 咸阳市文管会：《西北林学院古墓清理简报》，《考古与文物》1992 年第 3 期；咸阳文物考古研究所：《咸阳市杨陵区秦汉墓群清理简报》，《考古与文物》1996 年第 2 期。

[70] 秦都咸阳考古队：《咸阳市黄家沟战国墓发掘简报》，《考古与文物》1982 年第 6 期。

[71] 陕西省文管会、大荔县文化馆：《朝邑战国墓葬发掘简报》，《文物资料丛刊》第 3 辑。

[72] 陕西省考古研究所：《陕西铜川枣庙墓地发掘简报》，《考古与文物》1986 年第 2 期。

[73] 同〔33〕。

[74] 湖北省荆州地区博物馆：《江陵杨家山 135 号秦墓发掘简报》，《文物》1995 年第 8 期。

[75] 楚皇城考古发掘队：《湖北宜都楚皇城战国秦汉墓》，《考古》1980 年第 2 期。

[76] 陈平：《浅谈江汉地区战国秦汉墓的分期和秦墓的识别问题》，《江汉考古》1983 年第 3 期。

[77] 湖北省鄂城县博物馆：《鄂城楚墓》，《考古学报》1983 年第 2 期。

[78] 黄州古墓发掘队：《湖北黄州太平寺西汉墓发掘》，《江汉考古》1983 年第 4 期。

[79] 云梦县博物馆：《湖北云梦木匠坟秦墓发掘简报》，《江汉考古》1987 年第 4 期。

[80] 院文清：《楚与秦汉漆器的几个问题》，《江汉考古》1987 年第 1 期；陈振裕：《试论湖北战国秦汉漆器的年代分期》，《江汉考古》1980 年第 2 期。

[81] 俞伟超：《先秦两汉考古学论集》第 226 页，文物出版社 1985 年版。

[82] 李学勤：《东周与秦代文明》第 290 页，文物出版社 1984 年版。

[83] 高至喜《长沙烈士公园 3 号木椁墓清理简报》，《文物》1959 年第 10 期。

[84] 同〔19〕。

[85] 黄士斌：《巴蜀王国的桥形铜币质疑》，《考古与文物》1992 年第 1 期。

[86] 宋治民：《略论四川的秦人墓》，《考古与文物》1982 年第 2 期。

[87] 李学勤：《秦简与〈墨子〉城守各篇》，《云梦秦简研究》，中华书局 1981 年版。

[88] 叶小燕：《试论巴蜀文化的铜器——兼论巴蜀与中原文化的关系》，《中国考古学研究（二）——夏鼐先生考古五十年纪念文集》，中华书局 1986 年版。

[89] 四川省文管会等：《四川荥经曾家沟战国墓第一、二次发掘简报》，《考古》1984 年第 12 期；荥经古墓发掘组：《四川荥经古城坪秦汉墓》，《文物资料丛刊》第 4 辑。

[90] 四川省博物馆等：《四川涪陵地区小田溪战国土坑墓清理简报》，《文物》1974 年第 5 期。

[91] 四川省博物馆：《四川船棺葬发掘报告》，文物出版社 1960 年版。

[92] 同 [82] 第 167 页。

[93] 同 [88]。

[94] 驻马店地区文管会等：《河南泌阳秦墓》，《文物》1980 年第 9 期。

[95] 李学勤：《秦国文物的新认识》，《文物》1980 年第 9 期。

[96] 黄盛璋：《新出信安君鼎、平安君鼎的国别、年代与有关制度的问题》，《考古与文物》1982 年第 2 期。

[97] 奥德瑞·托平：《中国最难以相信的发现——秦始皇的地下卫队》，叶正沛译，原载美国《国家地理》1978 年第 4 期。

[98] 袁仲一：《秦始皇陵东侧第二、三号俑坑军事内容试探》，《中国考古学会第一次年会论文集》，文物出版社 1979 年版。

[99] 白建钢：《秦俑军阵浅析》，《西北大学学报》1981 年第 3 期。

[100] 王学理：《一幅秦代的陈兵图——论秦俑坑的性质及其编成》，《文博》1990 年第 5 期。后收入本人专著《秦俑专题研究》，三秦出版社 1994 年版。

[101] 闻枚言、秦中行：《秦俑艺术》，《文物》1975 年第 11 期。

[102] 袁仲一：《秦俑艺术初探》，《西北大学学报》1980 年第 2 期。

[103] 陈英德：《中国写实雕塑的成就——秦陶俑》，《雄狮美术》1982 年第 11 期。

[104] 刘骁纯：《致广大与尽精微——秦俑艺术略论》，《美术史论》1982 年第 2 期。

[105] 呼林贵：《秦俑艺术的流派及渊源》，《文博》1985 年第 1 期。

[106] 王学理：《秦俑坑青铜兵器的科技成就管窥》，《考古与文物》1980 年第 1 期。

[107] 李亚东：《秦俑彩绘颜料及秦代颜料史考》，《考古与文物》1983 年第 3 期。

[108] 韩汝玢、柯俊等：《秦始皇陶俑坑出土铜镞表面氧化层的研究》，《自然科学研究》1983 年第 4 期。

[109] 常勇、李同：《秦始皇陵中埋藏汞的初步研究》，《考古》1983 年第 7 期。

[110] 孝感地区第二期亦工亦农文物考古训练班：《湖北云梦睡虎地十一号秦墓发掘简报》，《文物》1976 年第 6 期；同前：《湖北云梦睡虎地十一座秦墓发掘简报》，《文物》1976 年第 9 期。

[111]《云梦睡虎地秦墓》编写组：《云梦睡虎地秦墓》，文物出版社 1981 年版。

四 秦文化研究的深入

（八十年代—九十年代初）

（一）秦人早期活动的探索：
都邑和墓葬

1. 秦人早期都邑

据《史记·秦本纪》，商末周初时，秦先祖中潏已经"在西戎，保西垂"。至大骆、非子父子居犬丘，非子"好马及畜，善养息之"，周王命他在汧渭之间养马，"马大蕃息"。孝王打算叫他继承大骆为嫡嗣，但被申侯谏阻，所以改封非子于秦地，作邑居之，号曰"秦嬴"。这样，就形成了非子和成（非子的同父异母兄弟，申侯女所生）各为宗主的两个支系。周厉王时，西戎灭掉了犬丘这一支，非子的曾孙秦仲奋起伐戎，为此献身。秦仲子庄公誓报父仇，击破西戎，收复了犬丘。鉴于犬丘这一支族人已经覆灭，周宣王就把犬丘划归庄公，并封其为"西垂大夫"，庄公亦移都西犬丘。此事得到传世不其簋铭文的证实。

此后，文公四年（前762年）卜居"汧渭之会"，宪公二年（前714年）徙居"平阳"，德公元年（前677年）初居"雍城"，灵公居"泾阳"，献公二年（前383年）城"栎阳"，孝公十二年（前350年）徙都"咸阳"。秦人步步为营，向东扩张，终于完成统一大业（图二〇）。对此，著名学者王国维

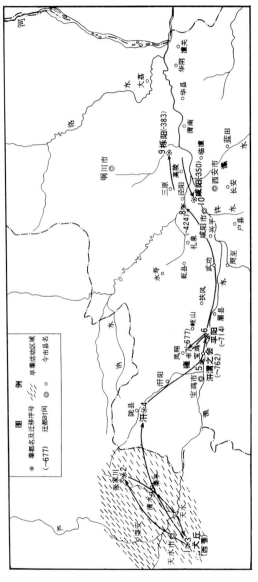

图二○ 秦人都城迁徙路线示意图

有精当的论述："然则有周一代，秦之都邑分三处，与宗周春秋战国三期相当。曰西垂、曰犬丘、曰秦，其他皆在陇坻以西，此宗周之世秦之本国也。曰汧渭之会、曰平阳、曰雍，皆在汉右扶风境，此周室东迁，秦得岐西地后之都邑也。曰泾阳、曰栎阳、曰咸阳，皆在泾渭下游，此战国以后秦东略时之都邑也。观其都邑，而其国势从可知矣。"[1]秦人早期都邑自然指雍城以前，其中还应当包括汧城。西晋皇甫谧《帝王世纪》讲"秦襄公二年徙都汧"，虽然《史记》正文没有这条记载，但近年考古发现却增强了其可信度。

(1) 西犬丘

"西垂"有两层含义，广义的泛指西土，也就是西部边陲；狭义的"西垂"是具体地名，《水经注·漾水》认为在汉陇西郡的西县，即天水地区的西和县、陇县一带，这已得到多数学者的认可。至于犬丘，《史记集解》和《史记正义》均误以为在汉代槐里（今陕西兴平县西南），王国维已证其误，指出犬丘、西垂本一地；犬丘乃"西犬丘"之省，是相对于槐里的东犬丘而言[2]。此说至今精磨不灭。

有人推测西犬丘城邑在礼县的盐关堡一带（俗称盐关川）[3]，但50年代以来调查发现的周代遗址多分布在今礼县县城周围的西汉水两岸，而距县城东北10多公里的盐关川一带却较少发现。因此，西犬丘的具体地点尚需进一步勘察。

90年代，礼县城东大堡子山的南坡上的秦公墓地惨遭盗掘，大量文物珍品流失海外。这片墓地传出青铜器百余件，很多铜器铭文中有"秦公"字样。纽约拉利行的一对秦公壶最先被披露，为长颈垂腹低圈足的方壶，高53厘米，盖沿饰两头龙纹，颈饰波带纹，腹下方饰以兽头为中心的蟠曲龙蛇，圈足饰窃曲纹，形制纹饰均属于西周晚期至春秋早期（图二一）。器铭"秦公作铸噂壶"，器主人有庄公、襄公、文公等不同说法。后来，上海博物馆从香港回收了四鼎二簋，属制作精细的实用器（鼎高 38.5 厘米，径 37.8 厘米；簋高 23.9 厘米，径 18.6 厘米），皆饰兽目交连龙纹。器铭有"秦公作铸用鼎"、"秦公作宝用鼎"、"秦公作宝簋"三种 6 件。第一种"秦"字作"叒"，器主人被认为是文公；后两种"秦"字作"叒"，器主人被认为是襄公或宪公。

这片墓地还出土了一批金箔饰片，现已公布了 44 件，有鸥枭形、口唇鳞形、云纹圭形、兽面纹盾形、目云纹窃曲形以及包裹木芯的金虎箔片。母题花纹均为西周晚期的典型纹样，

图二一　秦公壶

碳-14 年代测定并经树轮校正为公元前 1085～前 825 年，以及前 943～前 791 年。从金饰片上的钉孔看，它们应当是秦公大墓棺上的装饰物[4]。

凡此种种都证明大堡子山墓地就是文献中秦公葬地"西垂"，西犬丘城邑当在附近。这片墓地究竟葬了哪几位秦公？1994 年 3 月甘肃省考古研究所进行了抢救性发掘，据说墓地共有 4 座大型墓坑：2 座曲尺形车马坑，1 座"中"字形主墓，1 座"目"字形墓。"目"字形墓的性质是主墓还是车马坑不太清楚。此外，还有数十座中小型墓拱卫于外[5]。结合文献和铜器铭文看，庄公以及他以前的秦先公都不应葬在此墓地，因为秦从襄公始享国并称"公"，庄公乃死后追谥，他生前不可能铸造带"秦公"铭文的铜器。前出子以及他以后的秦国君也不应葬在此墓地，因为文献明确记载他们葬于"平阳"或"雍"。因此，大堡子山墓地的秦公只能是襄公、文公、宪公中间的一位或二位[6]。大堡子山墓地也不是西垂墓地的全部，庄公以及大骆一系的先公墓地还没有找到，所以说，礼县在探索早期的秦文化方面还大有可为。

（2）秦

关于非子封邑"秦"的地望，有两种说法：一说在甘肃省清水县县城以东 10 多公里的"秦亭"。唐初徐广《括地志》以及清乾隆《甘肃通志》都主此说。经考古调查，清水县县城以东亭乐山下确有一个秦亭大队，但这里地势狭窄，溪流宽仅 1～2 米，两岸无发育良好的台地，更没有任何早期的陶片和文化堆积。因此，这里作为非子的封地当属误传。但这里仍应属于"秦"的大范围。另一说在今清水县城西数里处的清水故城。《水经注·渭水》："其水（指东亭水，即清水）……又迳清水城南，又西与秦水合，水出东北大陇山秦谷……，而历秦川，川有育故亭，秦仲所封也。秦之为号，终自是矣。秦水又东南，历陇川，迳六盘口，清水城西，南注清。清水上下咸谓之秦川。"今清水县城一带，古亦谓之秦川，地势开阔，有发育良好的台地，考古调查中曾发现周代遗址。此外，非子所居的宫又叫"秦川宫"，《七国考》引《郡国志》："秦川宫者，昔非子封秦，于此筑宫室。"因此，这里应当是非子的封邑之地。

（3）汧城

《史记正义》引《括地志》："故汧城在陇州汧源县东南三里"，即今陕西陇县。陇县西与清水县相邻，虽然被陇山所隔，但汧水河谷却是一条自古已有的通道。秦人在此经营都邑作为东进的第一站不足为奇。"东南三里"以今县城位置度之，在今东南乡郑家沟村一带，与县城隔千河相望（图二二）。这里虽然有一处范围较大的古代遗址，但从地面采集到的绳纹板瓦、筒瓦、云纹瓦当和"回"字纹砖等遗物看，是一处汉代遗址。这里发现西周晚期至春秋早中期的遗物，与襄公所居的汧城无关，应该是《水经注》所记载的汧水南岸的汉晋故城遗址。

80年代发现的陇县边家庄村春秋秦国墓地为寻找秦汧城提供了重要线索。从1979年春至1990年初共发掘了墓葬33座，出五鼎四簋铜礼器的大夫级墓葬有8座，出三鼎二簋的士级墓葬有3座，两者共占总数的1/3。可见这是一处规格较高的贵族墓地。铜礼器的基本组合是鼎、簋、壶、盘、盉、瓹，常见纹饰有窃曲纹、蟠螭纹、重环纹、瓦纹、鸟纹等，其年代基本属于春秋早期，但也可延续至春秋中期。葬入这片墓地的是秦宗族贵族成员，它的附近应该有相对应的都邑故址。

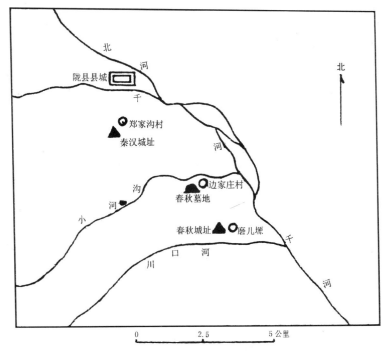

图二二　边家庄墓地与附近古城址位置图

在边家庄墓地东南 3 公里的磨儿塬村西有一处春秋城址，它与前者处在千河西岸同一片台地上。台地东南部断崖上可见到部分夯土城墙，东墙的南段尚存近百米，南墙的东段保存约 200 米，东南角亦尚存一部分残墙，残存高度 1～2 米，夯层厚度 10 厘米左右。城的整体形制还不清楚，但该遗址的分布东西可达 400～500 米。地面采集到春秋时期的罐、鬲残片，以及战国时期的陶盆、素面半瓦当、板瓦残片，说明这个遗址沿用了很长时间。它的性质非襄公所居的汧城莫属[7]。

襄公居汧的时间不过 11 年，这段时期是汧城的初创期；

至文公居汧渭之会的50年内应该得到进一步的发展。因为文公死后仍返葬旧都"西垂"，一方面反映出当时秦人对东进尚无必胜信心，另一方面又说明汧城已成为秦人往来于新旧居处通道上的重要中转站，肯定会大力经营。德公迁雍后，汧城的地位才逐渐衰落。

（4）汧渭之会

《史记正义》引《括地志》："郿县故城在岐州郿县东北（误，应为西北）十五里。……秦文公东猎汧渭之会，卜居之，乃营邑焉，即此城也。"也就是说，在今眉县西北的渭水北岸地区。然而，汧河和渭河交汇处在今宝鸡县汧河乡西、宝鸡市卧龙寺东的地方，此处距眉县尚远。考察秦文公一生的活动，"得陈宝"是件大事。"陈宝"相传是块色赤如肝、自天而降的宝石，也就是陨石。文公以为天降祥瑞，在陈仓北阪"城祠之"（《史记·封禅书》）。祠祭陈宝，秦汉时经久不息，隆重程度甚至超过了当时的"雍四畤"。陈仓城的修建就是因此而起。唐初的《括地志》云："宝鸡（神）祠在岐州陈仓县东二十里故陈仓城中。"唐代的陈仓县城在今汧河以西的地方，"东二十里"正好位于汧渭之会附近，因此有学者认为古陈仓城就是文公所营之都邑（汧渭之会）[8]。然而，《史记·秦本纪》明确将它们记为两件事，而且相隔15年之久："四年，至汧渭之会，……乃卜居之，占曰吉，即营邑之。……十九年，得陈宝。"因此，秦文公所徙都邑的具体地点还有待探索。

（5）平阳

秦宪公、秦武公均以平阳为都邑。《史记正义》按："岐山县有阳平乡，乡内有平阳聚。"《括地志》："平阳故城在岐州岐山县西四十六里，秦宁（宪）公徙都之处。"1978年1月在宝鸡县杨家沟乡太公庙出土了一窖青铜器，有铜钟 5 件、镈 3 件。镈为大型铸器，造型精美，器身两侧的扉棱由 9 条夔龙和 1 只凤鸟蟠曲而成，舞部有回首龙凤纹，身饰蝉纹、窃曲纹等。它们应是某一次重大祭祀活动中被掩埋的。由铭文内容可知铜器主人是东伐彭戏氏至华山，诛三父夷三族，西伐邽、冀之戎，设县杜、郑，灭小虢，武功赫赫的秦武公。太公庙距古岐州岐山县城近 50 公里，地望与文献吻合；钟、镈出土处又发现不少灰坑，显系长期居住之地，宪公、武公所居住的平阳应当就在这一带。

平阳还有秦公葬地，史载武公、德公、宣公、成公都葬于此。考古调查至今尚无线索。

2. 秦人族属及秦文化渊源问题的大讨论

虽然把中国上古民族分成东夷、北狄、西戎、南蛮、华夏是《礼记·王制》以后的做法，但上古民族的分布存在着地域性则是不争的事实。秦人来自何方民族？回顾历史，至迟春秋时，秦人已自视为华夏的成员，这被秦武公钟、镈和秦景公大墓石磬铭文所证实。秦襄公始建国时，周天子已将秦人和戎人区别对待。从非子至庄公这段时间内，秦与戎互为仇雠，攻伐不休，言谈之中很清楚地把自己置于西戎之外。大骆以前，可算秦人的传说时代。"秦人"称呼源于非子被封于秦，"号曰秦嬴"。因此，探讨传说时代秦人族属，实则探讨非子一族直系先祖的族属。恰恰在这个问题上，学术界争议很大，概括起来，有"西戎说"（西来说）和"东夷说"（东来说）两种。

王国维首倡西来说，"秦之祖先，起于戎狄，当殷之末，有中潏者，已居西垂。"[9]蒙文通亦力主此说，他根据《史记·秦本纪》中申侯的一段话，秦祖先戎胥轩娶申侯之先（骊山之女）为妻，说明秦父系和母系皆为戎，秦之同族赵亦为戎。他甚至进一步推测秦和骊山氏都是犬戎[10]。周谷城、熊铁基等也主张秦人源于西戎，还提出秦人祭祀用马，与中原诸国不同；秦人祭祀对象繁杂，兼及草木、山川、禽兽，风俗与戎狄同[11]。

这些探讨局限在文献方面，80年代以后一些学者开始从考古材料寻找证据。俞伟超先生把"屈肢葬"、"铲脚袋足鬲"、"洞室墓"、"围沟墓"看做秦文化的传统特征，而这些文化因素都源于羌戎文化。他从甘青地区羌戎文化对中原文化影响的总体历史背景出发，指出秦文化与羌戎文化有亲缘关系，但后来又受到周文化的强烈影响，所以也可以归入周文化圈[12]。这既是苏秉琦先生"华化的外族文化"观点的发展，也开辟了从考古学角度探索秦文化渊源的先河。他还认为秦人是西戎的一支，这从湖北当阳季家湖出土的一件楚国铜钟铭文把秦人称为"秦戎"可以看出[13]。叶小燕在她的《秦墓初探》中谈到秦人流行西首葬式，"可能寓意他们来自我国西部"[14]。后来，刘庆柱的《试论秦之渊源》更明确提出秦文化源于甘青地区的辛店文化[15]。

东来说认为秦人是原本分布在山东及其附近古东夷族的一支。三四十年代卫聚贤、徐旭生倡导此说[16]，80年代后顾颉刚、林剑鸣、何汉文、段连勤等学者将之完善化、系统化，且有压倒西来说之势。理由主要有以下几条：一、秦人始祖"玄鸟降生"的传说与殷人、东夷如出一辙，反映他们有共同的鸟图腾崇拜。二、秦为嬴姓，而嬴姓族多居于东方，如西周至春秋时的徐、郯、江、黄、奄等国。三、《史记》称秦是"帝颛顼之裔"，秦襄公又"自以为主少昊之神"。颛顼、少昊都是传说中东夷部落首领。颛顼墟在今河南濮阳，少昊墟在今山东曲阜，均位于东方。四、秦人祖先和殷关系密切，如费昌、孟戏、仲衍、蜚廉、恶来都曾为殷臣。一些学者还致力于研究秦先祖自东向西迁徙到甘肃的年代、原因和具体路线。例如段连勤认为夏末商初夷商联军向西占领了汾河下游的夏人统治中心，其中，九夷之一的畎夷还深入到关中、乃至更靠西的甘肃东部。秦人就是畎夷的一部分。迁徙过程中伴随着"地名迁徙"现象，即部落到达一个新地方后，用族名或原住地的地名作为新居的地名。"犬丘"原本是畎（犬）夷在东方的居址；西周春秋时宋国有犬丘邑（今河南永城），卫国亦有犬丘（今山东曹县）。至"后桀之乱，畎夷入居邠岐之间"（《后汉书·西羌传》），恰好今陕西兴平县东南也有犬丘（或称废丘），甘肃天水西南亦有犬丘。这两个犬丘是畎夷入居泾渭流域的驻地。畎夷又叫"昆夷"，犬夷是其西迁后的后裔。武丁时期的甲骨文有"犬侯"勤勉王事的记载，可资佐证[17]。尚志儒补充了商末的第二次迁徙，即居住在汾河流域中潏一族在周人强大、殷商衰落的形势下，去商归周，迁至甘肃东部为周王室"保西垂"[18]。至于第三次和秦人有关的迁徙，是周成王时周公平定了武庚和以奄国为首的东夷部族叛乱，"伐奄三年讨其君，驱蜚廉于海隅而戮之，灭国者五十"（《孟子·滕文公下》），将一部分乱民战俘迁至宗周京畿地区，受周王室的监视和役使，把他们变成宗族奴隶，"俘殷献民，迁于九毕"（《逸周书·作洛解》）。西周共王时的师酉簋、询簋铭文中的"秦夷"，也属于这类人。他们不同于已经定居西犬丘的中潏一族，但与之有很远的血亲关系[19]。东来说学者还认为伯益始封于东方的"秦"地，在今河南与山东交界处的范县，它可以和战国厵羌编钟铭文中的"秦"、《史记·秦本纪》后太史公所说的"秦氏"相对照。甘肃清水县的"秦"，源于东方之"秦"，也是地名迁徙的结果。

邹衡先生在研究先周文化时，发现一件传世的带"亚镈"铭文的广折肩铜罐，属于该文化典型器物。同铭器还有商末周初的尊、簋、罍、爵、觯等，以及相传出土于殷墟的商末玺印。他还认为"亚镈"是一个以捕鸟兽为职的氏族族徽，这个氏族就是秦的祖先，曾担任过商朝世官，后来活动于先周文化地域内。卜辞中有阜族，与金文的"罕"或"镈"同名异字，"很可能就是秦的祖先费、蜚、非之类了"。因为根据古无轻唇音的原理，大费的第二字和费氏、费昌、蜚廉、非子的首字全是轻唇音……与阜的声符"匕"可以通假。他还根据卜辞中"令阜衰田于京"的记载，认为武丁以来商王常派阜族远去陕西或山西开荒，"秦的祖先本来起源于东方，后来为什么又到了西方，在这里似乎已得到了说明"[20]。邹氏的意见影响很大，很多学者就认为"阜族"即文献中的"中潏"一族。

东来说虽然受到越来越多的拥护，但西来说立足于东周秦文化的考古现实，亦有坚壁不可撼动之处，因为屈肢葬、洞室墓、分裆袋足鬲在史前乃至商周的确是罕见于东方的。对此，韩伟撰文一一加以辩解：一、秦墓中不乏直肢墓，而且有的宗室贵族还采用直肢葬。二、铲脚袋足鬲只是到了战国时期才在关中秦墓中出现，而且并不普遍。三、陕西的洞室墓都属于战国中晚期，不足以作为探讨秦文化渊源的依据。他主张秦人源于东方，秦文化与殷周文化、尤其是殷文化有着明显的继承关系，证据之一就是雍城马家庄宗庙承袭了殷人诸侯王"三庙"的制度[21]。

东来说与西来说表面上针锋相对，实际上也有共同点：都认识到周文化在秦文化发展中的重要作用。从考古学角度探索秦文化渊源，依靠片金碎甲或文献中的蛛丝马迹是不够的，眼光局限在关中也是不行的，必须要到甘肃东部寻找大骆非子时代完整的、特征鲜明的秦文化遗址和墓葬，因为那里才是秦人传说时代和历史时代的分界界标。惟其如此，寻找文化渊源的工作才能有一个坚实的基点。因此，俞伟超先生在 70 年代末提出"周孝王时代非子前后的秦文化面貌，恐怕就要到类似于周文化的遗存中去寻找"[22]，便具有很强的实践上的指导意义。

3. 甘谷毛家坪秦文化遗址的发现和意义

1982～1983 年，北京大学考古系、甘肃省文物队在甘肃省甘谷县盘安乡毛家坪找到了西周时期的秦文化遗存。发掘基址 200 平方米，有灰坑、残房基地面等，可分四大期，从西周早期延续到战国中晚期；墓葬 31 座，可分五期，分别相当于西周中期、西周晚期、春秋早期、春秋中期、春秋晚期及战国早期。

毛家坪西周时期的墓共 12 座，出陶器的 10 座。竖穴墓坑的长度均超过宽度的两倍以上。仅一墓有腰坑，坑内无遗物。墓向均朝西，均为屈肢葬，其中 8 墓蜷曲特甚。西周中期的陶器组合为鬲、盆、豆、罐，豆为实柄豆；全都是红陶，火候低，陶质软。居址中西周时期的陶器有鬲、盆、豆、罐、甗、甑等，形体较大，为实用器，多灰陶，绳纹零乱而不规整。由于毛家坪东周墓葬的器物组合、形态、葬俗和关中秦墓完全相同，而它又与西周时期的墓葬内涵紧密衔接，一脉相承，所以毛家坪西周墓葬和居址的性质无疑属于秦文化[23]（图二三）。

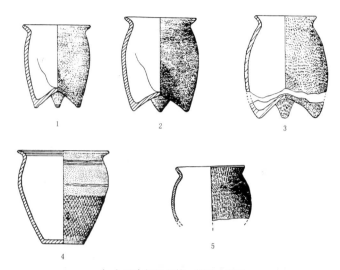

（一）毛家坪居址第一期出土陶器

1.H29:1　2.T1④B:1　3.T1④B:29　4.T3④B:4　5.T1④B:22

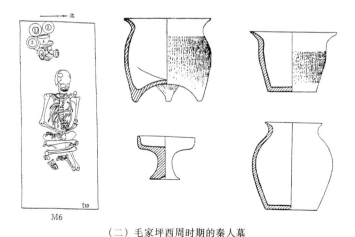

（二）毛家坪西周时期的秦人墓

图二三　毛家坪西周居址与墓葬遗存

在毛家坪还发现了一种与秦文化完全不同的遗存（报告把它定名为 B 组遗存，把秦文化定名为 A 组遗存），包括居址地层中的陶片和 8 座瓮棺葬，器类有双耳或双鋬的分裆袋足鬲、高领深腹罐、双大耳罐、双耳平口罐，夹砂红褐陶质，色泽不匀，多素面，少绳纹。分裆鬲中有 4 件铲形足根，即所谓的"铲脚袋足鬲"（图二四）。这种遗存从春秋中晚期开始在居址中出现，与秦文化共存，可见它是新出现的外来因素，不是由

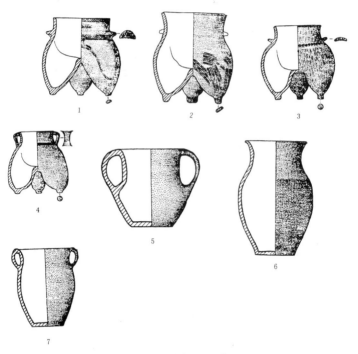

图二四 毛家坪 B 组陶器
1.LM4：1 2.LM8：1 3.LM12：1 4.LM11：1
5.T6②：1 6.LM9：2 7.T1③：2

西周秦文化发展而来的。赵化成推测这种遗存是冀戎遗留下来的[24]。毛家坪的发现证实铲脚袋足鬲的确不是秦文化的传统器物，与秦文化渊源无关，是甘青古文化带给秦文化的一种影响。

毛家坪的发掘将秦墓的编年从东周猛然推进到西周中晚期，从而为探讨秦文化渊源提供了一批经科学发掘的实物资料，一定程度上改变了过去停留在纸面上争论的情况，认识上也是一个质的飞跃。以此为出发点重新检讨过去的看法，就会发现西首葬、屈肢葬作为秦文化的标志性特征不容轻易否定。此外，毛家坪西周墓葬中没有洞室墓，因此洞室墓也不是秦的传统特征。毛家坪西周秦文化的构成主要有两类因素：一是屈肢葬、西首葬，与甘青古文化有关；一是陶器的组合形态，基本是周式的。单从其中之一出发探讨文化渊源会得到截然不同的结论：西戎说或先周说。一个民族的葬式有时会发生较大突变，如东周时期三晋地区突然流行屈肢葬以及屈肢葬汉代以后在全国范围内绝迹等。随葬器物风格有时也会大变，如战国中期秦文化的转型。历史上秦人与周人并非同祖，周文化对秦而言也是外来因素。在思考这些问题时，主持发掘工作的赵化成态度慎重："总之，关于秦文化渊源及至于秦人来源现在还不宜过早下结论。"[25]

近年牛世山分析了居址中的陶器，比较那些存在于秦文化分布区或毗邻区与之同时或略早的考古学文化，得出西周时期的秦文化来源于先周文化的结论。方法上，他把随葬陶器而非葬俗作为探索文化渊源的依据；思路上，他继承了东来说学者的意见，认为在商代晚期先周文化逐渐强大、商文化向东退缩的背景下，滞留在关中地区的原来为商王朝服务的中潏一族转而投靠了周人，并接受了先周文化。那么在转变前，秦人自然使用的是商文化[26]。刘军社甚至直接指证商时分布在陕西周原一带，既含商文化因素又含先周文化因素的壹家堡类型文化，就是秦人的遗存[27]。

最近滕铭予撰文重新讨论了毛家坪居址一期秦文化的年代，认为最早的④B层和H29的包含物（主要为长体筒状瘪裆鬲和深腹盆），可以提前到殷墟四期；而此时的秦文化内涵单纯，和周原地区的郑家坡文化（以单一的瘪裆鬲为代表）相似，不同于宝鸡斗鸡台和凤翔西村的先周文化（瘪裆鬲和袋足鬲的墓在墓地中交错分布）。因此，早期的秦文化不是先周文化与其他文化融合后向西自然扩张的结果，而是郑家坡文化的一支跳跃式地迁徙到甘肃东部而形成的，它源于郑家坡文化[28]。

事实上，如果不是秦人惯用的屈肢葬，我们甚至不敢肯定毛家坪A组遗存的性质属于秦文化。在甘肃东部周秦文化交错分布状态下，要把秦文化从"周代遗存"中区分出来，还得靠屈肢葬。这既反映出周文化对秦文化的巨大影响，又反映出秦文化的独特个性。秦文化的早期历史可能远比我们想像的深邃复杂，在材料不很充分的情况下推定陶器的绝对年代时，如果涉及到重大的历史问题，一定要慎之又慎。在今后研究中，以下几方面的问题需要注意：第一、要严格限定秦文化含义。这里指的是一种考古学文化，不同于"秦族"、"秦国"或"秦朝"文化。如果认为秦文化在母系氏族社会就已形成，能早到史前时代（夏以前），那么"秦文化"势必会成为一个没有实际内容、无法把握的虚无概念，根本不利于今后研究顺利展开。与此同时，也要严格规定"秦人"概念的使用，作为族名出现的时间，有人认为在女脩之孙大费之世（传说中的舜禹时期），或认为在非子被封于"秦"时。目前看来，还是后者为妥。第二、要把秦人来源和秦文化渊源区别对待，一个古代人群可能先后使用不同的考古学文化，虽然周文化是秦文化的一个重要源头，但不能简单认为秦人就来自周人集团。第三、探讨文化渊源时必须抛弃单系直线思路，就毛家坪的材料，我们完全可以说，秦文化有多个源头，既接受了周文化的影响，又继承了甘青古文化的因素。四、在今后田野工作中寻找商末周初的秦文化墓葬将是一个关键，甘肃礼县大堡子山尚未被盗掘的中小型墓葬应当是非常值得注意的重点。

（二）三大都城和三大茔域的发现与研究

1.雍城、栎阳和咸阳

（1）雍城

80年代摸清了雍城城垣的走向和范围，大致搞清了城内三大宫殿区的分布情况，并调查了城郊的宫殿遗迹，完成了对秦公一号大墓的发掘。至此，城市布局的总体面貌基本被揭露出来了[29]（图二五）。

1982～1983年的钻探证实，60年代发现的南北向夯土墙是雍城西垣北段的一部分，还发现了四边城垣的部分地下遗迹，表明雍城是一座位于雍水河之北纸坊河之西的、平面呈不规则方形的城址。方向北偏西14度。东西长3300米，南北宽3200米，总面积10.56平方公里。西垣保存较好，其北端从凤翔县城西南50米处开始向南延伸，然后折向东南。城西南角被南古城汉代城址所压，后者是在前者基础上修建的。西垣

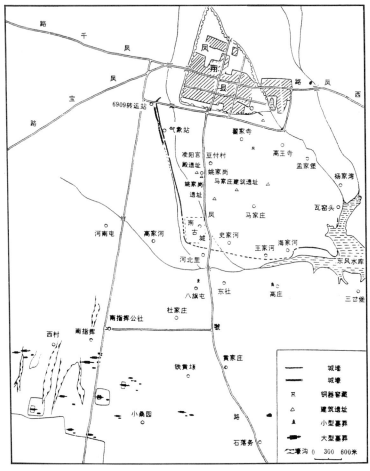

图二五　秦都雍城平面示意图

发现三处城门：1 号门址位于西垣南端以北 400 米处，宽 10
米，门道路土向东伸入姚家岗宫殿区，还发现两道车辙压痕；
2 号门址位于西垣南端以北 2205 米处，宽 8 米；3 号位于西垣南端以北2970米处，宽8~10米。南垣沿雍水河修筑，西段破坏严重，仅东侧发现三段。东垣紧靠纸坊河，由东南折向西北，破坏严重。北垣仅在铁沟、凤翔师范各发现一处残段，两处断墙之间有俗称"穆公冢"的近方形土堆高台，可能是北垣上一个起防御作用的建筑或门址。

城墙的建筑是先平整地面，再挖沟槽，槽内层层夯筑与口齐平，再版筑夯土。西墙外有一条长约千米的壕沟。城墙的建造年代目前还缺乏地层材料作验证，《史记·秦始皇本纪》讲秦悼公"城雍"，年代嫌晚，可能指对城墙的修缮加固，并非始建。城内共发现干道8条，南北向的4条恰好与东西向的4条纵横相交，呈"井"字布局。

城内宫殿区主要分布在姚家岗、马家庄、高王寺三处。它们年代有早晚，性质有别。

姚家岗为一突起的台地，位于雍城中部偏西，西距城西垣600米，北距县城2000米，白起河由其西北向东南流过，注入雍水。台地北部地势较高，人称"二殿台"。发现的主要是台基的西南部，其西南角呈直角，残存西墙、南墙各一段。夯基外侧还有白色卵石铺设的散水面。70年代发现的凌阴遗址和它处在一个台地上。1973年在台地南部东侧发现两窖铜建筑构件，"金釭"表面饰繁缛的带魑蛇头目的勾连蟠魑纹，与传世秦公簋及秦家沟M1、M2铜器上的纹饰酷似。秦公簋的年代众说纷纭，但以共公、景公可能性较大，"金釭"年代应与之接近。发掘者认为姚家岗宫殿区可能是春秋时的"雍太寝"[30]。还有学者认为是德公元年初居的"大郑宫"[31]。

马家庄位于雍城中部偏南，1976年以来在这一带发现建筑群4处，1983~1984年作了清理，初步了解了建筑的形制和用途。

1号建筑为秦宗庙，坐北向南。由北部居中的祖庙、东部的昭庙、西部的穆庙、南部的门塾以及中庭组成，四周环绕围墙，形成一个闭合空间（图二六）。

南部的大门又叫"都宫门"，与祖庙在同一南北中轴线上，由门道、东西内塾、东西外塾组成。门道南端有门限凹槽一道。

大门散水以北6.5米处，有一东西长约10米、南北宽约0.6米的"屏"的遗迹，与《荀子·大略》"天子外屏，诸侯内屏"相吻合。这种建筑又可称为"萧墙"。自大门门道向北，

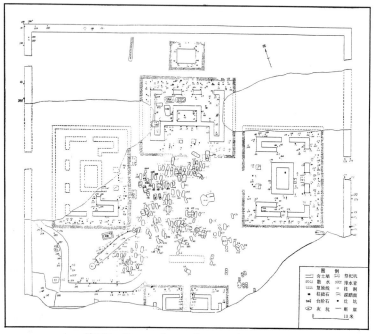

图二六　马家庄宗庙建筑遗址平面图

在散水处左右分开，有通往昭、穆庙及东西围墙两门的踩踏路面，即"宫中路"。

祖庙居中偏北，平面为"凹"字形，面阔20.8米，进深13.9米。"凹"字形正中缺口部分为前堂，面阔三间。前檐无墙，有两个夯土墩作为双楹基础。堂上可设席行礼，是重要的祭祀活动场所。堂后有长方形的室，内有火塘，是藏神接主的地方。室两侧有东西夹室，均为曲尺形，也是安放神主的地方。室与东西夹室之北是北三室，均为长方形明间，与射燕之礼有关。

昭、穆庙在祖庙南东西两侧左右对称，也都为"凹"字形，南北面阔21米，东西进深13.9米。平面格局与祖庙相似，只是通往南北夹室的门不是开在堂的两边隔墙（序）上，而是开在堂之后墙与室相接处。

在祖、昭、穆三庙四周各有供人行走的回廊，即《仪礼》中的"廉"。回廊四周有鹅卵石铺成的散水，被称为"霤"。秦宗庙四面皆有"霤"，可知是四坡流水式屋顶建筑。"廉"四角的地面较高，当为"坫"。

庙堂前散水处，有片状麻石铺成的斜坡漫道，内高外低，是通往堂基的台阶，古称"阰"。左阶为"阼阰"，右阶为"宾阰"。

祖庙之北有一亭台式建筑，平面呈长方形，四周无檐墙，四角各有两个角柱。亭台四周亦有散水围绕。研究者认为它是"亳社"遗址。商汤都亳，所以周灭商后，把用来警戒后人的商人"亡国之社"称为"亳社"。

中庭为一中间凹下，四周稍高的空场，东西长30米，南北宽34.5米。1号建筑外围墙古称"都宫"。东围墙北段、中段各有一个门址，北面的应为"闱门"，中间的应为"阅门"。西墙北段有一门址，中段残缺。北墙保存完整[32]。

在中庭和祖、昭庙内发现各类祭祀坑 181 个，其中牛坑 86 个，羊坑 55 个，牛羊同坑 1 个，人坑 8 个，人羊同坑 1 个，空坑 28 个，车坑 2 个。牛羊有全牲祭祀、无头祭祀、切碎祭祀三种。坑与坑之间有复杂的打破关系，是多次祭祀的结果。各类坑三两成排，有一定规律，可能与当时"太牢"或"少牢"之类特定祭礼有关。宗庙建筑内的祭祀人坑，均打破建筑地面，应是建筑废弃后举行的祭祀，坑内伴出春秋晚期或战国早期的陶器，表明了建筑使用的下限。宗庙未经烧毁，当是有计划拆迁的。

马家庄宗庙是目前发现的惟一一座春秋时期布局完整、结构清晰的宗庙建筑，据此可与礼书有关记载相对照。《谷梁传》："天子至于士皆有庙，天子七庙，诸侯五，大夫三，士一。"《礼记》也有类似记载。王国维指出天子和诸侯其实都是五庙（祢、祖、曾、高四亲庙外加始受天命的太祖庙），这符合周人丧服祭祀限于四世的亲亲原则；只不过周天子在二昭二穆之上又列文、武二庙，祀文、武二王，遂成七庙之制[33]。秦为诸侯，当立五庙，为何马家庄只有三庙？韩伟认为秦直接承袭了殷人的天子五庙制度，以诸侯王的身份建立三庙[34]。殷周祭法差别巨大，殷人五庙之说早被王国维否定，况且甲骨文显示殷人每个直系先王都有自己的独立宗庙，并无亲尽毁庙之事，因而此说不能成立。徐扬杰认为秦承周制，"因为建造宗庙时，从襄公时只传了四代（包括襄公），除襄公进始祖庙外，现任秦公（宗子）还只有祖、祢二代需要立庙享祀，没有必要为自己及尚未继位的世子预先建立宗庙"。也就是说，五庙并非一次性建成[35]。这种说法有一定道理，但从襄公下传四代为宪（宁）公，宪公居平阳，尚未都雍，怎么会在雍城内建立宗庙？马家庄宗庙的始建年代肯定在德公迁雍之后，我们认为以德公的可能性为最大。德公为襄公后第五代，其祖静公不享国，但亲未尽，应受享于昭庙。文公和宪公是祖孙俱为穆，但又相继担任国君，如同西汉昭、宣二帝的关系。参考汉元帝时将昭、宣二帝合于同一昭庙的事例[36]，秦德公有可能将文公、宪公合于同一穆庙。如此正合乎三庙之数。此外，德公建宗庙也符合先秦"君子将营宫室，宗庙为先"（《礼记·曲礼下》）的习惯。

2号建筑群与1号建筑群东西毗邻，相距仅15米，坐北朝南，现仅存门塾、隔墙、围墙及水井、排水管道等几部分。从残存迹象分析，它平面呈长方形，是由两个以上院落组成的大型建筑群，其用途功能待考。

1983年冬至1984年夏，在宗庙建筑西约500米处发现了3号建筑群遗址。方向北偏东28度，南北全长326.5米，北端宽86米，南端宽59.6米，面积21849平方米。由南向北可分五进院落、五个门庭。第一院落南墙正中有一门，门南25米处有东西向夯土墙，似为外屏。外屏南5米范围内发现大量圭状薄石片。东墙正中开一门。第二院落的南墙及西墙各有一门，院中部偏北两侧各有一长方形建筑。第三院落东西墙各有二门，南墙有一门。正中有一座面积约586平方米的长方形建筑。第四院落东、西、南三面各有一门。第五院落东墙正中有一门，院落正中偏北及其前方两侧各有一座建筑呈品字形排列。院内南部有两座长方形建筑，正中有通道与第四院落相连。各院落南门均宽于其他门，应为正门（图二七）。

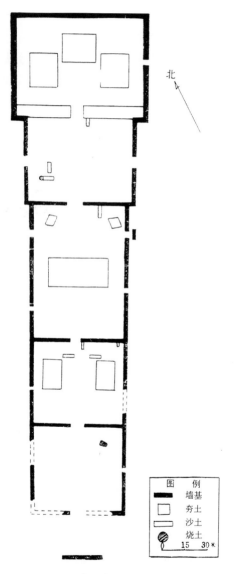

图二七　秦都雍城朝寝建筑遗址钻探平面图

3号建筑是目前雍城内发现规模最大的建筑遗址。李如圭《仪礼释宫》："周礼建国之神位，右社稷，左宗庙，宫南乡（向）而庙居左，则庙在寝东也。"3号建筑和宗庙建筑的位置关系符合这条记载，它应属朝寝。其形制符合文献中的"五门三朝"之制。由南向北分别是皋、库、雉、应、路五门。至于三朝，有学者认为第三、第四、第五院落分别是外朝、治朝、燕朝[37]。但对照小盂鼎铭文，盂向周康王献俘所经过的门朝次序，第二院落应为大廷，也就是外朝；第三院落应当是中廷，也就是治朝；第五院落应为少廷，也就是燕朝。"朝"就是"廷"。

4号建筑位于1号建筑东约600米处，残存面积约2万平方米，发现夯土残基、祭祀坑以及建筑材料等。

铁沟、高王寺宫殿区位于雍城北部，1979年以来作了多次调查。其中，凤尾村遗址面积约4万平方米，曾采集到"奔兽逐雁"纹瓦当，从形制看多为战国早中期遗物。1977年在纸坊公社高王寺发现一处战国早期铜器窖藏。发现者认为高王寺宫殿区很可能是秦躁公所居的"雍高寝"。

在雍城北部还发现一个长方形建筑遗址，北距雍城北墙不足100米，南距马家庄宗庙1000米。四面围以夯墙，形成一个全封闭空间，面积34030平方米。四面围墙中部各有一个门塾，清理的西门塾为一大屋顶的四坡式建筑，出土"半两"铜钱、"咸□里□"戳记陶器及筒瓦板瓦，年代在战国早期以后。围墙内为露天广场，无夯土遗迹。仅西南角有夯土面，可能为附属房屋。发掘者认为该建筑是雍城中的"市"，它的位置符合《周礼·考工记》"面朝后市"的格局。它的发现，说明秦在战国时已实行"集中市制"，可以和"献公七年，初行为市"

(《史记·秦本纪》)的记载相吻合[38]。

蕲年宫是秦代有名的宫殿，秦王政曾在这里行冠礼，并平定了嫪毐的叛乱。1982 年在雍城西南 30 多公里的千河东岸凤翔长青公社孙家南头堡子壕发现了一处面积约 2 万平方米的秦汉建筑遗址。采集到 1 件"蕲年宫当"瓦当，阳文篆书，笔画苍劲，属西汉中期之物。该遗址的汉文化层下叠压着内含战国绳纹陶片、云纹瓦当碎片的秦文化层。调查者认为"堡子壕亦是一处大型的秦代建筑遗址，汉代蕲年宫就建在秦蕲年宫的原址上"。蕲年宫的年代，"德公说"不合考古材料，"应以战国中晚期秦惠公建造，直到西汉时期仍然继续修饰沿用的看法比较可信。"[39]

1985 年又在此地采集"橐泉宫当"一方，亦为秦宫汉葺之物，证明秦汉橐泉宫也在堡子壕。有学者认为橐泉宫建于秦孝公时，并与以前的蕲年宫建在一起，使蕲年宫成为它的一部分，故有"橐泉宫蕲年观"(《史记·秦本纪》集解引《皇览》)的说法[40]。

械阳宫也是秦汉时重要宫殿，1962 年在南古城东北发现半个云纹瓦当，上残一"械"字。1982 年又在城南的东社遗址采集到一个完整的"械阳"瓦当，还发现成片夯土和战国"猎人斗兽纹"、"树纹"、"云纹"瓦当等，说明秦汉械阳宫就在雍城南郊的东社、南古城、史家河一带，而且可能始建于秦昭王时[41]。

在发现"械阳"瓦当的同时还采集到"年宫"瓦当。陈直曾认为"年"是"蕲年"之省文。考虑到东社距孙家南头村有 15 公里之遥，以及古人宫殿名称简写的习惯，有学者认为"蕲年宫"和"年宫"并非同一个宫殿，"年宫"是史籍失载的为数众多的秦汉宫殿之一[42]。

此外，1986年在雍城东20公里的横水乡凹里村发现一处秦汉行宫遗址，出土鸟鱼、双獾、云纹等战国秦瓦当和"长生无极"、"大宜□子"等汉瓦。1973年3月在凤翔城关镇北街发现一处春秋晚期至战国早期的铜器窖藏，有斧、锛、凿等生产工具，戈、镞、泡、方策等兵器和车马器。此处可能是秦国的一处手工业作坊。

研究雍城的形制布局，要把它放在秦国都城发展史中作纵向观察，并与同时期东周列国都城作横向比较，还得考虑到城市本身从始建到定型有一个动态过程。尚志儒、赵丛苍的《秦都雍城布局与结构探讨》在这方面颇有创见：城内平行干道纵横交错所形成的棋盘格区划被后来的栎阳继承；不筑小城的做法和中原各国迥异；朝寝和宗庙初步分离，并列于雍城中部南北向中轴线的两侧，呈现出从商周到秦汉的过渡形式。尤其最后一点，抓住了雍城布局的关键。作者强调商周"重宗族团聚"，城市以宗庙为核心；秦汉"重天子之威"，城市以朝宫为核心；雍城朝寝、宗庙并重，正处于过渡阶段[43]。这亦被汉代材料所证实。西汉诸帝宗庙就已经从城市中脱离出来，和陵墓相结合。在横向比较方面，近年李自智撰文提出列国都城在春秋时城多居郭城中部，战国时由于战争频仍、暴乱迭起，国君出于安全防范的考虑，将宫城转移到郭城一侧或一隅。雍城没有单一的宫城，而是分成若干各自独立的宫殿区，不同于东方诸国，但从形成过程看，宫殿区也是由城中部向城内一边转移[44]。此说有一定道理。今后要彻底搞清楚城市布局，还须确定手工业作坊区、市场、平民居住区的具体位置以及城垣的始建年代。就目前材料而言，雍城内宫殿群分布范围广，又很分散，不如东方诸国集中，这决定国人居住区可以杂厕其间，外围的城垣就很难说是严格意义上的宫城或郭城。城内功能区划分不明朗，类似于丰镐乃至更早的殷墟，有一定原始性，这或许反映春秋秦人残留了较浓重的宗法血缘组织的社会情况。

（2）栎阳

60年代对栎阳城范围的复原主要根据城内的三条干道。1980年4月至1981年12月中国社科院考古研究所再作调查，共找到南、西2城墙和3处门址，13条秦汉道路，15处秦汉遗址，了解到城址形状并非原来所谓的纵长方形，而是一个东西长南北宽的横长方形[45]（图二八）。

墙基直接筑于扰土之上，从包含物看，营筑年代不晚于汉初。南墙方向89度，残长1640米，宽6米；西墙方向339度，残长1420米，宽8～16米。东、北二垣可能毁于水患。由于一、二、三号主干道东端在今任玉路和孝泉刘家村至金指王村南北向的土壕边结束，推测东垣在此附近。七、九号主干道在西党村和东党村南结束，其北端与西墙北端基本在一条东西线上，估计栎阳北垣就在这一带。如此，栎阳故城应为一座东西长约2500米、南北宽约1600米的长方形城址，与《长安志》所记"东西五里、南北三里"的约数相符。

共探出3处门址，南门址有一个门道，通四号干道，门道两旁各有一夯土墩；西墙的1号和2号门址也都只有一个门道，分别通一、二号干道。推测东、西垣各辟3门，南北垣各辟2门，共计10门。

城内东西向道路6条，南北向道路7条。一号（60年代被称为"乙街"）、二号（60年代被称为"丙街"）、三号为东西向横贯全城的主干道。勘察说明，60年代所谓南北向横贯全城的"甲街"并不存在，它带有很大的想像复原成分。地层堆积表明一、二、三、四、七、九主干道为秦汉时期，其余则为汉代道路。

除Ⅴ号、Ⅷ至Ⅸ号遗址为汉代外，其余年代都可上溯至秦。故城的大型建筑基址在中部，以Ⅰ号为代表。手工业作坊分布在城内东北和东南部，一般居址较分散，有一些手工业作坊杂处其间。

城东南的王南、金指王村一带为平民墓葬区，发掘的6座竖穴墓均为屈肢葬，出土釜、盆、壶、鼎等陶器，年代当为战国晚期。

从城内出土遗物看，该城上限能早到战国中期。这与秦献公二年（前383年）建栎阳城的记载相吻合。

西晋皇甫谧的《帝王世纪》、唐李泰的《括地志》、南朝宋裴骃的《史记集解》都认为秦献公徙都栎阳。王子今提出质疑：第一、《史记·秦本纪》中只讲"徙治栎阳"、"城栎阳"、"县栎阳"，并无"徙都栎阳"的明文；而《史记·商君列传》却有"居三年，作为筑冀阙宫庭于咸阳，秦自雍徙都之"的直接反证。第二、目前发现的栎阳城面积约4平方公里，仅相当于赵都邯郸的1/3，楚都郢的1/4，不足燕下都的1/6，规模太小，城墙建造也很草率，这与大国之都太不相称。因此，秦献公未曾迁都栎阳[46]。我们认为此说有一定道理。栎阳的形制类似于泾阳，都是秦国图谋东进而经营的军事重镇，或者说临时性的陪都，既非祖先宗庙所在，也不是政治统治中心。"徙治栎阳"是说献公为收复河西地，将前线指挥中心从泾阳迁至栎阳。"城栎阳"指筑造城垣，当时战备吃紧，所以平地起夯，不挖基槽。"县"即"悬"，本义指边远城邑，最初多设置在新占领区，"县栎阳"意即在栎阳一带边境设县，加强军事戍守，这与张仪、司马错定蜀"因筑成都而县之"（《太平寰宇记》引《蜀王本纪》）的情况相似。相反，京畿内却不设县，比如咸阳，乡、里之上直接由内史令负责。有人认为商鞅变法是在栎阳发动的，尚嫌证据不足。商鞅曾将那些巧言令色、妨碍改革的"乱化之民"迁到边城。栎阳东距魏长城不足百里，本身就是边城，又何迁之有。可见变法最初在当时国都雍城进行，后来在咸阳得到纵深发展。

（3）咸阳

80 年代咸阳的考古发掘工作基本上偃旗息鼓，研究探讨却不断深化。王学理、杨宽、刘庆柱等学者著书立说，起了很大推动作用。其中，《秦都咸阳》一书以故都兴废历史为经，以考古发现为纬，既有城市蓝图的概括综述，又有具体宫殿名称地望的考证，涉及宫殿、陵墓、人口、交通、市场、行政管理、文化、艺术诸多方面，是迄今为止介绍秦都咸阳最全面翔实的著作[47]。

80 年代以后关于咸阳的学术争鸣主要集中在两个方面：一、城市布局如何？这一问题的焦点又是"咸阳有没有郭城？"二、关于咸阳诸宫室的考辨。

杨宽认为咸阳有城，但由于渭水北移，城址已被冲毁，毫无踪迹可寻，所以咸阳布局必须依赖文献恢复。他根据《华阳国志·蜀志》记载"惠王二十七年仪（张仪）与若（张若）城成都，周回二十里，高七丈。……成都县本治赤里街，若（张若）徙置少城内城，营广府舍，置盐铁市官并长、丞，修理里阓，市张列肆，与咸阳同制"，以为既然成都模仿了咸阳，那么从前者可以反推后者的形制。据左思《蜀都赋》，成都"金城石郭"，"亚以少城，接乎其西"，就是小城连接在大郭的西边，因此"商鞅主持营建咸阳城是仿效东方都城的布局"（如齐临淄、赵邯郸、郑韩故城等），"同样是以西边宫城连接东边大郭的布局"[48]。这个观点，目前得不到任何地下材料的支持。单就文献论，近年赵化成指出"与咸阳同制"应理解成设置盐铁官员和市场管理制度，并非指城郭形态，况且成都大、小城也不是同时修建的[49]。此说甚是。就好像《史记·商君列传》"今我更制其教，而为其男女之别，大筑冀阙，营如鲁卫"，联系上下文，并不是说模仿鲁、卫的都城来建筑咸阳，而是说制订法令，改易秦民原来的戎狄陋习，使他们像鲁、卫的百姓一样懂得礼仪教化。

刘庆柱首先确定秦咸阳城的地望在"（古）渭河之北、泾水之南"，虽然秦昭王以后在渭南兴建了许多宫殿，但"终秦一代，南宫（渭南宫殿群）还是秦统治者的'暂宿'之宫，也就是其离宫"。他也同意咸阳有大城城墙，因为咸阳以前的雍城和栎阳有大城，同时期列国都城也有大城，秦咸阳不应例外。《史记·滑稽列传》记秦二世"欲漆其城"，这个"城"就是大城城墙，而非宫城城墙。大城并不是不存在，而是至今还未勘探出来。秦咸阳有大小二城，小城就是宫城（咸阳宫），位于大城内北部居中，其两侧有"六国宫室"。大城西南部为手工业作坊、市场、居民区。大城外东邻兰池等池苑风景区，西侧为平民墓地，西北和东南为帝王陵墓[50]。

孙德润也把咸阳城限定在渭北，但他认为大城本来没有筑墙，而是采用四面环水的形式：北有兰池引水渠，南临渭水，东临泾河，以自然天堑沟壑代替城垣[51]。

王学理主张咸阳只有宫城，并无真正统一的外郭城，整个咸阳都城就是诸多宫城的连属。有关咸阳的文献记载详宫而略城，多年的考古勘探也未寻到大城的遗迹，商鞅变法后秦在军事上节节胜利，出于外线作战的考虑，历代秦君根本无暇修筑大城。咸阳的重心早期在渭北咸阳宫，中期时在咸阳宫、时在渭南的章台或朝宫，统一后修筑阿房宫，重心有彻底南移的趋势。城市规模膨胀得很快，要修筑一个囊括渭河南北两岸诸多宫阙、面积达 6000 多平方公里的郭城，既无必要，又不可能。因此，咸阳在布局上"呈散点分布的交错型，政治中心随时间转移，中心建筑也未定型。这一状况的出现应该是由于秦国在特定的历史条件下形成的"。至于咸阳的地理范围，"实际上包括了今西安市和咸阳市之间渭河两岸的广阔地域，即以柏家嘴和塔儿坡为东西界限，北起咸阳北阪的二道原腹地，南越渭河到达阿房、兴乐、阎新一线。王陵区置于市郊，早期在西北方的'毕陌'，秦昭王以后则转移到东南方的芷阳、丽山一带。"[52]（图二九）这个范围当然指秦始皇时期咸阳所发展成的最终形态，并非孝公初创时期局限在渭北一带的狭小空间。

秦代是一个极富开创性的时代，许多崭新的政治制度、文化模式发轫于斯。在考虑咸阳布局时，我们不仅要兼顾前代旧例和东方列国的影响，更要注意她自身的鲜明个性。咸阳不像栎阳那样方正规矩，而是继承了雍城那种宫殿区分散且有众多离宫别馆的特点，发展得有过之而无不及，所以不能用"城、郭分治"或"大小城相套"的模式来生搬硬套。咸阳始建时可能并无统一规划，也没有修筑城墙；至昭王时规模膨胀，宫室星罗棋布、弥河跨谷，初具散点布局的雏形；至秦始皇时更是"关中计宫三百，关外四百"，从都城中心区向外至近郊区、远

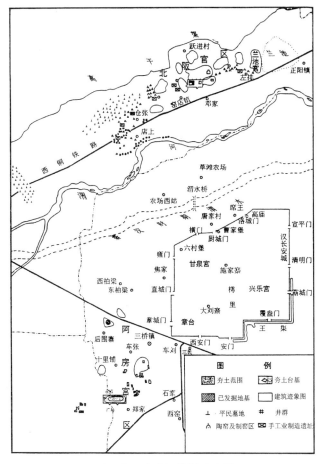

图二九　秦咸阳城区示意图

郊区，宫殿分布逐渐疏朗，但中间又无明显分界。通过甬道、复道等交通网，将它们聚合成一个整体，打破了西周以来城郭分治，国野有别，士、农、工、商各居其位的传统格局。在此基础上，城市规划的整体意识进入议事日程，法天思想萌生，

"渭水贯都以象天汉，横桥南渡以法牵牛"，气魄之大，前所未有。其开放性和创造性与方正拘谨、壁垒森严的六国旧都相比，不啻天壤之别。不设外郭城，是秦咸阳开创的新特点，这个特点甚至可延续到魏晋时期。都城规划中的法天思想，将天上人间两个世界相互置换，是天人感应学说及君权神授理论在城市规划中的具体表现[53]。

咸阳的主要宫室有咸阳宫、章台宫、兴乐宫、信宫、阿房宫等。

咸阳宫长期以来是秦国国君接见各国使者、宴请宾客、处理政务的大朝之地。荆轲曾在此刺秦王，秦始皇也是在这里发动了一场"焚书坑儒"的文化浩劫。《括地志》载："秦于渭南有舆宫，渭北有咸阳宫，秦昭王欲通二宫之间，造横桥。"说明至迟秦昭王时已有咸阳宫。到了秦王嬴政时又加以扩建。《三辅黄图》记载："始皇穷极奢侈，筑咸阳宫，因北陵营殿，端门四达，以则紫宫，象帝居。"也说明咸阳宫位于"北陵"，即渭北的咸阳塬上。

许多学者认为 60 年代在牛羊村至姬家道一带咸阳塬上发现的长方形夯土围墙墙基就是咸阳宫宫城，70 年代发掘的一、二、三号宫殿是其中的重要建筑[54]。还有学者认为一号建筑平面呈"凹"字形，符合《汉书·邹阳传》"秦依曲台之宫悬衡天下"的记载，就是秦王处理朝政的"曲台之宫"——咸阳宫；一号建筑中心的都柱的形制与荆轲刺秦王时秦王环柱而走的情况吻合[55]。此说较前者更加具体而微。从出土物分析，一号宫殿属于咸阳最早兴修的建筑之一。我们推测它就是商鞅所筑的"冀阙宫庭"，战国时"阙"还处在早期阶段，"阙"与"观"实难区分，所以将两观对峙式巍峨的高台建筑称为"冀阙"。后来的咸阳宫可能就是以它为中心扩建而成的。

章台宫是秦王在渭南的主要朝宫，楚怀王曾在此拜谒秦昭王，蔺相如也是在这里持和氏璧见秦昭王。一般认为汉建章宫就是在秦章台宫基础上建造起来的。遗址位于今西安市西北高低堡子一带。

兴乐宫是在渭南建造的较早宫室之一。宫中有鸿台，始皇帝尝射飞鸿于其上。又有酒池肉林。汉初将兴乐宫修饰一新，改名为长乐宫，规模也有所扩大，遗址在今汉长安故城东南隅。

信宫是秦始皇统一天下后第二年（前220年）开始建造的一项巨大工程。《史记·秦始皇本纪》："焉作信宫渭南，已更命信宫为极庙，象天极。自极庙道通郦山，作甘泉前殿。筑甬道，自咸阳属之。""再宿为信"（《左传·庄公三年》），最初只视其为暂宿性质的行宫；改名"极庙"，标志着正朝大殿合法地位的确立。到了秦二世时，又转变为祭祀始皇帝的宗庙，成为"帝者祖庙"。它与丽山寝园之间的道路就是秦始皇的"衣冠道"。汉代"月游衣冠"的制度当源于秦。在今渭河南岸草滩镇东南的阎家寺村，有一处高台建筑群：中轴线的北部是一座大型夯土台基，向南500米，在轴线的两侧有四座小土台基，两两对称分布，附近有村名"北辰"。这为寻找信宫提供了线索。

阿房宫代信宫而起，是咸阳宫殿群中的后起者和最大者，其作用是要成为帝王常居之宫。对此，司马迁有详尽的描述："三十五年（前212年），……于是始皇以为咸阳人多，先王之宫廷小，吾闻周文王都丰，武王都镐，丰镐之间，帝王之都也。乃营作朝宫渭南上林苑中。先作前殿阿房，东西五百步

（合今 693 米），南北五十丈（合今 116.5 米），上可以坐万人，下可以建五丈旗。周驰为阁道，自殿下直抵南山。表南山之巅以为阙。为复道，自阿房渡渭，属之咸阳，以象天极阁道绝汉抵营室也。阿房宫未成；成，欲更择令名名之。作宫阿房，故天下谓之阿房宫。隐宫徒刑者七十余万人，乃分作阿房宫，或作丽山。发北山石椁，乃写蜀、荆地材皆至。"（《史记·秦始皇本纪》）

遗址在今西安市西郊三桥镇附近，以前殿为起点向北展开，北至今西兰公路一线，东至㳚河岸，西至纪阳村，南北 5 公里、东西 3 公里的范围内，夯土累累，可以想象当年"五步一楼，十步一阁"的壮丽景色。前殿遗址东起巨家村，西到古城村，东西长 1320 米，宽 420 米，面积约 554400 平方米，高出地面 7～9 米，是目前我国古代最大的夯土建筑台基。夯层厚约 8～10 厘米，土色纯黄，土质密实。台基自北向南坡降，在南侧发现大面积路土，厚 3～5 厘米，现存面积 38500 平方米，说明这里是一处大型广场。广场南沿有四条道路。台基东面有一条原始路土通向"上天台"方向（图三〇）[56]。

今阿房村北约 200 米处有一建筑基址，在 70 年代发现排列有序的大型石柱础，以及螺旋形环道之类遗迹。绳纹瓦片上陶文有"北司"、"左宫"、"右宫"、"宫甲"、"天官"、"大匠"等，字体规整。此外，在高窑村、小苏村、后围寨都发现秦代建筑材料。说明上林苑是一处规模宏大的建筑群落，绝不只有前殿一座[57]。

阿房宫可能有自己的宫城，名叫"阿城"。汉武帝在建元三年（前 138 年）曾把"阿城以南"的土地扩入上林苑。前秦苻坚曾在这里种植千株梧桐。李世民也曾屯兵于此。可惜宋代

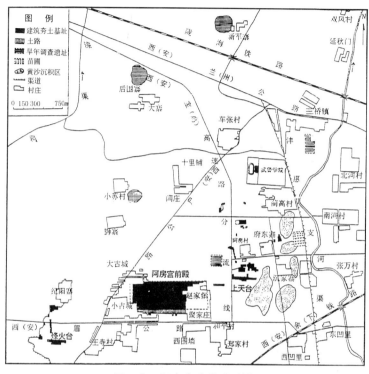

图三〇　阿房宫遗址平面图

以后夷为民田，至今更无踪迹可寻。

　　"阿房"是个临时性称呼，对其含义历代解释不一：有说因为离咸阳近，故名"阿房"[58]；有说是形容"四阿重屋"式的建筑[59]；有说指作于大的土山之旁[60]；有说指宫室筑于山坡或山隅[61]。最近黄怀信联系关中方言，训"阿房"为"阿傍"，意即"那边"，相对于"这达（边）"，是当时渭北旧城居民对渭南新兴宫室的临时性称谓[62]。其说可从。因为古无轻唇音，"房"与"旁"音同可以通假。

2．雍城秦公陵园、芷阳东陵、秦始皇陵园

（1）秦公一号大墓的发掘和雍城秦公陵园的研究

秦公一号大墓自 1976 年冬发现至 1986 年春揭椁，历经十载。揭椁之时，《人民日报》、《光明日报》、《陕西日报》等多家新闻媒体竞相报道，可谓盛况空前。可惜发掘材料至今没有全面公布，仅散见于一些发掘纪要或研究论文中，令人难窥全豹。

大墓位于一号陵园南部，M3、M5 在其左前方斜行排列。M1 西北方为 M33，两墓中心相距 305 米，平行线间的垂直距离为 30 米。

大墓无封土堆，椁室之外积炭，再用青膏泥封闭。填土全部夯实。墓室顶部原有建筑，当即"享堂"，现已被破坏。大墓平面呈"中"字形，长 300 米，深 24 米，总面积 5334 米，是我国现已发掘的土方量最大的古代墓葬。墓室内有主、副二椁室。主椁室长 16 米，南北宽 5.7 米，高 4.2 米；副椁室在其西南，长 6.3 米，宽 4.9 米，高 2.6 米。总平面呈曲尺形。椁室结构为"黄肠题凑"，即用一根根长 5～8 米的柏木堆垒而成。木质黄亮坚硬，叩之有声。柏木两端还砍出截面为 8×9 平方厘米、长 21 厘米的榫头，以套合成框形结构。主椁室平面呈长方形，中部用南北向方木叠砌的隔墙将其分为前后二室，以模仿"前朝后寝"的格局。后室内仅存零星残骨。副椁室是放置随葬品的地方。主椁室南北两壁外侧，斜插着两根直径 30 厘米的圆木，就是《周礼》所说下葬时用来挽棺而下，将棺徐徐降至椁中的"四绰二碑"中的木碑。椁室上部的四周有宽 6 米的生土台阶，台阶上共埋殉人 166 具。其中，靠近椁室的是棺椁齐备的"箱殉"，头西脚东屈肢葬，可能是姬妾、

近侍之类，共 72 具；箱殉外的是只用薄木棺殓盛的"匣殉"，葬式相同，可能是家内奴隶，共 94 具。一些殉人棺椁盖上有朱砂书写的文字编号，说明当时等级森严，入葬时次序井然[63]（图三一）。

大墓经后代 247 次盗掘，但仍然出土了 3500 件文物，包括金、玉、铜、铁、骨、石、陶、漆等类。一件短型鸭首金带钩，体扁平，鸭喙上有对称的阴线"S"形纹，形制与凤翔高庄 M10 所出酷似，为春秋晚期之物。玉器有符节、葬玉、佩玉几大类。椁盖正中朱砂面上有美石鞋底一双，对照《左传·僖公四年》"赐我先君履，东至于海，西至于河，南至于穆陵，北至于无棣"（管仲语），可知它类似于玉圭，是象征周天子授予诸侯讨伐异国、保卫疆土权力的符节之器。死者口中的白玉麦粒，饱满逼真，开辟了后世玉琀葬制的先河。值得注意的是墓中出土了 20 多件铁器，有铲、削等，为退火脱碳技术很高

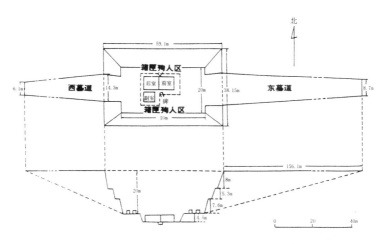

图三一　凤翔南指挥Ⅰ号秦公陵园 M1 平面图

的铸铁制品，它将秦国铁器的使用年代大大提前了。

出土物中最珍贵的莫过于带铭文的石磬。估计原先最少有三套，总数有数十枚，出土时已残缺不全，经缀合后共有铭文26条，206字（包括重文6字）。这批磬铭对研究春秋时期秦国历史、文化以及秦系文字演变情况，意义重大。最长的一条现存37字："瀺瀺（汤汤）氒（厥）商。百乐咸奏，允乐孔煌。忲虎（钼铻）龢入，又（有）龯（巤）羕（漾）。天子匽喜，龏（共）赶（桓）是嗣，高阳又（有）灵，四方以羃（宓）平。……"

"汤汤"是上古连绵词，形容水盛的样子，也指乐声。"商"为七音之一。"百乐"指各种乐器，它们一起合奏，气氛热烈。"孔煌"形容乐声洪亮、和谐。"钼铻"是一种节齿状物，即龃龉，可以止乐，它表明秦国的演奏程式已经相当复杂、完备。"匽喜"指用燕礼奏乐招待宾客。"龏"为秦共公，"赶"为秦桓公。高阳即颛顼帝。"羃"原指鼎盖，这里有安静的意思。磬铭的大意是："（磬发出的）商调洪亮高亢。各种乐器合奏，气势极其欢快而激昂。钼铻入乐，音乐徐徐而止，余音荡漾。参加宴会的周天子显得格外高兴，由他认可，（秦新君）继承共、桓大统。（始生帝）高阳氏神灵保佑，秦四境安宁和平。"

研究者认为作器者和墓主人是曾享国40年之久（前576～前536年）的秦景公。他作为新君宴乐周天子，得其认可，继共、桓二公大统。再结合"唯四年八月初吉甲申"（前573年农历八月初二或初三）磬铭以及"□□宜政"（"宜政"即宜于主持国家政务）的铭文，可以推测石磬是秦景公在他即位后第四年行冠礼亲政时祭祖、祭天之物。由于磬铭关系到他即位的合法性，所以用来随葬。磬铭还提到"高阳"、"上帝"、"作霊（极）配天"，即在始祖襄公的宗庙里追祭秦人所自出的天帝颛顼。当时曾用"珊灵"等吉玉祭祀，有异姓贵族"百姓"来助祭，地点在"寝宫"。祭祀的目的是"申用无疆"，即祈求国祚无限[64]。这些认识都很有道理。

磬铭中秦人自称是颛顼帝高阳氏的后裔，符合《史记·秦本纪》"秦之先，帝颛顼之苗裔曰女脩"的记载。但也不能排除在东周追崇明王先贤的风气影响下，秦人为证明自己是华夏族，攀附颛顼的可能性。

确定一号大墓的主人是秦景公对探讨秦公陵园布局和墓葬排序非常关键。秦公陵园内大墓均坐西向东，其排列遵循以西方为上的原则和尚右的原则。关于第一点，杨宽曾援引《礼记·曲礼》、《论衡·四讳篇》等证明西方是尊长者之位，"尊长在西，卑幼在东"[65]。从考古材料看，西周至春秋早期的周人墓地有自西向东排列的，如张家坡井叔墓地，也有自东向西排列的，如曲沃北赵晋侯墓地。但它们都是先在地势较高的位置埋父祖的墓葬，然后依次在其足下埋子孙的墓，"祖先墓葬象征门道的墓道可以指向子孙墓葬的墓室，而子孙墓葬象征门道的墓道却不能对着祖先的墓室"，"中国埋葬习俗中'父登子肩'的传统在周人墓地中已经很清楚地表现出来"[66]。秦人深受周文化影响，陵园西南隅地势又最高，无论同一分陵园内的大墓，还是不同分陵园，都应自西向东排列。关于第二点，韩伟说："每一座陵园以右为上，附葬的各墓依次向左下方排列，……这种祔葬形式应是夫妇关系的表现。"[67]周人前期的墓地中尚左尚右还不固定，但春秋秦人已明确地用尚右抑左来表示男尊女卑，这一点被汉陵继承。同一分陵园内还有东西前后并列的大墓，马振智认为也表示夫妇关系，西者为国君，东者为国君夫人[68]。此说不确。一号陵园内 M1 和 M33 东西前后并置，但 M1 却属于秦景公。其实，不仅分陵园内部，分陵园之间也是按尊卑自西南向东北斜行排列的（图三二）。结合以上两点，参考秦景公墓的位置，可以初步推测各陵园的归属：Ⅸ号为秦穆公夫妇陵园、Ⅲ号属于秦康公，Ⅱ号属秦共公，Ⅰ号的 M33 属秦桓公，Ⅷ、ⅩⅢ、Ⅻ号分属哀公、夷公、惠公。悼公以后诸位国君也可依此类推。当然，这与文献中秦国国君葬地方位并不完全吻合，所以只能是假说，有待日后田野工作的验证。

（2）芷阳陵园的调查和初步探讨

秦定都咸阳的诸位国君中，秦孝公葬弟圉，《水经注》说在栎阳一带[69]，至今仍无踪迹可寻。秦惠文王的"公陵"和

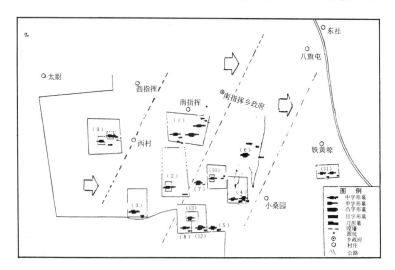

图三二　雍城陵园排序设想图

悼武王的"永陵"，有说在咸阳西侧的毕陌中（今咸阳市秦都区北塬上周陵中学附近）[70]，尚需进一步确认。昭襄王以下则移葬渭南，多在芷阳陵地。

芷阳陵地在秦代又叫"东陵"，曾设置"东陵侯"负责管理陵园[71]。从文献记载看，芷阳陵地营造于秦昭襄王时期。葬入此地的都是秦始皇之前三代的国君和太后太子：昭襄王四十年（前267年）葬悼太子；四十二年（前265年）葬宣太后；五十六年（前251年）葬昭襄王，并将先死的孝文王生母唐八子与之合葬"芷陵"；庄襄王四年（前247年）葬庄襄王，秦王政十九年（前228年）帝太后与之会葬芷阳。

1986年初在临潼县斜口镇韩峪乡骊山西麓的塬阪上，发现几处级别很高的大墓，并采集到"芷"字印记的陶器，这里应当就是芷阳陵地的所在。陵地位于灞水右岸，为南北向长方形，南起马斜村南，北至武家堡村北100米处，东及三冢坡，西近韩峪乡，总面积至少有150万平方米（图三三）[72]。

陵区内共发现四座陵园，分布在两个毗邻的山前冲积扇上。就方位而言，一号陵园居中，二号在其东北，三号位于西北，四号在其西南。

一号陵园西距秦芷阳城遗址1.5公里，南起小峪沟，北至武家沟，东界为人工挖掘的隍壕，西抵小峪沟河道，南北宽1800米，东西长4000米，总面积72万平方米。陵园内有"亚"字形主墓2座（M1、M2），陪葬坑2座（P1、P2），陪葬墓区2处（BM1、BM2），地面建筑4处（D1~D4）。

两座主墓南北并列，相距40米，方向367度。墓顶有封土堆，高2~4米，表面呈鱼脊形。此鱼脊形为自然丘陵，主墓在高丘中挖开墓圹，然后夯实。《周礼·春官·冢人》："以爵

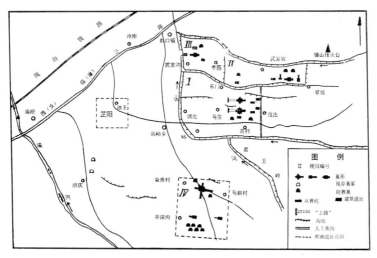

图三三　芷阳陵区平面示意图

等为丘封之度，与其树数。"根据贾公彦的解释，王公的葬处叫"丘"，是自然的高阜；诸侯的叫"封"，是人工聚土，这之间有尊卑差别。一号陵园主墓的外观形态，应当是"丘"，这符合战国中晚期秦国称王的历史，也与"及秦惠文、武、昭、庄襄五王，皆大作丘垄"（《汉书·楚元王传》）的记载吻合。

M1 东西通长 220 米，南北通长 128 米（包括墓道）。墓室略呈正方形，南北 58 米，东西 57 米。墓道均为斜坡状，前窄后宽。东墓道最长，通长 120 米，大端宽 34 米，小端宽 13 米。东、北两墓道各有一耳室。M2 靠南，形制相同，墓室椁木距地表 22.2 米（图三四）。

陪葬坑 2 座，分别位于 M1、M2 东墓道的右前方，均为长方形，面积约 774 平方米，底部有朽木痕迹。建筑遗迹 4 处，D1 在 M2 南 40 米处，残存夯土台基。D2 在 M1 北 40 米

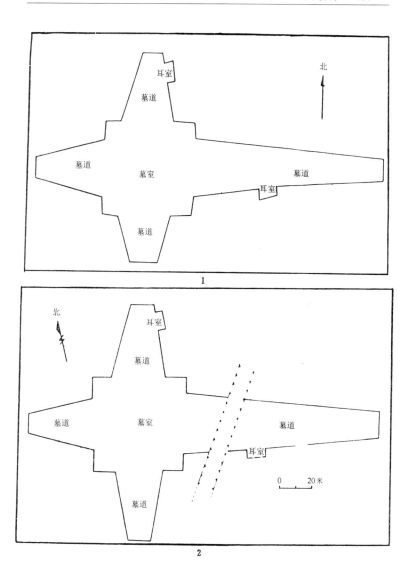

图三四　芝阳一号陵园两座主墓形制图

1.M1平面钻探图　2.M2平面钻探图

处。D3 在 M1 东 200 米处的隍壕内侧。D4 在 M2 东 200 米的隍壕内侧。

陪葬区两处，均位于 M2 之南，东西向排列，二者相距 500 米。其中，BM1 已探出竖穴壁龛墓 3 座；在 BM2 发现 8 座，有方坑竖穴墓，也有"甲"字形墓。出土鼎、盒、蒜头壶等战国晚期陶器。

M1、M2 西墓道以西各有一条长 315 米、宽 1.5 米的鹅卵石铺筑的道路，当地称为"王路"。路旁还有与之平行的水道。

二号陵园当地称"三冢坡"。陵园利用自然沟壑稍加整修作为兆沟。东西长 500 米，南北宽 300 米。内有东西向"中"字形大墓 1 座（M3），东西通长 81 米，地面封土残高 10 米，墓室面积 23×27 平方米。"甲"字形大墓 3 座（M4、M5、M6），其中 M5、M6 共用一冢。M3 以西 200 米处有一个"目"字形的车马坑，出土数百件铜、银车构件和马饰，以及马骨、人骨。在大墓的西侧和北侧，分布着包括 35 座墓在内的两个陪葬墓区（BM3、BM4）和一处地面建筑遗址（D5）。

三号陵园与二号东西相望。陵园西、北两侧利用自然沟壑，东南为人工开凿的兆沟。东西长 280 米，南北宽 180 米，面积约 4.84 万平方米。内有"中"字形主墓 1 座（M7），全长 105 米，西墓道长 49 米，东墓道长 31 米，墓室面积 400 平方米。D6、D7 两处建筑遗址分别位于西墓道的正西和正北处。陪葬墓区 BM7 位于陵园东南。

以上三座陵园都位于小峪河北岸的冲积扇面上，四号陵园则位于小峪河南岸又一冲积扇上，海拔 600 米。东北和一号陵园隔河遥对，相距 2.5 公里。陵园东、南、西面均利用了原来的自然沟壑，北面为人工开凿的隍壕。平面呈东西向长方形，东西长960米，南北宽500米，面积48万平方米。

"亞"字形主墓M8位于陵园中部偏北，方向104度。东西通长278米，南北长181米。墓室近方形，面积56.5×55平方米。斜坡状墓道平面呈梯形，东墓道最长，为152.5米。四条墓道均在其右侧边开一耳室，耳室中曾钻探出马骨。两座陪葬墓位于陵园隍壕以外南边井深沟的北岸，基本在东西一条直线上，相距500米。均为坐西向东的"甲"字形墓，地表有封土。小型墓群在西边陪葬墓西南30米处，出土鼎、细颈壶、大喇叭口罐等战国中晚期陶器。在主墓东、南两墓道和西、北两墓道的夹角，原来各有地表建筑一处，现已破坏无遗。

芷阳陵地至今没有发掘，所以各陵园的年代以及早晚关系无法最终确认。"亞"字形是商周墓葬的最高规格，无疑属于秦王及其配偶。中字形减"亞"字形一等，死者也肯定属于王室成员。东陵葬了哪几位秦王？各大墓主人到底是谁？他们之间相互关系如何？1986年张海云、孙铁山撰文作了推测：东陵按"先王之葬居中，以昭穆为左右"（《周礼·春官·冢人》）的原则规划；由于陵园朝东，居中的一号陵园内并列两座"亞"字形墓，属于秦昭襄王和唐太后的并穴合葬陵园；昭襄王时悼太子为王储，其茔域列于祖位之左（昭位），也就是北面的二号陵园，由于悼太子未享国，所以主墓为"中"字形；孝文王和悼太子是兄弟，兄弟不能同列于昭位，所以孝文王改葬在东陵以西20公里的西安韩森寨冢，但仍属于芷阳县境；秦庄襄王是昭襄王之孙居穆位，所以右边的陵园即南边的四号陵园是庄襄王和帝太后的合葬陵园；至于三号陵园，可能属于宣太后[73]。1994年出版的《秦物质文化史》又提出新意见：由于秦人在陵墓安排上有"尊长者处于西南方"的习惯，所以居陵地西南的四号陵园属于昭襄王；一号陵园的 M1 是孝文王和华阳太后的合葬墓——寿陵，M2 则是庄襄王与帝太后的陵墓——阳陵；二号陵园属于宣太后；三号陵园属悼太子[74]。此说遭到张海云等人的反驳："辈分最高的宣太后为何葬于儿孙们的东北下首？先秦合葬普遍是夫妻异穴并列形式，而不是同穴合葬，秦国自然不能例外。"[75]

孰是孰非恐怕要等到发掘之时才能定案。然而，考古学研究从来不必等到地下遗存全部揭露后才进行，我们总是试图依赖部分的、甚至是极少部分的材料去恢复古代文化的全景图象，无论种种假说会被日后田野实践支持、修正，还是推翻。上述二说其实各有长短。《周礼》成书年代偏晚，其中不乏对上古制度的揣测，有很浓的儒家理想化色彩，墓地中的昭穆安排可能就属此类。从考古材料看，迄今为止，周人墓地中未见一例可确认按"先王之葬居中，以昭穆为左右"来规划墓葬位置的，这一点已有学者详加论证[76]，所以不能据以推测先秦陵地的布局。况且，凤翔秦公陵园大墓的排序就没有遵循昭穆原则。退一步讲，即使东陵真的如此，按照父为昭、子为穆、孙复为昭的序列，悼太子应居穆位在南，庄襄王为孙应居昭位在北，就好像咸阳塬上汉高祖长陵、汉惠帝安陵、汉景帝阳陵的布局那样。然而，二号陵园主墓为"中"字形，和庄襄王身份不合。

从东陵的地势看，四号陵园位居骊山西麓自南向北的第一个较大的冲积扇上，傍山临水，地势高亢，向东北越过小峪沟至一号陵园，海拔则降至 557 米。再向东北就到了二号陵园，甚至更远处的秦始皇陵园。秦人丧葬活动中以西方为上，这在凤翔陵园中就表现出来了。因此，四号陵园处于尊位不能被轻易否定。此外，它的年代也较早，在陪葬墓区采集到的大喇叭口罐，是战国中期以前的器类，战国晚期以后在秦墓中便消失了，在一号陵园中就没有见到。以前有人根据M8墓道有耳室而推断其年代较晚，其实不然，在殷墟发掘的商王王陵墓道就带耳室。因此，可以推测四号陵园属秦昭襄王和唐八子，一号陵园属秦庄襄王（M2）以及帝太后（M1），二号陵园属悼太子。三号陵园犹在四号的西北，当属宣太后。至于秦孝文王，可能并没有葬入东陵之内[77]。

（3）秦始皇陵的研究和反思

70年代发现了兵马俑坑，犹如一石激起千层浪，使秦始皇陵成为学术界关注的热点。80年代中期以后，陵园内外的田野工作进展不大，但随着秦俑学的升温，研究却如火如荼，各类文章雨后春笋般纷纷面世，可谓百家争鸣、诸流并进。概括起来，中心话题不外乎以下几个方面：

第一，秦始皇陵园的方向问题

目前关于陵园朝向主要有"坐西向东"和"坐南向北"两说。前者是80年代初一些学者受兵马俑坑朝向的启发而提出的，并得到越来越多的支持。后者面世较晚，但也包含了很大的合理性。

始皇陵封土下地宫"方城"东面开有5条斜坡通道，北面、西面各有一条，南面至今未发现。陵园内踞坐陶俑多向东。只有外城东门外放置一组大型兵马俑坑，而且主体俑一律面东。内外城东西门呈一线对直贯通。陵北是寝殿建筑群，陵西是制石、制陶作坊和刑徒墓地，惟有陵东地势开阔，符合墓向的条件。陵园以右部的陵墓为中心，以左部的寝殿、便殿、陪葬墓为附属，合乎秦代尚右的习惯。此外，东向也符合秦墓的传统葬俗。从雍城至东陵的秦公秦王大墓，无论"中"字形或"亞"字形都以东墓道为主墓道。已发掘的东周时期近千座中小型秦墓大部分都是东西向，而且头西足东。凡此种种都表明秦始皇陵坐西向东。杨宽、徐苹芳、袁仲一等均力主此说[78]。

东向说并非没有商榷的余地。黄展岳首先质疑，上述假定以右部坟丘为中心的布局，"似与中国传统建筑特有的以中轴线为基础的对称式布局不相符合"[79]。王学理、孙嘉春等学者系统地提出北向说：1. 陵区地势南高北低，东、西、南三面遍布洪积扇和冲沟，地形坎坷不平，难以修筑护送灵柩入葬地宫的神道。考古实践中这三面也没有寻到路迹。北门外地势缓降，直抵渭水之滨，而且发现一条南北向对直大道，长达2200多米，在塬坡的一段宽60～80米。循此路可西通咸阳，东去函谷关。2. 骊山望峰、陵园内外城南门、陵冢、外城北门、北门神道，处于一条正南北连线上，长近10公里，同真子午线夹角不超过0度30分。这条轴线基本使陵园左右对称，方正规矩。3. 陵园为南北向窄长方形，具有进深关系。从丽邑向南直上陵区，地势渐次抬高，拾级而上，始皇陵居高临下，给人一种君临天下的感觉。4. 始皇陵坐南向北与秦代崇黑尚水德吻合[80]。

前者重视兵马俑坑以及文化传统对陵园布局的制约，后者强调地形地貌、堪舆理论、哲学思想的影响。历代文献从未言及始皇陵的方向，这个问题是今人提出的，它的解决需要综合各方面情况。东向说学者曾认为陵北神道并不畅通，送葬队伍进入外城北门后需折走内城北垣的东、西门；殊不知陵园各部分建筑施工有先后，地宫最早，其次是城阙、角楼，最后是两重垣墙、寝殿等。始皇死时"骊山之作未成"，送葬、复土时内外城垣很可能尚未修建，不存在神道的阻塞问题。陵园竣工后的主要活动，除"日上四食"、"一岁四祠"的祭祀外，应该还有"月一游衣冠"，即把始皇生前穿着的衣冠从寝殿中取出，送到渭南的极庙中去游历一番，便于灵魂接受祭享。"自极庙道通丽山"（《史记·秦始皇本纪》），指的就是连接寝殿和极庙的"衣冠道"。这条道路很可能就是沿渭河南岸经芷阳、丽邑（今陕西临潼县东）、郑县（今华县）、宁秦（今华阴县东），出函谷关的驰道（又名"枳道"）的一部分[81]。它与陵北神道接通，使用频繁，正所谓"骊山北构而西折，直走咸阳"（杜牧《阿房宫赋》）。我们在注意兵马俑群虎视东方的同时，不能忽略北面司马道在陵园实际生活中的重要性。

第二，秦始皇陵园的设计思想

《汉旧仪》记载秦始皇命李斯驱使刑徒万人修筑陵墓，"凿以章程"，即按设计图样施工。在施工过程中遇到困难，"凿之不入，烧之不然，叩之空空，如下天状"，李斯不敢擅自更改原来设计，禀告皇帝。回答："其旁行三百丈乃止。"由此可见，整个工程的蓝图设计由皇帝授意进行，一经认可便具有法律效力。它是最高统治者个人意志的体现。这与周代由冢人"掌公墓之地，辨其兆域而为之图"的情况大异其趣。战国中山国王陵出土的兆域铜版图中的诏文，也反映了这方面的问题。

那么，秦始皇陵园的设计思路又是什么？《吕氏春秋·安死篇》描述战国时奢侈淫靡世风，"世之为丘垄也，其高大若山，其树之若林，其设阙庭、为宫室、造宾阼也若都邑"。很多学者据此认为秦始皇陵园模仿了当时的都城咸阳。如袁仲一就提出陵园的两重城墙象征了京师的内外城或曰大小城，兵马俑象征守卫京师的宿卫军等等[82]。由于陵园布局和考古发现的咸阳遗址相去甚远，有学者对这一观点作了修正，刘庆柱指出："秦始皇陵园的建筑是仿造秦都咸阳的，但它们属于'仿照'和'象征'，不是都城布局结构的地点移动和机械地缩小"[83]。也就是说，仿照的是咸阳的建筑内容，而非外观形制。王学理在1994年出版的《秦始皇陵研究》一书中则直接否定了秦始皇陵园仿照秦都咸阳修筑的说法。理由有三：一、咸阳至今未发现大城，更没有见到什么双层城墙。二、都城和陵墓各有自己的发展规律，说始皇陵像咸阳，倒不如说是由凤翔秦公陵园脱胎和发展而来的。三、秦咸阳由北向南发展，一直没有定型，到晚期更成"渭水贯都"之势，营造陵园时根本无从模仿。陵园布局是秦始皇在沿用先人礼制基础上，按自己意志确定墓向，以陵墓为中心有先后、有主从、有上下地在较大空间铺陈开来的，个性化色彩较浓[84]。近年赵化成又提出始皇陵园只是模仿了都邑中的宫城，而非都邑的全部：陵园的双重墙垣与中山王墓兆域铜版上的"内宫垣"、"中宫垣"相对照，可知象征了宫城城墙；陵园外城垣以外的大多数遗迹并不属于陵墓规划范畴（兵马俑坑除外），而外城垣以内遗迹性质与宫城建筑设施大体吻合；《吕氏春秋·安死篇》可以有不同理解，并不能说明陵园就是模仿了整个都邑；西汉帝陵陵园都是模仿当时的宫城（未央宫），可以反推秦代亦如此[85]。

第三，秦始皇陵园建设始末

《史记·秦始皇本纪》："始皇初即位，穿治郦山，及并天下，天下徒送诣七十余万人，穿三泉，下铜而致椁，宫观百官奇器珍怪徙藏满之。"说明嬴政在公元前247年一登上王位，就为自己营建陵墓。君主生前为自己修建陵墓，在古代叫"起寿陵"。这种做法萌芽于战国[86]，汉代成为惯例。

秦始皇陵园工程经过了四个阶段，《秦始皇陵研究》一书中有详尽的阐述：

从嬴政初即位到统一战争全面展开的前夕（前246年至前231年），是初创期。这时地宫已经开挖，并在前231年设置了丽邑，其目的是为了满足修陵工作的需要。文献记载秦丽邑在汉代新丰县。考古工作者在秦始皇陵北4公里的刘家寨一带发现了3处大型秦汉地面建筑遗址，发现城墙以及"宫寺"、"频阳"、"寺婴"等戳记砖瓦，估计就是"秦丽邑"及"汉新丰"故址。

十年统一战争期间（前230～前221年）是工程的持续期。战争节节胜利为工程提供了源源不断的人力和物力资源。此时开始修建兵马俑坑。一号俑坑出土兵器上刻有秦始皇年号，最晚的为十九年（前228年），它是俑坑封顶的上限。兵马俑坑可能并非陵园的本来规划，是灭楚后为了表现秦军威力而提出的新构想。

从统一全国到始皇死葬丽山（前221～前209年）是高峰期。这时规模急剧扩大，陵园内外大部分建筑都开始兴修。陵西的铜车马坑更是当时综合性金属艺术的典型代表。

从秦二世时复土到工程被迫停止（前209～前208年冬）是结尾期。秦始皇突然病逝，秦二世元年（前209年）调集70万人匆匆复土，但很多附属工程尚未结束，"骊山之作未成，而周章百万之师至其下矣"（《汉书·楚元王传》）。考古发现的秦俑四号坑徒具坑形，显然是一个未完工的空坑。

第四，工程主持人、督建机关和修陵人身份来源由相邦（丞相）主持修建王陵是战国以来的通例。嬴政在位期间的丞相，先后有吕不韦、昌平君、隗状、王绾、冯去疾、李斯等人。有理由相信它们都曾主持过修陵工程；但吕不韦和李斯任职时间最长，无疑是其中最重要的两位人物。

除丞相总理其事外，九卿之一的少府及其属官也是工程的管理者和参与者。大将章邯在秦二世时为少府，他曾建议赦免郦山徒并授予兵器以抗击入关的农民起义军。少府属官同陵墓工程有关的部门有若卢（主藏兵器）、考工室（主作器械）、左右司空（主管刑徒及土木工程）、东西织和东园匠（主作陵内器物）。秦始皇陵园出土砖瓦上有"东园"、"左司空"、"右司空婴"等戳记。此外，将作少府（大匠）、中尉属官（如都船和寺工）、宗正属官（如都司空）等也是陵墓的督造机构。

修建陵墓的劳动力被称为"郦山徒"，主要包括四类人：一、具有自由民身份的农民、手工业者和商人，他们是被征发来服徭役的。二、社会罪犯——刑徒，他们穿红色囚衣，并带枷、桎梏等刑具。三、居赀役人，也就是用劳役抵偿债务的人。四、奴隶。统一全国前这些人来源于秦国本土，统一后是从全国各地征调的。修陵人墓地出土的墓志瓦文说明他们很多来自原来六国的山东地区。

第五，用工人数和陵墓土方量

统一前秦国只有数百万人口，除去妇女、儿童、老弱病残以及出征战士，能够用来修陵的只有数万人。统一后修陵人数急剧膨胀，文献上笼统说是 70 多万人。《史记·秦始皇本纪》："七十余万人，乃分作阿房宫，或作丽山"。可见，修陵的一般只有 20 至 40 万人。到始皇下葬时为了加紧复土工程，把修阿房宫的人员调至丽山突击施工，这才有 70 万人。这虽然是顶峰时的人口数，但秦代总人口不过千余万人，它就占了 1/10，其工程量可想而知。

始皇陵土方工程的内容有封土、地宫、围墙、从葬坑、护陵堤等。如果只计算各自体（容）积，累加起来为 14239485.32 立方米。然而，同样体积自然土的挖方（如地宫、从葬坑）和夯实土方（如封土、城垣）的工作量并不相同，需要按一定比例折算。此外，还要加上墓道、墓室回填土方量和夯筑封土、围墙等所需要挖的虚方量，这样就得到了秦始皇陵的土方总量：29980576 立方米[87]！这在前代是无法想象的。

（4）秦国陵墓制度的发展演变

秦自襄公以来 560 年间的几大茔域，序列完整，自成体系，在东周列国陵墓的考古发现中是独一无二的。它上承三代，下启两汉，在我国陵寝制度史上有举足轻重的地位。下面从几个方面加以概括：

第一，秦陵用兆沟和城垣作为陵园范围界限和防护设施。

凤翔陵地有人工挖成的外、中、内三重兆沟，分陵园属于国君及其亲属，整个陵地由 13 座分陵园组成。它与《周礼·春官·冢人》记载的"公墓地"有共同点，也有差别。首先，它不包括卿大夫、士等"各以其族"的贵族，而是国君及其夫人的集中埋葬，这一点与北赵晋侯墓地相似。其次，每一位国君开始有自己独立的分陵园，又与晋侯墓地不同，它反映了天子权势衰微、诸侯崛起的历史背景，是宗法制度动摇的信号。但外、中、内三兆重重相套，又说明宗族成员的血亲关系依然在确定墓葬位置方面发挥着重要作用。至秦东陵时，多利用自然沟壑作为兆沟，中兆和内兆合二为一，以前人工开挖的外兆也不复存在，宗法意识大大松弛了。秦始皇另辟陵域，穿治丽山，下挖的兆沟发展成高耸的墙垣，陵园中封土独居南部，其余皆为从属，甚至没有后陵、夫人陵的位置，一墓独尊，"重天子之威"的思想完全压倒了宗族团聚的精神。秦国陵墓充分展示了从西周数代国君集中埋葬的茔域到秦汉以一个国君为中心营建的陵园的发展轨迹，是族权统治让位于君权统治的历史见证。

《周礼·春官·冢人》讲到公墓制度后又说"正墓位，跸墓域，守墓禁"，贾公彦疏："墓域即上文兆域是也，谓四畔沟兆……。"有学者据此认为先秦各国"公墓"和"邦墓"都用壕沟来表示范围界限[88]。此说还得不到考古材料的支持。目前仅秦墓发现有围沟，它可能是秦文化的特有习俗。在西周的公墓地中，后代死亡诸侯数目不可知，墓地沿用时间长短不可知，所以不可能预先挖壕沟来圈定公墓的四界，西周的诸侯墓地也没有发现这类遗迹。相反，战国以后国君在生前就为自己修建独立的陵园，可以有兆沟墙垣之类的范围标识。因此，贾公彦的注疏有用后代情况比附上古葬制的嫌疑。具体到凤翔陵地，外兆从西南隅向东、北伸展出去，成为南、西、北兆，惟独没有发现东兆迹象。南兆绕过Ⅲ号分陵园又利用Ⅷ号和Ⅻ号分陵园兆沟的一部分，较它们都晚。陵地的外兆是在陵地初具规模后才开挖的，并在东方和北方余留了很大的空间。

陵园都有自己的门户，雍城墓地中兆开南北二门，内兆均四面开门。中兆之门为挖兆沟时有意留下的一段未挖的生土梁。内兆四门中的南北二门与中兆相同，东西二门则分别利用东西墓道与地面齐平的夯筑填土为其出入口。因此，南北二门似乎与墓上享堂的供奉活动有关；东西二门则为了方便死者灵魂出入而设。始皇陵三城有 10 门，各门是定时启闭的。

第二，封冢从无到有的变化和墓室结构的演进。

雍城墓地无封土，符合"古之葬者，厚衣之以薪，葬之中野，不封不树"（《易·系辞传下》）。上古墓葬地表无封土是因为实行族坟墓制度，墓穴有专人安排；东周以后族坟墓制度逐渐解体，作为地面标识的墓葬封冢开始在中原地区流行。秦孝公和秦献公的墓已有封土，《云梦秦简·法律答问》："何为甸人？守孝公、献公冢者殹（也）。"冢墓与厚葬思想相遇，便在上流社会泛滥；对此加以规范，便具备了等级意义。战国中期以后君王将自己的坟墓称为"陵"，有推崇君权至高无上的含义。秦国君墓称陵始于惠文王，《史记·秦始皇本纪》载惠文王葬"公陵"、悼武王葬"永陵"。秦东陵的封土则呈缓坡状的鱼脊形。

秦始皇借用自然山名将自己的坟墓称为"丽山"。《汉书·楚元王传》记载刘向的话："秦始皇葬于骊山之阿，下锢三泉，上崇山坟，其高五十余丈，周回五里有余"，相当于坟高 116 米，底边周长 2087 米。今天陵冢高 51.668 米，底边周长 1390 米，相差太大，可能是测量点不同，也可能是数据传抄有误，再加上水土流失的结果。始皇陵陵冢呈四棱台体，中腰两处向内收缩形成坡状阶梯，再加上顶部平台，成"三重山"样式，应当模仿了传说中的昆仑。昆仑有三重，最上层名"天庭"，是太帝所居，昆仑同时又是群神居住的地方。把陵冢修筑成它的形状，或许暗示死者灵魂可以由此直上天界。这种做法至少影响了西汉平陵、康陵以及武帝李夫人的英陵[89]。

商周大墓一般为竖穴土圹，往往带有单出（"甲"字形）、双出（"中"字形）、四出（"亞"字形）的斜坡墓道，墓道又称"隧"或"羡道"，它的多少标志着等级规格的高下。雍城陵园主墓均为带东西墓道的"中"字形，享受着诸侯级别。惠文王和悼武王墓室情况还不清楚，但从东陵开始，诸王陵均作"亞"字形，使用着帝王规格。这实际是对周代礼制的僭越和破坏，与战国中期以后秦君称王称帝的历史相吻合。始皇陵亦为四出墓道，西侧开"巾"字形墓道，北侧开两排斜坡状多条墓道，东面有五条斜坡道，南面尚未探明，可说是超"亞"字形。

秦陵规模宏大，秦公一号大墓面积是殷墟 M1001 的 7 倍多。雍城的"中"字形墓深度多在 20 米左右。芷阳秦王墓墓室更加深广。可以说，营筑巨陵大墓是秦文化的传统。秦始皇陵更是登峰造极，地宫上口面积约 25 万平方米，底部面积 1.9 万平方米，深度 33.18 米，内容居高约 10 米。据文献记载，墓圹向下穿过三层地下水，用文石堵塞泉眼，并浇铸铜液使之严密无缝。墓室顶部以明珠为日月星辰，底部制作地理模型，以水银为江河大海，在机械推动下流动不辍。地宫内建有多处宫阙楼观，并设置三公九卿的官署，死者灵魂可以优游其间，发号施令。秦始皇陵的地宫设计，标志着中国古代大墓由多重棺椁组成的深藏欲人弗见的封闭空间，彻底转为开放性的地上世界的模拟。

第三，陵园内的礼制建筑。

先秦墓葬的礼制建筑早期都建在墓室口部，如安阳殷墟妇好墓，大司空村 M311、M312，侯家庄 M1001 等。这类建筑东周时期在中山、赵、魏等国国君陵墓上也有发现。凤翔秦公墓地的 18 座"中"字形墓除 M7 外，墓室上部地表均有大量瓦片堆积，无疑是建筑遗物。芷阳陵地的礼制建筑已经不再建在墓口上部，而是移到封土之旁。秦始皇陵继承了这种做法，在内城的西北隅分布着大量的建筑遗迹。

先秦墓上建筑的性质学术界争议很大。有人认为是"寝殿"，是墓主人灵魂饮食起居之所，用于"日上四食"，即每天四次进奉饮食[90]；有的认为是"享堂"，是后代子孙祭祀墓主人的地方[91]。根据中山王墓兆域图，墓上建筑叫"堂"。它或者用于"日上四食"，但这本身也是一种祭祀活动。从建筑结构讲，"堂"与"室"不同，指的是无檐墙、四面可采光的过亭式开放空间。"堂"与"殿"其实是一回事，《说文》："堂，殿也。"因此，"享堂"与"寝殿"并无本质区别。商代至春秋，既在城里建宗庙，也在墓上建"堂"，如秦都雍城。但二者功能不同，前者举行册命典礼、出师授兵、祝捷献俘、外交盟会以及重大的祭祀活动，后者用于对死者供奉饮食，服侍起居。

礼制建筑从墓上移至墓侧与冢墓的出现有关。《后汉书·祭祀志》："秦始出寝，起于墓侧，汉因之不改。"墓侧起寝，是古老的享堂墓和东周新流行的冢墓相结合产生的新形式。因为在高大如山的坟丘上筑堂，工程太大已不可能，只好将之移于墓侧。始皇陵封土现高51米，上面又没有发现柱洞、柱础、散水、脊瓦等建筑遗迹，它与现高15米的中山王墓享堂的多极中心土台——"墉"，有本质区别[92]。

第四，从葬坑的多样化和外藏制度的完善。

殷代的王陵有集中的祭祀坑但没有陪葬坑。西周王陵尚未发现，但已发掘的诸侯墓地，在主墓附近都陪葬车马坑，如上村岭虢国墓地、张家坡井叔墓地、北赵晋侯墓地。秦陵继承了这一特色，雍城大墓东墓道右前方都有"目"字形或"凸"字形车马坑，象征主人出行的乘舆。芷阳陵区从葬坑的位置已不固定，或位于陵墓之东，或位于陵墓之西。始皇陵的从葬坑大大突破了原来以车马为主的单一内容，既有大型兵马俑坑，又有包含铜车马在内的"御府"诸坑、苑囿散坑、马厩坑等等，它们在陵园内外、封冢四面皆有分布。从葬坑的多样化使整个陵园成为地上王国的缩影，多样化的原因是急剧膨胀起来的对现实世界的攫取和支配欲望（图三五）。

墓外设坑，坑附于墓，这种从葬坑其实就是汉代"外藏椁"的前身。"外藏椁"是"在正藏外，婢妾之藏也；或曰厨、厩之属也"（《汉书·霍光传》颜注引服虔说）。有学者指出西周、春秋本无"外藏椁"之制，它在春秋晚期显露端倪（如莒

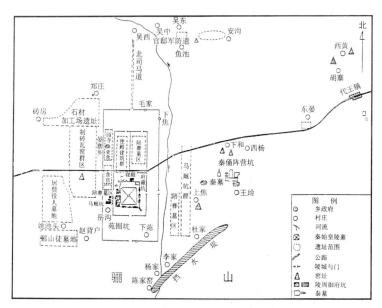

图三五　秦始皇陵园平面示意图

南大店 M1、M2），战国时成为列国的王陵制度（如平山中山王墓）[93]。这种情况在秦陵中也有体现，秦公一号大墓的副椁以及箱匣殉人也可说是外藏椁的雏形。秦始皇陵从葬坑的数量、规模远远超过了中山王墓，种类、内容也非"婢妾"、"厨厩"所能涵盖。可以说，秦代极大地丰富和完善了外藏制度，并直接影响了西汉帝陵的建设，这种制度到汉元帝时才被废止。

纵观秦陵建制的演变，可将其划分为三个阶段：第一阶段从襄公至出子，以西山和雍城陵地为代表；第二阶段从献公至庄襄王，以东陵为代表；第三阶段以始皇陵为代表。在前两个阶段传统的延续较为明显，是一种渐变；第三阶段则呈现出空前的开创性，许多新现象新制度如城垣、陵邑、兵马俑由此诞生，是一种突变。这种突变是充分借鉴东方列国陵园规划，再加上秦始皇个人天才想象力的结果。

（三）中小型秦墓分期、分区、分类的研究

1. 分期

80 年代分期工作已不再局限于某一处墓地，也不再停留于发掘简报的水平，许多学者开始以更广阔的视野探讨秦墓的演化。韩伟在综合了高庄、八旗屯两处材料的基础上，将中小型秦墓分成七期：即春秋早、中、晚三期，战国早、中、晚三期，战国末至秦代一期[94]。多年在凤翔从事发掘工作的尚志儒也对中小型秦墓进行分期，他先把随葬品的组合类型分为 5 种：Ⅰ. 青铜礼器墓，Ⅱ. 陶礼器墓，Ⅲ. 陶礼器与实用器并存的墓，Ⅳ. 实用陶器墓，Ⅴ. 实用铜器墓。然后在每一种组

合内又选一些典型墓根据器形变化进一步细分，如同属Ⅱ型墓的 1976 年凤翔八旗屯 BM11 属第二期，1977 年凤翔高庄 M12 和 1976 年凤翔八旗屯 BM103 却分别属于第三期和第四期。这样，就得到了和韩伟相似的分期结果[95]。他还对各期的随葬特征和各种文化因素随时间推移在墓中此消彼长的情况作了概括，如下表所示。

特 征 \ 分 期	器物组合					墓形				
						竖穴墓		洞室墓		
	Ⅰ	Ⅱ	Ⅲ	Ⅳ	Ⅴ	狭窄式	宽敞式	平行式	垂直式	直线式
春秋早期	✓						✓			
春秋中期		✓					✓			
春秋晚期		✓					✓			
战国早期		✓						✓		
战国中期			✓					✓	✓	✓
战国晚期				✓	✓			✓	✓	✓
战国末至秦代				✓	✓			✓		✓

叶小燕把春秋早期至西汉初期全国范围内秦文化墓葬分成五个阶段：春秋时期、春秋晚期至战国早期、战国中晚期、秦攻拔六国至秦灭亡、西汉初年。与韩、尚二人不同的是，她认为铜礼器组合的墓也许能延续到春秋中期，而仿铜陶礼器的墓或许能早到春秋早期。这样，秦墓中用陶冥器代替铜礼器随葬就略早于三晋。她还把汉初含有秦文化因素的墓葬也归入分期范畴，就触及到了秦文化的流向和汉文化的形成问题[96]。

器物组合的含义较为复杂，它可能代表年代的先后，也可能表示等级高下或文化属性方面的区别。50 年代至 70 年代，受《洛阳中州路》的影响，学术界普遍用器物组合的更迭来说明分期，并取得了很大的进步；但是，各种组合之间平行、交错关系并没有被揭示出来。对秦墓的分期也存在类似问题。例如，铜礼器的组合可以延续到战国早期，如客省庄M202，虽然它们已经微型化、明器化了；实用陶器的组合也可早到春秋早期。此外，组合一般指属于同一质地、不同品种器物之间的固定搭配关系，铜礼器或陶礼器本身能否被作为组合看待，这种组合是否具有分期意义，还值得考虑。正基于此，一些学者开始从新的角度探讨秦文化的分期。

陈平的《试论关中秦墓青铜容器的分期问题》一文，把秦墓青铜容器分成两大器群10组：前7组属春秋群，后3组属战国群。通过严密排比器物组合、器形、纹饰，并对照一些传世品及三晋地区的铜器，结合有关文献，推定各组年代，认为两大器群的交替发生在战国早、中期之交，此前此后面貌迥然有别。也就是说，秦文化在战国早、中期之交发生了全面突变[97]。这是迄今探讨秦墓铜器最细致、最深入的文章，而且从器物形制研究上升到讨论文化发展历史脉络的高度。

几乎同时，日本学者冈村秀典发表了他的《秦文化の编年》，除个别墓葬在序列表中的位置和陈氏不同外，二人在主要方面的认识基本一致。中外学者通过各自独立研究能达成共识，说明秦墓的年代问题已日趋明朗[98]。

参考诸家意见，结合近年的新发现，可将关中秦墓铜器分成11组（图三六）：

第1组：如宝鸡姜城堡春秋墓、陇县边家庄M5[99]、户县南关74M1、宝鸡西高泉村M1。出鼎、簋、壶、盘、甒、匜、盉。盉为扁体小口，甒为鬲、甑浑铸。鼎圆腹圜底，足底外展。簋敛口窄平顶隆腹，双耳小而无珥。方壶长颈较细，腹部膨鼓。流行双头窃曲纹、波带纹、三角蝉纹、瓦棱纹、纠缠的夔纹、重环纹等。相当于春秋初期。

第2组：如户县宋村 M3、户县南关 82M1、陇县边家庄 M1[100]、甘肃灵台景家庄 M1[101]。组合、纹饰均无变化。铜瓺的鬲、甗分铸，鬲附耳。铜鼎圆腹趋于浅平，足部移向腹外侧，足根变得粗壮。簋盖较上组浑圆。铜壶颈部较上组略宽。铜器的制作变得粗糙。相当于春秋早期偏晚阶段。

第3组：如宝鸡福临堡 M1。组合中扁体盉消失。铜鼎圜底近平，腹壁竖直，足中部横箍一道宽带，足底开始收敛。铜簋的盖唇与口部对直（盖腹扣合如圆盒），圈足升高，耳上带螺角形的兽耳消失。铜壶颈部曲度增加，圈足加高。流行勾连雷纹、贝纹、简化后没有头目的窃曲纹。相当于春秋中期偏早阶段。

第4组：如凤翔八旗屯 BM27，出鼎、瓺、盂，属于不完全组合。瓺为鬲、甗连体，甗的口部明显扩大。铜鼎上新出现了一种勾连蟠虺纹，与上组的窃曲纹区别较大，显得细密繁缛，可能是受到三晋地区多体蟠虺纹的影响。相当于春秋中期偏晚阶段。

第5组：以宝鸡阳平秦家沟 M1、M2 为代表，出鼎、簋、壶、盘、匜。鼎腹更加平浅，足部也更靠外。簋的圈足更高，盖顶更平缓。方壶颈部和圈足收束。流行勾连蟠虺纹和一种纤细秀丽的波带纹，后者与春秋晚期辉县琉璃阁 M55 铜鼎腹部的环带纹酷似。相当于春秋晚期。

第6组：如凤翔高庄 M10。组合中新出现舟，可能是由中原传入的。铜器较上组更加明器化，更粗糙草率。铜鼎立耳，三足外撇。瓺体瘦高。铜壶呈现束腰、大盖帽的形态。流行勾连蟠虺纹、波带纹、绚索纹，以及与蟠虺纹相配的花朵纹、花叶纹。相当于战国早期偏早阶段。

第7组：如沣西客省庄M202、凤翔高庄M48、M49。出鼎、簋、壶、盘、匜、甗、鉴。铜器完全微型化。鼎腹呈浅盆状，三足瘦高。甗的4个鬲足呈细高半管状。簋足进一步加高类似于折棱方座。方壶的兽耳蜕化成仅残存兽眼的半环。铜匜瓢形平底，后置环钮，与以前带4个兽足及兽首的形态不同，反而与洛阳中州路M2717战国早期墓所出相同。可定在战国早期偏晚阶段。

第8组：咸阳任家嘴殉人墓[102]、凤翔八旗屯西道沟M26[103]、凤翔八旗屯M14、凤翔八旗屯CM9、凤翔邓家崖M7[104]。出鼎、敦、豆、壶、盘、匜（敦、豆不共出）。此组面貌发生了极大转变，标志是新出现了一批三晋风格的实用铜器，如附耳矮蹄足鼓腹铜鼎、联裆鬲鼎、扁裆敦、提梁壶、扁壶、环耳罍、粗圈足豆、高柄小钫、长胡三穿戈。其中，圆体甗既有侯马上马村那种带附耳甑、下鬲三足较高的形制，又有山彪镇M1那种三足蜕化成三个小尖端的样式。咸阳任家嘴殉人墓的高柄小钫和山西霍县定襄东周墓所出一模一样，方壶上的顶蛇翼人图案与辉县琉璃阁战国魏墓铜器上的完全一致。旧式的秦风格铜器继续流行，如大帽压顶的铜壶、带有四个管状空心足的方体甗、长立耳外撇的盘形鼎。任家嘴殉人墓出了一件附耳、浅腹、三蹄足鼓努开张的实用铜鼎，可说是东方文化和秦文化融合的典型例子。流行卷云纹、绚索纹、图像纹、镶嵌绿松石的涡纹、错金波带纹。该组过渡特征明显，新旧因素混杂，可定在战国中期偏早阶段。

第9组：如大荔朝邑M203、M107。传统的秦式铜器至此

消失，鼎、圆壶、双耳釜等实用铜容器完全成为主流。相当于
战国中期偏晚阶段。

第 10 组：如凤翔高庄野狐沟 M1，出鼎、鋬、蒜头壶等。
根据铭文，铜鼎是公元前 309 年中山国的制品，可能在前 287
年以后流入秦国。相当于战国晚期[105]。

第 11 组：如甘肃平凉庙庄 M6、M7[106]，临潼上焦村
M18，咸阳黄家沟 M43 等。出鼎、双环耳的敦、圆壶、蒜头
壶、锡甑合体的甗、鋬。蒜头壶口沿蒜瓣外展。圆壶腹壁呈
现秦代"亞"字形腹特点。相当于战国末至秦代。

与关东六国相比，从春秋至战国早期，秦国铜器的发展极
其缓慢迟钝，一直保守着西周那种鼎、簋为核心的组合，也没
有新器种的创新。同时期关东铜器却经历了"鼎、簋、壶"向
"鼎、豆、壶"的转变，流行舟、敦、提梁圆壶、莲鹤方壶等
新器型，涌现镶嵌、错金银、针刻等新的装饰工艺和失蜡法、
锤揲等新的成型工艺，可谓争奇斗艳，令人目不暇接。这说明
平王东迁后我国青铜冶铸中心从关中转移到了关东，尤其是三
晋两周地区。春秋秦墓铜器不断明器化、日渐草率的过程，表
明这里只是西周青铜文化的进一步衰落，而非新起点上的再度
辉煌。这或许因为秦人缺乏必要的技术和物质力量，但更直接
的原因，恐怕还是秦国长期处在相对封闭的环境中，与戎狄的
争夺始终是压倒性的外交战略，与东方缺少积极紧密的文化联
系，"秦僻在雍州，不与中国诸侯之会盟，夷翟遇之"（《史记·
秦本纪》）。这种状况到商鞅变法才得以彻底改观。大量客卿人
才涌入关中，大量关东铜器通过战争被掳至西方，再加上统治
者对三晋优势文化的渴慕之情和占有欲望——"寡人欲容车通
三川，死不恨矣！"（秦武王语）——都对秦文化产生了深远影

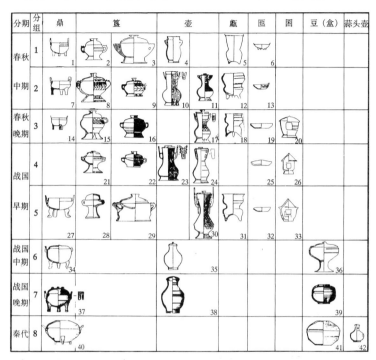

图三七　关中秦墓陶礼器分期图

1、2、5、6. 宝鸡西高泉村 M3　3、4. 宝鸡福临堡 M3　7、9、10、13. 凤翔八旗屯 BM11
　8、11、12. 凤翔八旗屯 CM4　14、16、18～20. 凤翔高庄 M12　15、17. 宝鸡邓家崖
　M3　22、23. 凤翔高庄 M10　21、24～26. 凤翔八旗屯西道沟 M18　27、29～32. 凤
　翔八旗屯 BM103　28、33. 凤翔八旗屯西道沟 M5　34～36. 凤翔高庄 M27　37～
　39. 咸阳塔儿坡 M28057　40～42. 临潼上焦村 M11

响。当然，秦对关东文化并非照搬，战国中期以后秦墓中就有
釜、鍪等来自巴蜀的器形。

　　关中秦墓的仿铜陶礼器可分 8 组（图三七）：

　　第 1 组：如宝鸡福临堡 M3、M11，宝鸡西高泉村 M2、

M3。组合为鼎、簋、瓹、方壶、匜，往往共出日用陶器。鼎口沿内敛，附耳。簋有圈足状捉手。瓹直口方体。匜有兽头鋬，带四个小足。均模仿同时期铜器。流行瓦纹、凸弦纹。相当于春秋中期偏早阶段。

第2组：如凤翔八旗屯BM11、CM4。组合不变，平底簋和壶身上有红白相间的彩绘，一种是较粗放的勾连云雷纹，一种是简化了的勾连蟠虺纹，相当于春秋中期偏晚阶段。

第3组：如凤翔高庄M12、宝鸡福临堡M6、宝鸡邓家崖M3。组合中新出现了困、尖流平底的桃形匜。彩绘较上组更加细密繁缛，流行勾连纹、三角云纹、折线纹。相当于春秋晚期。

第4组：如凤翔高庄M10、凤翔八旗屯西道沟M18。出现假腹簋、牛车。方体瓹上部的甑阔口束腰。相当于战国早期偏早阶段。

第5组：如凤翔八旗屯BM103，凤翔高庄M49、M48，凤翔八旗屯西道沟M5等。陶礼器小型化，流行豆形簋、假腹簋。方壶的双兽耳衔环华丽硕大，但腰部又极纤细。相当于战国早期偏晚阶段。

第6组：如凤翔高庄M27、凤翔八旗屯BM31。组合形制与以前截然不同，出附耳圆腹鼎、盖豆、锤式圆壶。相当于战国中期。

第7组：如凤翔八旗屯BM29、秦东陵陪葬墓M3。出鼎、盒、壶。相当于战国晚期。

第8组：如临潼上焦村M11，出鼎、盒、蒜头壶。相当于战国末至秦代。

与铜器相仿佛，陶礼器也合并成春秋型和战国型，前者包括1～5组，后者包括6～8组。需要注意的是，战国型陶礼器在秦墓中所占比例很小，绝非陶器的主流。

关中秦墓的实用陶器从早到晚可分8组（图三八）。

典型器物的演化规律：陶鬲由长体变扁，肩部由不明显到凸鼓，由瘪裆较高发展成低平裆。陶豆由浅盘到深盘，豆柄由细到粗，战国时又成实柄。喇叭口罐的口部从小变大，由折肩到圆肩，颈部由短趋长。

陶器组合变化不大，1～6组一直是鬲、豆、盆（盂）、罐或鬲、盆、罐，依然保持西周时期庶民墓葬的旧传统。到第6组出现茧形壶，大喇叭口罐被小口圆肩罐所取代。第7组出现蒜头壶。在第7、8组中陶釜完全取代陶鬲，成为主要炊具。总之，日用陶器在战国中期发生了较大变化。整个东周时期，小型秦墓随葬日用陶器的习惯从来没有中断过，而且战国中期以后又普及到大、中型墓。茧形壶和蒜头壶出现得很突然。茧形壶最初在扶风齐家村的西周中晚期的铜器窖藏里出现过，东周以后在关中地区便销声匿迹。侯马晋国铸铜遗址倒是出土了战国早期的形体硕大的茧形壶，应为储水器。关中在战国中期再度出现这种器物，是吸收三晋文化的结果。但秦人对它加以改造，形体变小，功能类似于行军壶，适应于军旅生活。秦汉以后形体再次变大，加了圈足，转为定居生活的储器。战国中期秦墓中新出现的小口圆肩罐，也是吸收三晋文化的结果。至于陶釜，来源于巴蜀地区，春秋早期起就在秦墓中断断续续地出现，直到战国中晚期由于锅台式灶的推广应用，才取代了鬲的主体炊具地位。秦式鬲源于周鬲，春秋以后肩部凸鼓，有三尖锥状足，底部拍印麻点纹，形成了自己的特点，不同于楚式鬲，也不同于柱状实足根的三晋鬲。其形体变化与蒸炊方式有

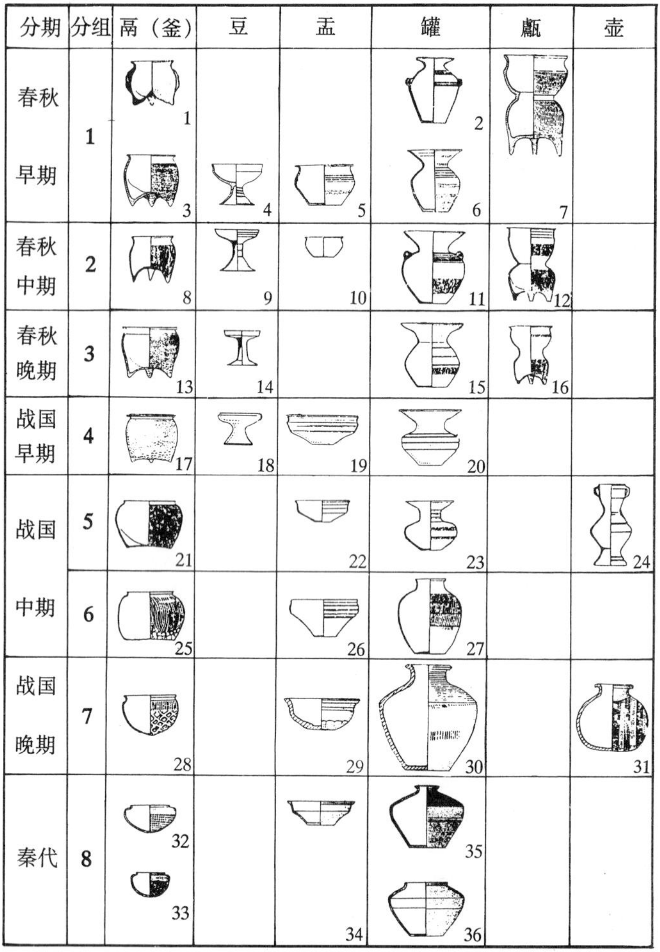

分期	分组	鬲（釜）	豆	盂	罐	瓿	壶
春秋早期	1	1　3	4	5	2　6	7	
春秋中期	2	8	9	10	11	12	
春秋晚期	3	13	14		15	16	
战国早期	4	17	18	19	20		
战国中期	5	21		22	23		24
	6	25		26	27		
战国晚期	7	28		29	30		31
秦代	8	32　33		34	35　36		

图三八　关中秦墓日用陶器分期图

1、2.凤翔八旗屯 CM2　3～7.陇县店子 M15　8～12.宝鸡西高泉村 M2
13.凤翔高庄 M12　14～16.宝鸡茹家庄 M6　17～20.陇县店子 M74　21～24.
凤翔八旗屯 CM9　25～27.西安半坡 M115　28.西安半坡 M9　29～31.咸阳塔
儿坡 M28203　32.上焦村 M11　33.上焦村 M16　34～36.上焦村 M18

关，陶釜不是其演化的终结形态。

根据同一座墓葬出土不同类器物的共生关系，可将关中秦墓铜容器、陶礼器、实用陶器三个序列的横向对应关系制成下表。至此，分期问题才得到更清晰全面的说明。

	铜容器	陶礼器	实用陶器
春秋早期	1		1
	2		
春秋中期	3	1	2
	4	2	
春秋晚期	5	3	3
战国早期	6	4	4
	7	5	
战国中期	8	6	5
	9		6
战国晚期	10	7	7
战国末至秦代	11	8	8

2. 分区

任何一支考古学文化都不是铁板一块，随分布空间变化，受周边文化影响，其面貌会呈现地区性差异，据此可分出不同地方类型。秦文化也不例外。战国中期以前，秦文化局限在甘陕一带，据《史记·秦本纪》，"（文公）十六年，地至岐"，"（武公）十一年，初县杜郑"。可见春秋早期关中大部分已处在秦文化势力范围内。在以后长达 400 多年的时间里，关中各地秦墓的面貌不会一模一样。滕铭予曾把关中秦墓分成宝鸡、西安、铜川、大荔 4 区，并探讨了各区自身特点，如铜川多双耳器、蛋形三足瓮，这里位于关中平原和黄土高原交接处，是观察秦文化和北方古文化交流接触的重要窗口；宝鸡是秦人大本营，秦文化发展脉络看得比较清楚[107]。这些意见都比较中肯。

目前看来，战国中期以前的中小型秦墓可以岐山为界分成东西两区。它们之间存在一定差异：如户县南关春秋早期铜鼎较陇县边家庄的足部更细高，簋盖更隆起。东区双耳器较西区发达。东区还流行一种长直颈球形腹并带华丽大兽耳的陶方壶，为西区所不见，这种陶壶曾在河南渑池县班村战国早期韩墓里出土过[108]。东区铜礼器的使用不如西区成组成套，而比较散漫。咸阳任家嘴发掘的 24 座春秋秦墓皆用棺椁，但很多墓仅随葬鬲、盆、罐等日用陶器[109]，甚至一椁二棺的大夫级墓也这样。铜川枣庙秦墓也有类似情况。东区随葬品与棺椁制度脱节现象远较西区为甚。墓形方面，东区在春秋时期依然流行口大底小或口底同大的周式竖穴墓，但宽敞式竖穴墓在春秋中期就已出现；西区在春秋时出现新的斗式墓，但宽敞式竖穴墓到了战国时才出现。造成这些差别的原因较为复杂。西区是以雍城为中心的秦统治腹心区，而东区在春秋时周遗民和戎人占了很大人口比例，所以既有旧传统，又广泛存在着对礼制的漠视现象，同时文化方面也搀杂着大量的戎狄因素。

战国中期以后，秦文化进入一个势力的大膨胀阶段，秦人足迹开始遍布全国。在与关东固有文化接触过程中，秦文化的变异程度不一，这自然会在墓葬材料中表现出来。因此，秦文化内部的地方类型需要重新调整。90 年代初河南三门峡地区秦墓材料的公布为这一研究准备了充分条件。

1980 年以后的 10 年间，三门峡市文物队在市西郊与陕县、灵宝县交界处的火电厂附近，清理了近千座秦人及其后裔的墓葬[110]。这批墓的上限很清楚，《史记·秦本纪》记载秦惠文王十三年（前325年），"使张仪伐取陕，出其人与魏"。早期的墓葬多为平行式土洞墓，陶器简单贫乏，组合为鬲、茧形壶或釜、茧形壶，或仅随葬带钩、铜镞，暗示其身份为士卒或被强行迁来的罪人。事实上，秦每向东占领一地，往往将当地原有居民赶走，并从关中迁入秦民。陕县没有发现战国晚期的魏人墓就是明证。由于族属是较为纯粹的秦人，所以墓葬表现出强烈的秦文化色彩，与关中相似；但也有一些细部差别，如陕县秦墓中的一种无耳鼎与甂配套的甂较独特，不见于其他地区。

豫西的发现再加上70年代以来关中、四川、湖北等地材料的积累，使全国范围内秦文化的分区成为可能。如果我们再扩大视野，也可把内蒙古广衍故城附近的墓葬考虑进去，那里共出土了18座秦至西汉中期的墓：竖穴土坑，屈肢葬，甂、罐、壶的组合都与关中无异；但双耳夹砂罐、双耳釜以及牛首、马首形带钩又体现了北方民族文化的影响。这批墓主人当是秦汉的戍卒[111]。出土的"广衍"铭铜戈、矛为研究当地历史沿革提供了材料。由于数量太少，对文化内涵的认识不充分，还不足以作为一个独立区域看待，还是并入关中、豫西为宜。

此外，还有学者探讨了湖南地区"秦墓"[112]。那里在公元前278年以后归入秦版图。湖南至今未发现象云梦睡虎地那样秦文化特征纯粹的墓地，在溆浦马田坪、长沙桐梓坡、岳阳汨罗山等地发掘的秦置黔中、长沙郡以后的墓葬，陶器组合不外乎高足鼎、西瓜状敦、壶，或鼎、盒、壶、钫之类礼器，少数墓共出矮足铜鼎、铜蒜头壶、"亞"字形腹小陶壶等少量秦式器物，但在文化构成中显然不居主体。这些墓可以算作"秦国的墓葬"，但不能算作"秦文化墓葬"或"秦人墓"，自然也不能归入严格意义的"秦墓"的范畴。

综合新中国成立以来秦墓的发现，我们可以看到，战国中期以后在北达内蒙古高原、南抵洞庭湖畔这样一个大跨度空间范围内的秦人墓葬，一方面都流行釜、盆、罐、甑、壶等日用陶器，表现出基本共性；另一方面又随分布空间变化而呈现出不同特征。各地秦墓群体差异集中起来，反映了秦岭至伏牛山一线为界南北两大区域类型的划分，其差别在于：北区多土洞墓、屈肢葬，南区多竖穴墓、直肢葬。这个差别说明秦文化在南进过程中遭到了强有力的抵抗和异化作用。

3. 分类

进入阶级社会后，人们中间会形成阶层。周代统治者曾制定出一整套繁文缛节来强化人们之间的等级差别，埋葬制度是其中的重要方面。通过对墓葬等级的探讨，可以研究人们之间的等级关系，"就可以把考古学的年代学研究推进到社会历史研究的高度"[113]。这方面楚墓的分类已走在全国的前列，它又为秦墓的分类提供了借鉴。

赵化成曾把关中秦墓分成三类：甲类出铜礼器，一椁单棺或双棺，墓圹长度4米以上，有殉人；乙类墓出陶礼器，一椁一棺，墓圹长3米左右；丙类墓主要出日用陶器或无随葬品，一椁一棺或有棺无椁，墓圹规模较乙类略小或相当。他还指出甲、乙两类主要是中、小贵族之墓，丙类主要是平民[114]。滕铭予的分类与之差不多[115]。

其实，上述甲类墓根据随葬品的隆杀还可细分出两类。这样就成为A、B、C、D四类。结合分期，可大致看到秦本土地区各类墓的变化情况：

（1）春秋早期 A 类墓集中在陇县边家庄和户县两地，出五鼎四簋或七鼎六簋成套的铜礼器，常有数个殉人，附葬车马。边家庄 M5 还随葬一辆靠人牵引的辇。《周礼·春官·宗伯》："王后之五路……辇车，组挽，有翣，羽盖"，可见规格之高。此外还有成百计的石贝和陶磬。这类墓应包括上大夫和下大夫两个级别。春秋中晚期，则往往采用三鼎四簋少牢杀礼形式，如宝鸡阳平秦家沟 M1、M2。战国中期仅随葬铜鼎三件，如咸阳任家嘴殉人墓和凤翔八旗屯西道沟 M26，墓圹残长均在 4 米以上，各出 40 多件青铜器。到了战国末年，这类墓甚至用一鼎随葬，如甘肃平凉庙庄 M6、M7，墓室均为"凸"字形，各有一辆驷马高车，仅次于天子法驾六的规格，在汉代也是二千石郡守以上才配享用。所以，战国中期以后这类墓大致相当于十九级爵彻侯至九级爵五大夫之间；当然也包括一些宗族大臣，如临潼上焦村陪葬墓，都开有墓道（羡道），但随葬品驳杂，与具体的历史事件有关。

（2）春秋早中期 B 类墓多随葬三鼎二簋一套铜礼器，如宝鸡福临堡 M1。到了春秋晚期开始出现以陶补铜的现象，如长武上孟村 M27[116]。战国早期，二鼎二簋的形式更加普遍，如沣西客省庄 M202，凤翔高庄 M48、M49 等，有的甚至完全用陶礼器随葬，如凤翔高庄 M18，还殉奴 1～2 人。这类墓常附葬一车二马，据《仪礼·王度记》："天子驾六马，诸侯驾四，大夫三，士二，庶一"，再参考鼎数，B 类墓可定为元士一级。战国中期以后，以陶补铜现象消失，代之以一鼎或二鼎的实用铜器，它们相当于八级爵公乘至五级爵大夫之间、具有二百石至四百石官秩能掌管政务的下层官吏。

（3）春秋中期 C 类墓出现伊始，鼎簋搭配就不合乎礼数。陶困首先在这类墓中出现，并波及 B 类墓。一般无殉奴，有的随葬泥马、泥车，如长武上孟村 M26，或者陶制的牛车模型，如凤翔八旗屯 BM103。牛车又叫"柴车"，在先秦时规格极低，被视作"平地载任之车"（《考工记》），仅供代步而已。《晋书·舆服志》："古之贵者不乘牛车。"不以乘牛车为耻，表现出秦民质朴的生活气息。C 类墓身份包括部分士人和庶民。战国中期以后，此类墓数量锐减，且集中在咸阳，如咸阳石油钢管钢绳厂 M28063，出有"十九年大良鞅造殳"，墓主人应当是持殳的侍卫[117]。根据对秦俑三号坑持殳卫士官秩的研究[118]，大致相当于一级爵公士至四级爵不更之间。

（4）整个东周时期，D 类墓始终随葬日用陶器。半坡和客省庄的很多墓直接在二层台上搭棚板，形成简易椁室。洞室墓也恰恰在这类墓首先出现。墓主人身份较为复杂，主要是八级爵公乘以下无官秩的庶民或者无爵位的庶民，不排除个别斗食佐吏。

"礼崩乐坏"是东周社会变革的大趋势、大气候。在这个过程中，与东方六国相比，秦国走了一条独特的道路。早在70 年代，俞伟超先生就指出，"（东方诸国）庶民普遍用特一鼎的变化，基本上没有发生（在秦国）"，这个见解不断被后来的发掘所证实。"从前大夫以上身份的贵族，最迟在战国末年已变得只用铜二鼎"，也大致不错[119]。今天我们知道，少牢五鼎的大夫墓和战国末期铜二鼎的同等规格墓之间，还有战国中期偏早阶段那种铜三鼎的短暂过渡。春秋早期，秦对周礼的学习较为认真，宝鸡太公庙秦公钟铭文有"蠶龢胤士，咸畜左右"的话，林剑鸣考证为"奉行父子相袭的世官制度"[120]。

春秋中期对周礼的遵守趋于松弛，但绝非东方六国那种下级僭越上级。秦墓仿铜陶礼器出现的历史原因和周墓略有不同，后者被认为是由于丧失田禄的大夫、士不能自备祭器，而用明器替代。甘谷毛家坪西周中晚期秦墓的日用陶器都是明器化的，表明秦人俭葬之风有深厚传统。事实上，春秋中期秦墓的铜礼器已经明器化了，和陶礼器没有本质差别，这和同时期东方国家精致考究的铜礼器大异其趣，表明周礼对秦人来说只是舶来品，而非渗透于血脉中的文化规范。战国中晚期，陶礼器组合的墓集中在咸阳，发人深思。孝公变法发求贤令，大批关东客卿人才涌入咸阳，他们中除了少数能跻身显贵，大多数只能充当权要的门客舍人，其身份与当地无爵无官的庶民又有所区别。这些情况自然会在墓葬中反映出来，像黄家沟墓地便具有较强的东方色彩。战国中晚期陶礼器和日用陶器组合之间的差别，与其说是等级上的，毋宁说是文化传统上的。

（四）秦墓丧葬习俗略论

在秦墓的丧葬习俗中，学术界关注的焦点问题是屈肢葬、洞室墓、围墓沟、殉人现象。

中国学术界一开始讨论屈肢葬，并非针对秦墓。40年代高去寻曾注意到黄河下游的屈肢葬，推测它可能是受到了南俄方面的影响[121]。50年代在上村岭虢国墓地发掘了44座屈肢葬墓，林寿晋考察了该墓地屈肢葬式和直肢葬式的关系，认为两种葬式在空间上呈交错分布状态，因此屈肢葬并不专属于某个家族，两种葬式均存在于各个等级的墓中。因此屈肢葬没有高贵或低贱的含义。两种葬式所属的墓及其随葬品特征无任何不同，因此它们属同一民族，或者是在文化方面已融合、而仅保持葬式区别的两个民族。结合西北地区马家窑文化、齐家文化、沙井文化长期存在一定数量屈肢葬的事实，以及两周之际诸戎东迁的记载，他推测中原地区屈肢葬产生是受到西北少数民族的影响[122]。杨锡璋撰文反对这个意见，他举出西周以前很多地区都有少量屈肢葬以及甘肃古文化中屈肢葬并非惟一葬式的例子，质问："如果戎人的葬俗带入关中及中原地区并影响了这些地区华夏族的葬俗，何以只有沙井文化的屈肢葬而没有寺洼文化的二次葬和火葬呢？"他强调虢国墓地实行族坟墓制度，不同民族的人根本不可能葬入同一墓地。况且西周末年，羌戎与华夏不会融合到连名物制度都一模一样的程度。他主张同一民族也可采用不同葬式。葬俗如同服饰之类时尚，会自动改变。黄河中下游地区在东周开始流行屈肢葬的原因，还是一个谜，但不一定是外来种族或文化的影响[123]。

30 年代，苏秉琦先生整理斗鸡台沟东区墓葬时，已把屈肢葬作为秦文化的一个特征来看待。70 年代，俞伟超先生注意到关中秦墓屈肢葬和三晋地区屈肢葬的差别：前者蜷曲特甚，后者较为舒缓；后者是东迁诸戎带给中原的影响，前者表明秦人本来就是戎人的一支[124]。以上都是从历史上的民族关系来讨论，并未回答屈肢葬本身的含义。韩伟别创新说，他根据凤翔八旗屯四墓墓主人为仰身直肢葬，而盛殓在木匣中的殉奴均为屈肢葬的现象，得出屈肢葬是奴隶葬仪，关中秦墓中单身屈肢葬是解放了的奴隶的结论[125]。这个提法本身就自相矛盾。赵化成统计了关中已发表的 452 座秦墓，"屈肢葬占了90%，而且贵族墓中也流行屈肢葬"，证明它是一种文化习俗，而非政治现象。他还援引"白马藏人"的材料：人死后被捆绑双膝，使头屈至膝间呈胎儿状并面向西方，意味着日落归西，人亦随太阳走。这与秦文化的屈肢葬和西首葬都很相似[126]。80年代以后，一些学者开始从心理层次入手，王子今援引睡虎地《日书》，认为秦屈肢葬"仿象'鬼之所恶'的'窋卧'"，以"防止鬼物侵扰死者"[127]。戴春阳反驳说："云梦《日书》记避鬼之《诘》篇，天水《日书》不载，可知所谓避鬼之'窋卧'显系楚地之习，而非秦人之俗"，楚墓中又无一屈肢者，可见用它诠释葬式不通。他发展了赵化成的观点，认为秦屈肢葬是为了模仿胎儿形象以便转世投胎，西首葬象征日落归西，生命如太阳般周而复始[128]。总之，近半个世纪以来，学术界对屈肢葬的讨论，经历了从黄河下游到关中地区，从民族关系到精神背景，从外在表象到内在寓意的转变。然而，问题并未最终解决，转世投胎说也非无懈可击：上古人体解剖学竟发达到知道胎儿在母腹中是屈肢姿态？既然象征赤条条重归母腹，为何还要随葬器物？

屈肢葬作为土葬的一种，既有土葬葬式的共同性，又有自身的特殊性。据薛观涛研究，古代土葬习俗都起源于惧怕死者鬼魂骚扰的迷信，仰身直肢葬、屈肢葬、俯身葬只是不同地区、不同民族出于这一共同心理采取的不同预防措施[129]。屈肢葬就是用绳索将死者手脚捆绑起来，防止其灵魂走出向活着的家人作祟。数量众多的单身型屈肢葬表明它在秦民社会中是正常死亡的通行葬式。《日书》显示，秦人认为亲、祖的亡灵也就是鬼经常作祟，危及后代，如简797："甲乙有疾，父母为祟"；简799："丙丁有疾，王父为祟"。初民往往对"凶死者"采取与正常死亡不同的葬式，但在秦人中、至少在秦陵的刑徒墓中看不到这一点。赵背户—姚池头"居赀役人"墓地所埋绝大多数为青壮男子，除 4 具仰身直肢外，103 具骨架全为蜷曲特甚的屈肢葬。死者迫于繁重劳役，倒毙在修陵的工程中，无疑属于凶死者。由于屈肢葬本身强烈的镇凶辟邪意味，秦人没有对凶死者采取与众不同的死葬方式。

赵背户村墓地的瓦志说明死者来自原六国地区，却按秦人习俗埋葬，可能由于执行掩埋活动的人是关中秦人。赵背户村的例子还说明，至迟在秦代，关中地区屈肢葬依然非常盛行。

秦墓中的洞室墓型是从战国中期开始流行的，此前绝无一例。70 年代俞伟超先生曾提出它与甘青羌戎文化有关[130]。甘青地区在马家窑文化的半山、马厂期就流行一种横穴式墓道带圆形洞室的"凸"字形墓；到了辛店、卡约阶段，又发展出墓道与洞室中轴线平行的"侧室墓"。然而，它们与秦洞室墓在年代上有四五百年间隔，形制上又与秦国大量的"顺室墓"没有共同点。因此有学者提出秦"顺室墓"和"侧室墓"有不同的源头，"顺室墓"来自东方——类似洛阳烧沟战国墓那种文化，而且在关中呈自东而西的传播趋势[131]。这个意见和土洞墓长期在西北地区流行，并随秦人扩张而散布到东方的历史大背景不相吻合。80 年代，在宁夏固原彭堡于家庄和杨朗乡马庄北方青铜文化墓地发现了一种新墓型：长方形竖穴墓道的一端掏挖狭长墓室，即墓道与洞室中轴线重合的"顺室墓"。杨朗墓地早期相当于春秋末至战国早期，晚期相当于战国晚期。很多人认为它是陇东戎族的墓地[132]。这实际上是找到了甘青古文化中的洞室墓和秦洞室墓之间的中间环节。战国时期，陇东诸戎和秦人互有攻伐，战争必定带动文化交流，秦人的"侧室"、"顺室"墓都是在这种影响下产生的。

除了雍城秦公陵园和芷阳陵园，围墓沟主要发现于山西侯马乔村和河南三门峡地区的秦墓。从透露的材料看，乔村较大的墓葬都有方形围沟，有的围沟墓独立分布，有的沟与沟之间毗邻或连接。很多墓空无一物，但在沟内又有多具殉人。三门峡地区的围沟墓主要位于陕县大营乡黄村附近，在市西郊也有发现，总数有10座，在墓地中属于规格较高者，墓圹长度一般在4米以上，随葬一套实用铜容器，墓型有土洞也有竖穴，葬式有屈肢也有直肢，棺椁齐备。有二墓一沟的，也有一墓一沟的，前者在二墓之间挖一壕沟，使平面呈"曰"字形。沟剖面呈梯形，底宽0.8米，深1米左右，一步便可跨过。有的沟内发现马骨和人骨。在围沟墓周围散布着一些不带围沟的小墓（图三九）。

　　围墓沟在东周秦人墓地中频频出现，在其他列国却无一例，自然让人觉得它是秦人的特有葬俗。1981年秋北京大学考古专业和青海省文物考古研究所，在青海循化县苏志村发掘了2座卡约文化中晚期的坟丘墓，在坟丘两侧各有一条弧形弯曲的围沟，在沟内和坟丘顶上埋棺。苏志墓地是属于析支羌的，受此启发，俞伟超先生认为围沟墓来自西北羌戎文化，它是秦人源于西戎的又一证据[133]。90年代初，他又提出日本弥生时代广布于本州和九州各地的方形围沟墓，年代可上溯至公元前3世纪，就是由移居东瀛的秦人传播过去的[134]。至此，秦围墓沟的源和流算是有了一个交代。近年，在韩国忠清北道清州市松节洞等遗址中发现了大量的环绕围沟的长方形竖穴土坑墓，随葬品以圜底陶釜为主，年代相当于公元2世纪左右。有学者指出，这些朝鲜半岛前所未见的因素，是迁居辰韩的秦人后裔的遗存[135]。

　　有些问题值得我们进一步思考：为什么在关中围墓沟仅见

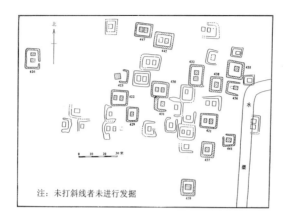

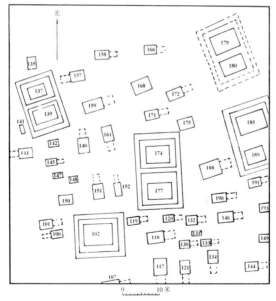

图三九　侯马乔村和三门峡市火电厂的秦围沟墓

(上)侯马乔村墓地围沟墓局部墓葬分布图

(下)三门峡市火电厂秦人墓分布图

于君王一级陵墓，在中小型墓葬周围一直未见？是发掘工作的疏漏还是原本就不存在？1996年9月至1998年4月在浙江绍兴发掘的印山大墓，据考证是越王勾践之父允常的王陵，周围也有保存完好的隍壕设施[136]，它与秦人围墓沟有什么关系？东周时期围墓沟到底是中原以外周边地区普遍采用的茔界方式，还是秦文化的特有传统？解答这些问题，恐怕要等到21世纪。

与关东相比，秦墓的殉人习俗流行时间较早，户县宋村春秋早期的五鼎墓已殉人4具。《史记·秦本纪》记载："武公卒，葬雍平阳。初以人从死，从死者六十六人。"到了春秋中晚期，殉葬之风更是愈演愈烈。"穆公卒，葬雍。从死者百七十七人"（《史记·秦本纪》），连秦之良臣奄息、仲行、鍼虎也在从死之列，秦民作《黄鸟》之诗哀之。发掘的秦景公大墓殉人186具，20名埋在填土中，166名被用箱匣殓盛在二层台上，殉人数量之多，在山东诸国还不曾见到。不仅仅诸侯，大夫、元士一级的墓同样殉人，仅数量有多寡之别。如1976年发掘的凤翔八旗屯墓地，很多三鼎墓就殉1~2人，包括龛殉、二层台、填土殉人等形式，有直肢、屈肢、肢解等。战国中期以前殉人身份较为复杂，多数殉人有棺或匣，并有少量随葬品，可能是侍妾或家臣；还有一些车马坑中的殉人是御者；填土中的殉人可能是战俘。

战国中期以后，殉人之风大减，墓葬中纷纷用木俑或泥俑代替原来的近幸奴婢殉葬，如云梦睡虎地秦墓，这显示出人的价值已逐渐被认识。然而，在一些小型墓葬中却又出现了用生产奴隶殉葬的前所未有现象，如山西侯马乔村发掘的16座墓，除4座墓外，都有殉人1~18具，4具人骨还戴有铁钳。这代表了一股违反历史发展的逆流：随着军功爵制的建立，秦国奴隶制的规模急剧扩大，严刑峻法和酷烈的战争随时都在把罪犯和战俘变为奴隶，连一般平民都可以拥有1～2个奴隶，且对之操生杀大权，那些新立军功的中小地主出于夸耀豪富的变态心理甚至杀戮手中为数不多的生产奴隶来殉葬。但是，这毕竟是战国末年特殊环境下出现的暂时倒退现象。汉代以后，奴婢生命受法律保护，奴隶主已不能任意滥杀了。

《秦本纪》载献公二年（前383年）"止从死"，但秦始皇下葬时"先帝后宫非有子者，出焉不宜，皆令从死"（《史记·秦始皇本纪》），看来秦国仍有浓重的殉人风气残余，在特定的历史情况下还会扩大。当然，有学者主张对先秦"从死"现象仔细分析，认为它有时指殉人，有时指奴仆主动为主人舍身从葬。[137]

秦墓的丧葬习俗，有些属部族固有的文化传统，如屈肢葬；有些是受外来文化的影响，如洞室墓型；有些则反映在一般性历史规律支配下，秦文化自己走过的独特道路，如殉人。具体问题，要具体对待。

（四）秦系文字研究

1. 秦文字材料的发现

（1）金文

对秦国青铜器铭文的著录从北宋金石学就开始了，吕大临《考古图》和薛尚功的《历代钟鼎彝器款识法帖》中就有秦代平阳斤权。近代学者罗振玉的《秦金石刻辞》及容庚的《秦金文录》更是秦青铜器铭文的专著。解放以后各类有铭铜器大量出土，秦金文发展序列的空缺不断被填补，使人们对秦文字的特点有了更为深入的认识。

最早的秦国青铜器是不其簋。该器器盖原为传世品，器身则在80年代出土。身盖铭文相同，"惟九月初吉戊申，伯氏曰：'不其，驭（朔）方严允广伐西俞，王命我羞追于西。余来归献擒，余命我御追于罂，汝以我车宕伐严允于高陶，汝多折首执讯，……其永宝用享。"

李学勤认为不其就是秦庄公，西俞就是陇西郡的西县，即古之西垂。铭文记载了周宣王时庄公兄弟受命伐破西戎、得胜献俘的事迹，年代在公元前820年左右[138]。这已被学术界广泛认可。该簋的铭文风格具有西周晚期特点。

春秋早期较重要的秦金文资料有近年出于甘肃礼县大堡子山秦公墓地的秦公鼎、壶、簋；70年代在宝鸡太公庙村发现的秦公钟、镈；80年代陇县边家庄M12出土的"卜淦□高戈"，以及传世的秦子戈、矛。

90年代，甘肃礼县秦公大墓惨遭盗掘，国宝重器流失海外。1994年李学勤、艾兰撰文介绍了美国纽约古董店拉利行的一对秦公壶，铭文两行六字："秦公作铸障壶"，并与晋侯䋿壶和传世颂壶相比较，定其年代在周厉王到宣王之间，器主应是秦国第一位称公的秦庄公[139]。白光琦认为秦君称公在襄公始国之后，庄公乃死后追谥，不得自称公，因此考订为襄、文二世之器[140]。陈昭容指出秦公壶和颂壶在形态上有细微差别，认为其年代应晚至文公[141]。不久，上海博物馆从香港回收了四鼎二簋，鼎铭为"秦公乍铸用鼎"，李朝远认为它们应为秦襄公、文公之器[142]。后来又有学者加入讨论，王辉、陈昭容皆以䔄组秦公器（器铭"秦"作"䔄"）属襄公，燊组秦公器（器铭"秦"作"燊"）属文公[143]；陈平却认为燊组属文公，燊组属宪公[144]。由于不是科学发掘所得，而且近年秦公墓地的材料没有公布，致使学者在秦公诸器的归属上争议很大，相信这个问题日后会被逐渐澄清。

1978年在宝鸡县杨家沟公社太公庙的一个窖穴内发现8件铜器，5件铜钟呈一字形排列，3件铜镈绕铜钟作半圆状。铜钟形制相同，大小有差，皆有铭文，可连续，共计130字："秦公曰：我先祖受天命，赏宅受或（国）。剌剌邵文公、静公、宪公不豕于上，邵合皇天，以虩事蛮（蛮）方。公及王姬曰：余小子，余夙夕虔敬朕祀，以受多福，克明又心。……秦公其吮黮才（在）立（位），雁（膺）受大命，眉寿无疆，匍有四方，其康宝。"（图四〇）

铜镈铭文仅行款不同。发掘者认为：这里的"先祖"即秦襄公；铭文证明《史记·秦始皇本纪》所载秦世系是正确的，《史记·秦本纪》中的"竫公"应为"静公"之误，"宁公"应为"宪公"之误；作器秦公应当是秦武公；钟、镈的出土暗示宪公、武公所居平阳就在附近；"王姬"为周王室之女下嫁秦武公者[145]。这些认识已被学界普遍认同。就文字而言，秦武公钟、镈字体修长秀美，与西周文字差异明显，已有一定的篆意。"早于太公庙器的秦公壶、秦公鼎虽然铭文字数不多，但其字体与秦公及王姬钟、镈近而与不其簋远"[146]，"这些文字具有某种程度的篆意，是秦篆的先行形态，可以作为春秋早期秦正式书体的代表"[147]。

"卜淦□高戈"近胡处铸铭文3行11字："卜淦□高作铸，永宝用逸宜。"格式与之类似的有《三代吉金文存》著录的秦子戈、矛各一件，铭为："秦子乍造公族元用，左右市鯲用逸

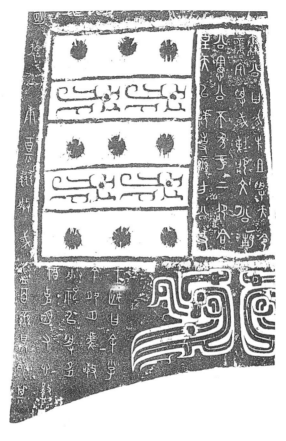

图四〇　秦公钟铭文拓片

宜。"陈平从形制分析入手，将其定在春秋早期，认为"秦子"非在位秦君，应当是不享国的太子静公。"乍逋"即"作造"；"公族"是"公族之良"组成的一国的三军中坚；"市䰞"可释为贡旅，也就是《周礼》中的旅贲氏；"用逸宜"就是"用逸用宜"，表明戈、矛用于巡游田猎和祭祀（"宜"是一种特定的祭祀名)[148]。王辉则认为"秦子"是秦宪公之子出子，属于新君居丧期间的称呼；"公族"即"王族"；"市魁"应释为"师旅"，左右师就是左右军；"宜"字是地名，这个意见和李学勤相同[149]。对照"卜淦□高戈"，王说近是。戈铭中"元用"的含义应即"宝用"，类似的还有宝鸡姜城堡和甘肃灵台景家庄春秋早期墓出土的"元用"戈。

春秋中期的有铭铜器至今未见，春秋晚期的当首推北宋金石学家著录的秦公钟（又称盠和钟）和民国初年甘肃天水出土的秦公簋。簋铭为："秦公曰：'不显朕皇祖，受天命，鼏宅禹迹。十又二公，在帝之坏，严袭贲天命，保义毕秦，琥事蛮夏。余虽小子，穆穆帅秉明德，剌剌桓桓，万民是敕。咸畜胤士，蔼蔼文武，镇静不廷，虔敬朕祀。作□宗彝，以邵（昭）皇祖其俨徽格，以受纯德多釐，眉寿无疆。眈（俊）字（至）在天，高引有庆，造囿四方。宜。'"[150]

王国维指出此簋文字近石鼓，因为它作于徙雍之后；又根据器盖上秦汉间錾字一行"西一斗七升太半升"，认为"西"即《秦本纪》中的西垂及西犬丘，说明它是西垂秦人陵庙之器，秦汉间仍然使用[151]。"禹迹"可与《诗经·文王有声》中的"维禹之迹"相对照。郭沫若更指出"蛮夏"就是夷夏，此簋上言"禹迹"下言"夏"，证明春秋时人们信念中有一个夏朝，而禹就是夏的先祖[152]。鼎铭也说明秦归化周后，自诩为华夏族[153]。陈直考证"胤士"为父子承袭之世官，"咸畜胤士"就是说奉行父子相袭的世卿世禄制度。

钟铭和簋铭大同小异，也提到"十又二公"。许多学者都认为钟、簋是同一位秦公所作。但这位秦公是谁，自北宋以来就争论不休，有成、穆、康、共、桓、景诸说。难点在于"十又二公"自谁起算？静公和出子该不该计入世次？新发现的太公庙钟计静公而不计出子。李学勤、吴镇烽等据此将出子排除在外[154]。陈昭容却认为出子虽年幼被杀，也是在位之君，不能排除。武公钟不计出子是由于武公和出子兄弟之间有废立之事的特殊关系[155]。起算之君，有非子、秦侯、秦仲、庄公、襄公、文公诸说，后三者尤其值得注意。襄公始国自不待言。李零认为庄公是受天命并被追称的开国前的第一代秦公，地位类似于周文王[156]。张天恩、王辉等因为太公庙器铭自文公起算，认为秦公钟簋亦然[157]。陈昭容从大量金文材料证明"受天命"的指始封之君（襄公），因此世次应从文公起算，作器者是景公[158]。

关于天水秦公簋的文字特点，王国维指出："字迹雅近石鼓文，金文中与石鼓相近者，惟虢季子白盘及此敦（簋）耳。"[159]陈昭容也认为："景公石磬和秦公簋铭的笔画已逐渐朝向方正整齐的布局，而石鼓文方正整齐的安排之迹更是显然。"[160]

战国早期的金文材料，仅有凤翔八旗屯 CM9 出土的"吉为乍（作）无用"错金铭文剑。战国中期以后金文材料剧增，概括起来有兵器、虎符、量权三种。

战国纪年铭文铜兵器一览表

序号	年代	名称	铭文	
			正面	背面
1	孝公十三年(前349年)	大良造鞅戟	十三年大良造	鞅之造戟
2	孝公十六年(前346年)	大良造鞅矛镦	十六年大良造庶长鞅之造雕矛	
3	孝公十九年(前343年)	大良造鞅殳镦	十九年大良造庶长鞅之造殳鋒郑	

序号	年代	名称	铭文	
			正面	背面
4	孝公时期	大良造鞅殳镦	□□□□□造庶长鞅之造殳雍骄□	
5	惠文王四年(前334年)	四年相邦樛斿戈	四年相邦樛斿之造栎阳工上造间	吾
6	惠文王前元或后元十三年(前325或前312年)	十三年相邦义戈	十三年相邦义之造咸阳工(师)田工大人耆工颎	
7	惠文王后元四年(前321年)	相邦张仪戟	王四年相邦张仪庶长□操之造□界戟□(工师)贱工卯	锡
8	惠文王后元五年(前320年)	王五年上郡守疾戈	王五年上郡守疾造高奴工磑	
9	惠文王后元六年(前319年)或昭王六年(前301年)	王六年上郡守疾戈	王六年上郡守疾之造□□□□	
10	惠文王后元七年(前318年)	王七年上郡守疾戈	王七年上郡守疾(或中)之造□豊	
11	昭王七年(前300年)	七年上郡守间戈	七年上郡守间造桼(漆)垣工师婴工鬼薪带	
12	昭王十二年(前295年)	十二年上郡守寿戈	十二年上郡守寿造漆垣工师乘工更长犄	洛都□□广衍
13	同上	□□年上郡守戈	□□年上郡守□造漆垣工帀(师)乘工更长犄	定阳
14	昭王十四年(前293年)	十四年相邦冉戈	十四年相邦冉造樂(栎)工帀(师)□工禺	
15	昭王十五年(前292年)或十六年(前291年)	□□年丞相觸戈	□□年丞相觸造咸□□(阳工)帀(师)葉工	武

序号	年代	名称	铭文	
			正面	背面
16	昭王十七年(前290年)	十七年丞相啟状戈	十七年丞相啟状造邰阳嘉丞兼库牌工邪	邰阳
17	昭王十八年(前289年)	十八年上郡戈	十八年桼(漆)工胸丞巨造工正	上郡武库
18	昭王二十年(前287年)	廿年相邦冉戈	廿年相邦冉造西工师□丞戛隶臣□	
19	昭王二十一年(前286年)	廿一年相邦冉戈	二十一年相邦冉造雍工帀(师)菓	雍懐坏
20	昭王二十五年(前282年)	廿五年上郡守厝戈	廿五年上郡守厝造高奴工窑丞申鬼薪诎	上郡武库洛都
21	昭王二十六年(前281年)	廿六年戈	廿六年□□守□造西工室阉工□	武库
22	昭王二十七年(前280年)	廿七年上郡守趞戈	廿七年上守趞造漆工师道丞恢工隶臣稓	□阳
23	昭王三十一年(前276年)	卅一年相邦冉戈	卅一年相邦冉造雕(雍)工帀(师)業	雕懐德
24	昭王三十三年(前274年)	卅三年诏事戈	卅三年诏事	□邑
25	昭王四十年(前267年)	卌年上郡守戈趞戈	四十年上郡守趞□图工帀(师)耤丞秦□(工)隶臣庚	□阳
26	庄襄王二年(前248年)或秦王政二年(前245年)	二年上郡守冰戈	二年上郡守冰造高工丞沐□工隶臣徒	上郡武库
27	同上	二年少府戈	少府二年作	
28	同上	二年寺工瞥戈	二年寺工瞥丞角	寺工

序号	年代	名称	铭文	
			正面	背面
29	庄襄王三年(前247年)或秦王政三年(前244年)	三年上郡守冰戈	三年上郡守□造漆工师□丞□工城旦□	
30	秦王政三年(前244年)	三年相邦吕不韦戈	三年相邦吕不韦造寺工诏丞义工寫	寺工(胡上)
31	秦王政四年(前243年)	四年相邦吕不韦戈	四年相邦吕不韦造寺工詟丞□□	可
32	同上	四年相邦吕不韦戟	四年相邦吕不韦造寺工詟丞我工可戟	寺工　文
33	同上	四年相邦吕不韦矛	四年相邦吕不韦造高工龠丞申工地	
34	秦王政五年(前242年)	五年相邦吕不韦戈	五年相邦吕不韦造诏事图丞戳工寅	诏事属邦
35	同上	五年相邦吕不韦戟	五年相邦吕不韦造寺工詟丞义工成	寺工　午
36	秦王政七年(前240年)	七年相邦吕不韦戟	七年相邦吕不韦造寺工周丞义工竟	寺工　壬
37	秦王政八年(前239年)	八年相邦吕不韦戈	八年相邦吕不韦造诏事图丞戳工夷	诏事 属邦
38	秦王政十三年(前234年)	十三年少府矛	十三年少府工檐	武库受属邦
39	秦王政十四年(前233年)	十四年属邦戈	十四年属邦工□截丞□□	属邦
40	秦王政十五年(前232年)	十五年寺工铍	十五年寺工敏工黑寺工	丙□左戊六寺工
41	秦王政十六年(前231年)	十六年寺工铍	十六年寺工敏造工黑寺工	五　戊三左

序号	年代	名称	铭文	
			正面	背面
42	秦王政十七年（前230年）	十七年寺工铍	十七年寺工敏造工寫寺工	左　　四工寺工
43	秦王政十八年（前229年）	十八年寺工铍	十八年寺工敏工寫寺工	五三
44	秦王政十九年（前228年）	十九年寺工铍	十九年寺工邦工目　六左（茎）	寺工　卅八
45	秦王政二十二年（前225年）	廿二年临汾守曋戈	廿二年临汾守曋库係工猷造	
46	秦王政二十六年（前221年）	廿六年蜀守武戈	武　廿六年蜀守武造东工师宦丞业工□	

战国中期秦兵器铭文陡变，一般都有督造者、主造者、铸造者，格式趋于完善，改变了商周以来铜器上铸用器者的传统，体现了"物勒工名，以考其诚"的原则。秦与三晋兵器刻辞区别较大，如字体为秦式，刻铭后附记用地名，"工师"分书而不合书，铸造者称"工"而不称"冶"，地方督造者称"守"而不称令等。从战国中期至秦代秦兵器刻铭的格式也在逐步变化，陈平认为孝公至惠文王时督造者下作"之造"，惠文王以后作"造"，以及惠文至昭王时"师"写作"帀"，昭王以后写作"師"，都可视作分期依据；孝公时督者为"大良造"，惠文王以后变为"相邦"；昭王时主造者中增加了"丞"，庄襄王以后增加了"寺工"、"属邦"；"王××年"之器均可定在惠文王后元年间[161]。这些意见都比较中肯。

秦虎符见于著录的有杜虎符、阳陵虎符、新郪虎符。

杜虎符1974年在西安北郊被发现，铭文："兵甲之符，右在君，左在杜，凡兴士披甲，用兵五十人以上，必会君符，乃

敢行之。燔燧之事，虽毋会符，行殹。"马非百以其铭文称
"君"，断为秦惠文称王以前、秦惠文称君的 13 年间，即公元
前 337 至前 325 年[162]。李学勤认为秦长期称"公"，不会自
贬称"君"；符铭中的"君"泛指君臣之"君"，该符文字与诏
版接近，形制与新郪虎符相同，应在统一前 10 年间[163]。

新郪虎符铭："甲兵之符，右在王，左在新郪。凡兴士披
甲，用兵五十人以上，必会王符乃敢行之。燔燧事，虽毋会
符，行殹。"该符改君为王，当作于秦称王后，秦始皇称帝
前。王国维首先指出"此符当为秦并天下前二三十年间物
也。"[164]唐兰说作于秦灭韩置三川郡后，统一前[165]。侯锦郎
等认为其上限为公元前 266 年秦拔魏之郪丘[166]。

阳陵虎符铭："甲兵之符，右在皇帝，左在阳陵。"王国维
指出：秦已有阳陵之名；此符字数十二，符合秦"数以六为
记"；字体与秦刻石相同。凡此种种都证明该符为秦物。铭称
"皇帝"，必作于秦统一之后[167]。

秦量器和容器铭文多记监造人、制造人、时间、地点、容
积、重量等，如商鞅方升、三十六年私官鼎、二年寺工壶、雍
工敀壶、工敀壶、三年诏事鼎等。其中，商鞅方升较重要，
铭作："十八年齐率卿大夫众来聘，冬十二月乙酉，大良造鞅
肢积十六尊（寸）五分尊壹为升，重泉。"反映当时齐秦结好
以及商鞅在秦国内首次统一度量衡的史实，也说明秦始皇统一
度量衡仅仅是把商鞅的既定制度推行到全国。衡器铭文与量器
相似，如高奴禾石铜权："三年，漆工熙，丞诎造，工隶丞牟。
禾石。高奴"。

秦统一后的度量衡多刻秦始皇廿六年诏版（图四一）。秦
二世元年后制造的量权则刻二世元年诏版。后者云："元年制

图四一　秦始皇统一度量衡诏文

诏丞相斯、去疾，灋（法）度量，尽始皇帝为之，皆有刻辞
焉。今袭号而刻辞不称皇帝者，如后嗣为之者，不称成功盛
德，刻此诏刻左，使毋疑。”

（2）陶文

秦陶文的大宗发现是在解放以后，而且地点多集中在都城
和陵墓，年代以战国中期以后居多。

1981年发掘的春秋晚期至战国早期马家庄宫殿遗址出土

了 100 多件带刻符的陶器，共 30 多种。内容属于记号性质。陶器主要是各类筒瓦、板瓦，是在瓦胎未干时，用利刃刻成；此外，豆、囷等陶器上也有刻符[168]。解放后在咸阳获得陶文400 余件，年代在战国中晚期到秦代。1974 年以后秦始皇陵园内外也获得各类陶文 800 余件，年代属于秦王政初即位修治陵墓到秦亡。此外，在关中内外其他地区也曾发现少量秦陶文戳记，如栎阳遗址陶器上的"栎市"，睡虎地秦墓陶器上的"安陆市亭"，阿房宫的"左宫"，林光宫遗址的"北司"，清涧李家崖遗址的"杜市"，陕县秦墓的"陕市"、"陕亭"等。

晚清学者陈介祺首先在他的《簠斋藏陶》中介绍、研究了几品秦陶文。吴大澂也有个别藏品。陈直先生的《关中秦汉陶录》收集较为丰富。60 年代以后有学者曾探讨过秦陶文的相关问题。1987 年出版的袁仲一《秦代陶文》是这方面代表性的著作，全面介绍、分析了秦陶文的种类、内容、年代及其在文字学上的意义[169]。

战国中期以后秦陶文多为制造作坊名和陶工名，便于统治者考课稽核，性质与兵器刻辞相同（图四二）。就书写材料而言，可分成砖瓦文字、陶俑文字、陶生活器皿文字、墓志文字、宗邑瓦文、陶量文字等。

秦修宫殿陵墓工程所需要的砖瓦都由官府烧造。砖瓦上的文字有三种：一、左、右司空官署名的全称或省称，有的后跟陶工名，印戳，多阴文。如左司空、左司、左司空係、左司高瓦、左胡、右司空、右司空嬰、右尚、右司、右工师等。还有左水、右水、大匠、寺水、宫水、寺工、北司、都水、都船等官署名。左右司空是少府属官，掌管手工业，"司空主水及罪人"（《汉书·百官公卿表》颜注），驱使大量刑徒劳作。烧造砖

图四二 秦陶文（秦咸阳遗址出土）

1. 咸鄗里奢 2. 咸亭阳安骍器 3. 咸亭鄜里紊器 4. 咸
新安盼 5. 咸獥阳□ 6. 咸市阳于 7. 咸鄘里跬 8. 咸
鄘里□ 9. 咸鄘里吝 10. 咸鄘里跙 11. 咸鄘里彊 12.
咸鄘小有 13. 咸成阳石 14. 亭 15. 咸巨阳禺 16. 咸
成阳申 17. 咸如邑顷 18. 咸鄘里贝 19. 王 20. 廿三
21. 卅 22. 七 23. 八 24. 十 25. 廿

瓦要用水，故主造机构多冠以水名。"大匠"可能是"将作大匠"之省。寺工、都船是中尉属官。可见，这种陶文应当是中央官署制陶作坊的产品。二、如杜建、好畤工伙、新城邦、美阳工苍、乌氏工昌、频阳工处、西处等，都是各县邑地名后跟陶工名，阳文印记，主要见于秦始皇陵附近。它们是官营徭役性制陶作坊类陶文，各县邑市府作坊或民营作坊的陶工被征调到始皇陵，集中起来开窑烧制砖瓦，并在自己的产品上打上戳记。字体粗犷，隶味较浓，不如第一种规整。三、如咸阳成石、咸原少角、咸阳成洛、咸邑如顷等。"成"通"城"，咸原、咸阳成、咸邑都是咸阳市府的代称，后署陶工名。数量较少。

咸阳市亭作坊类陶文还见于生活器皿，如咸阳市牛、咸阳亭久、咸阳巨鬲、咸原少申等。县邑市亭制陶作坊类陶文一般也都打在生活器皿上，如平市、丽亭等。这些陶器都在当地生产。在秦始皇陵园中曾发现"陕亭"戳记的陶钵，可能是东方刑徒携带来的。陶容器戳记还有很多民营作坊类的，如咸亭郦里芮器、咸郦里举、咸商里宣、咸郦小有等，都是咸亭（或咸亭之省）后冠以里名和陶工名，属于私人印章。这个"亭"指"市亭"、"旗亭"而非"乡亭"，表明私营产品得到咸阳市亭批准在市面上合法销售。里名应当是工匠"市籍"，也就是出身户里，而非作坊所在地，因为里名有 34 个，较为分散，而考古发现的窑址却集中在长陵车站附近。印文一般自右向左竖读或部分自右向左横读，但也有个别自左向右竖读的。

陶俑、陶马身上的刻划或戳印文字共计 163 种，一类是编号数字，如咸五、封八、十二等。数字写法除"七"外皆与小篆同。几十几的数字，中间不出现"十"字，如二五、四三；

一百以上的数字，一律竖写，中间不出现"百"字，如一百一十三写作"十十三"。第二类是陶工名，共249个，在人名前冠以"宫"、"右"、"大"等中央官署名或咸阳、栎阳等地名，来说明这些陶工的身份和来源。

1972年在临潼县晏寨乡赵背户村发现的修陵人墓地出土了18件墓志瓦文，刻文写明死者的姓名、籍贯、爵位、身份，如东武居赀上造庆忌、阑（兰）陵居赀便里不更牙、平阳驿、博昌居此（赀）用里不更余等[170]。东武、兰陵、平阳、博昌为县名，上造、不更为爵名，便、用为里名，牙、庆忌、驿、余为人名。"居赀"表身份，《云梦秦简》中"赀"是有罪而被罚交纳财物，如"公器不久刻者，官啬夫赀一盾"；"居"指服劳役；"居赀"是说交不起罚款而服劳役补偿。这一点《司空律》说得很清楚："有罪以赀赎及有责（债）于公，以其令日问之，其弗能入及赏（偿），以令日居之，日居八钱；公食者，日居六钱。居官府公食者，男子参，女子驷（四）"。这批瓦文将我国墓志提前到秦代，意义重大。

抗战期间陕西户县出土秦封宗邑瓦书一件，笔画内填朱砂，铭文是：

"四年，周天子使卿大夫辰来致文武之酢（胙）。冬十壹月辛酉，大良造、庶长游出命曰：'取杜才（在）酆邱到潏水以为右庶长歜宗邑。'乃为瓦书，卑司御不更顝封之，曰：'子子孙孙以为宗邑。'顝以四年冬十壹月癸酉封之。自桑障之封之东，北到桑匽（堰）"。（以上瓦书正面）

"封一里，廿辑。

大田佐敖童曰未、史曰初。

卜蛰史，刍手；司御心，志。是霾封。"（以上瓦书背面）

"四年"应指惠文王前元四年（前334年），《史记》也载这一年"天子致文武胙"。"游"就是四年相邦樛斿戈中的"樛斿"。过去有学者认为此戈作于惠文王后元四年（前321年），南越王墓出土的"王四年相邦张仪戟"已将之推翻。这里的大良造、庶长是两种爵名，游一身兼二爵，同时又是相邦，地位很高。"右庶长歜"可能是魏冉的客卿寿烛，也就是"□□年丞相觸戈"中的"觸"。"司御"为官名。"杜"即杜县（今西安市南杜城村附近）。"酆邱"即西周都城沣京故址，"潏"为水名，又名沈水（关中八川之一）。战国以后封君、封邑制度不同于西周，受封者仅食封地内的赋税。"封"是堆垒土台，作为地面标识。"廿辑"指封地内20个村落。"大田"是主管农业的官吏，"左"通"佐"，是协助"大田"的农官。"敖童"表身份，见于《云梦秦简》，可能是主事的男奴[171]。"豎手"即"假手"。卜、史为官职名。

瓦书的文字为小篆，但笔画方折，有隶书意味，字体遒劲挺拔，是不可多得的书法精品。

（3）玺印、封泥

秦时统一了公印的用材、用字、称谓、尺寸，是中国玺印文化的转折时期。清代学者已尝试在传世印章中识别出秦印。陈介祺的《石钟山房印举》划分出了"周秦印"，在《封泥考略》中依据职官、地理、文字风格、印面界格进一步确认了个别秦印，如"参川尉印"、"南郡发弩"。罗福颐的《秦汉南北朝官印征存》录有秦印60枚左右。后来的一些著作则致力于区分秦印和汉初印，赵超认为田字格印是秦官印的标准形制，但西汉早期仍残存个别田字格官印[172]。王人聪曾指出秦印多桥钮、鼻钮、瓦钮，汉初印多龟钮、蛇钮[173]。王辉将传世秦印分成三类：一、官印，如皇帝信玺、昌武君印、右司空印、闻阳司空、右褐府印、少内、御府丞印、信宫车府、北宫宦者、南宫尚浴、中行羞府、中官徒府、西宫中官、北私库印、修武府印、寺从市府、铨将粟印、泰上潒（寝）左田、右公田印、官田臣印、小厩南田、厩田巷印、蜀邸仓印、仓吏、章厩将马、左厩将马、右厩将马、小厩将马、长夷泾桥、宜阳津印、邦尉之印、邦司马印、军假司马、枸邑尉印、杜阳左尉、瀍（废）丘左尉、曲阳左尉、高陵右尉、咸阳右乡、颤里典等。二、姓名私印，如潘可、骆洋、赵游、上官贤等。三、吉语印，如中精外诚、日敬毋治、思言敬事等[174]。

　　古代公私文书多为简牍，在传递中为防他人私拆需要封缄，常用绳捆束，结扎处加捺胶泥团再钤以印记，是为封泥，与近代火漆印封类似。晚清学者著录古封泥的有陈介祺《封泥考略》、刘鹗《铁云藏陶》、罗振玉《齐鲁封泥集存》等。解放后在山东临淄、江苏盐城、安徽阜阳、甘肃居延、新疆民丰等地也有发现，但都是汉封泥。从1955年夏起，西安北郊陆续发现总数逾2000的秦封泥，并分批流入市场，现有千余藏京华路氏梦斋，有200多个品种，1996年底公布了大部分，在学界引起震动[175]。1997年初，西安市考古队又在西安北郊相家巷科学发掘，得秦封泥数百。

　　这批封泥外观色泽有灰、黑等色，质地偏软，未达到汉代"武都紫泥"的标准。背面有竹简和细绳残迹。由于不用封泥匣，泥面多呈圆形、椭圆形、不规则形，边缘有手指抹捏痕迹。文字纤细瘦劲，圆转流畅，是典型的"摹印篆"，不同于汉印文字的方正宽博。绝大部分有田字格（方印）和日字格（半通印），印文与界格有一定距离，显得宽绰裕如。印文凿刻较浅，因此不易捶拓。文字排列以右起竖读为主，也有右上角起横读、右上角起环读、左上角起环读、交叉读等不规则作法。

公布的秦封泥里中央官署就达130种，包括：一、三公九卿的长官，如丞相、左丞相、右丞相、□尉、奉□丞、郎中丞、宗正、少府。二、九卿的属官，如泰医丞、祝、都水丞、郎中左田、永巷、驺丞、公车司马、卫士丞、泰厩丞、家马、中车府、章厩丞、宫厩丞、中厩、左厩丞、右厩、小厩丞、泰行、郡左邸、郡右邸、宫司空、内官丞、泰仓、斡㝬都丞、少府工丞、少府斡丞、泰官丞、乐府丞、左乐丞、左乐雍钟、佐弋丞、居室寺从、寺工、左司空、西方谒者、御府、内者、宦者丞、采司空、泰匠丞、上林丞、御羞丞、中羞丞、武库丞、都船丞、内史、诏事、属邦工室等。三、为帝室服务的侍官和园囿，如寺从、寺车丞、私府丞、上寝、尚衣、尚浴、中官丞、华阳丞、南宫郎丞、北宫、北宫工丞、北宫私丞、章台、高章宦者、安台丞、东苑丞、杜南苑丞、白水之苑、麇圈、左云梦丞。四、一些未见经传的职官，如左□桃丞、右□桃丞、泰库令、典达、罟䍐丞、吴炮、走士丞、走翟丞、特库丞、官臣丞。

首都和郡县级地方职官有咸阳、咸阳丞、咸阳亭、上郡侯、□□太守、代马丞、邯郸、邯郸工丞、蓝田丞、下邽丞、苣阳丞、杜丞、高陵丞、翟导丞、瀕阳丞、临晋丞、重泉丞、怀德丞、阳陵□丞、云阳丞、莘丞、美阳丞、雍、废丘丞、酆丞、安邑丞、蒲反丞、襄城丞、女阴丞、长平丞、海□盐□、建陵丞、南丞、西盐、兰干丞、洛都丞、商丞、西工丞。

这批封泥对研究秦国官制有重要意义，如长期聚讼不休的秦二丞相、抑或三丞相问题，由此有望解决。《史记》载秦武王二年（前309年）"初置丞相，樗里疾、甘茂为左、右丞相"，当时的二丞相应当是相邦的左右助手，相邦缺位时由右丞相摄事。直到秦王政八年（前239年），还有相邦之职。吕不韦被罢免后，可能将相邦改名为丞相，从而确立了三丞相制。这也是封泥中不见"相邦之印"的原因。又如"上郡侯丞"说明秦代有以郡封侯的。"乐府"、"泰行"等职官也因封泥的发现由汉代上溯至秦。"永巷"、"寺从"等印丰富了对秦宦官制度的认识。此外，在地理方面，补充了秦代9个县，堪称一大收获。

无论从封泥特点、文字风格，还是从印文内容看，都可将这批封泥断在秦代，上限或可早至战国晚期。封泥出土地点应当是秦始皇处理政务的一处宫殿，有学者认为是秦之章台宫[176]、北宫或甘泉宫[177]，此问题尚待解决。

（4）石刻文字

秦国最重要的石刻文字当推石鼓文。唐代在陈仓（今宝鸡县汧河以西）发现了10个石碣，每个高约1米，上刻一首四言诗，形似鼓，故名石鼓。唐人李嗣真、杜甫、窦蒙、韦应物都有诗文记载此事。

石鼓诗或者记述秦公游猎之乐，如《吾车》；或者褒扬秦地物产丰饶，如《汧殹》；或者描绘秦公车马出行的盛况，如《田车》。其中，《銮敕》讲到秦君途经虢城的场面："□□銮车，銮敕真□。□弓孔庶，彤矢□□。四马其写，六辔骜□。徒驭孔庶，虢□宣搏。酋车载衍，□徒如章。"从内容看必作于秦武公十一年（前687年）灭小虢之后。《而师》有"天子□来，嗣王□□，故我来□"等内容，反映了周秦之间的密切关系（图四三）。

石鼓文的年代自唐代就有争议。南宋郑樵首先提出："皆是秦篆，以'也'为'殹'，见于秦斤；以'丞'为'盉'，见于秦权。"近人马衡、罗振玉、郭沫若等皆主张石鼓文为秦刻石。遂成定论。但在秦近 600 年的历史中应定于何时，则智者

图四三　秦石鼓文字选

见智。郭沫若主张作于襄公时，罗振玉主张作于文公时，马衡主张作于穆公时。唯唐兰认为作于战国时，他从文风、词汇发展、字形演变、地望多方面论证：如模仿诗三百中的《秦风》；"遟"（吾）、"迉"（予）、"殹"等新词出现；字形呆板，晚于秦公簋而早于秦始皇刻石；石鼓诗中秦公经过"盩道"由东向西行，过汧水到达"鄜"地的路线，说明秦已都泾阳或栎阳[178]。可谓别开生面。李学勤认为战国已无赋诗风气，因此把石鼓下推到战国不妥，他主张在春秋中晚期[179]。陈昭容细致比较了秦系文字材料，认为"石鼓文四平八稳的风格极为明显，甚至到了板滞的地步"，也同意春秋晚期的说法[180]。

　　《诅楚文》北宋时在陕西凤翔被发现，苏轼、欧阳修、赵明诚等人皆有著述，它是战国中晚期秦楚交恶时，秦人祷告巫咸、大沈厥湫、亚驼三位神灵，祈求降祸楚师的诅咒文。此文共三石，文句相同，唯神名各异。原石已亡佚，现仅存刻本。

　　《诅楚文》曰："昔我先君穆公及楚成王，是缪（戮）力同心……今楚王熊相，庸回无道，……兼倍（背）十八世之诅盟……"文辞类似于《左传》中的《吕相绝秦文》。从楚成王下推十八世是楚顷襄王，但很多学者认为顷襄王时楚已失郢，势力微弱，不足为惧，秦不会刻石诅咒；唯秦楚丹阳战后、蓝田战役前的局势与《诅楚文》内容吻合，如果从秦世系下推十八世是秦惠文王，那么楚王熊相应是楚怀王熊槐。孙常叙将太公庙秦武公钟镈铭文与《史记·十二诸侯年表》相对照，认为先秦有"论公"记"公谱"和"论世"记"世系"两个系统，前者是称公者必录，如武公钟镈，将不享国的静公计入在内；后者是在位国君才算数，如《史记》，将静公等排除在外。《诅楚文》属于后者，应将在位仅十多天的楚公子比（訾敖）计算在内，如此从成王下推十八世正好是怀王，从而解决了世系计算和历史背景之间的矛盾[181]。

秦始皇统一六国后四次东巡，刻石纪功，有《泰山》、《琅邪台》、《之罘》、《东观》、《碣石》、《会稽》、《峄山》七种。现仅存《泰山》、《琅邪台》残石，以及《峄山》、《会稽》的宋人复刻本。秦代刻石世传为李斯手笔，字体劲秀圆润，端庄凝重，堪称小篆典范。

2. 关于秦系文字发展规律的认识

最早概括战国秦汉间文字演变历史的是东汉许慎撰写的《说文解字·序》，讲到列国割据时期"言语异声，文字异形"，"秦始皇初兼天下，丞相李斯乃奏同之，罢其不与秦文合者，斯作《仓颉篇》、中车府令赵高作《爰历篇》、太史令胡毋敬作《博学篇》，皆取史籀大篆，或颇省改，所谓小篆是也。是时秦烧灭诗书，涤除旧典，大发隶卒，兴役戍，官狱职务繁，初有隶书，以趣约易，而古文由此绝矣。自尔秦书有八体，一曰大篆，二曰小篆，三曰刻符，四曰虫书，五曰摹印，六曰署书，七曰殳书，八曰隶书。"

这里涉及到篆籀关系，隶书起源，秦书八体，以及书同文字一系列问题。20 世纪新发现大量秦文字材料，使人们对许慎的说法有了更深入的认识。《说文》的体例是"叙篆文，合以古、籀"，即以小篆为正文，若籀文或古文与之有异，则附于正文之后，曰籀文作某或古文作某。籀文顾名思义即《史籀篇》文字，《史籀篇》传说是周宣王时太史籀所作的启蒙读物。古文指汉代被发现的"孔子壁中书"和《春秋左传》文字。王国维力主"史籀"不是人名，意思是"太史读书"；籀文体势"实上承石鼓文，下启秦刻石"，与篆文极近；"《史籀篇》文字，秦之文字，即周秦间西土文字也，……壁中古文者，周秦间东土之文字也"；《史籀篇》是春秋战国之际秦人所作以教儿童的字书[182]。这些观点，影响极大。1982年发表的趞鼎铭文有"史留受王命书"，很多学者认为"史留"即"史籀"，史籀确有其人，该鼎为厉宣时器，《史籀篇》成书于西周晚期无可置疑[183]。如此，《说文》中所记的籀文，自然不能算作小篆以前的秦系文字。但秦居宗周故地，其文字是从西周金文或者说籀文逐步发展来的，它们之间有着很深的渊源关系。与东方文字相比，秦文字和西周文字一脉相承，变化较小，异形现象不如东方严重。不其簋自不待言，已具秦文字特点的秦武公钟、镈铭文依然与虢季子白盘等规整均匀的西周金文较为接近。

前人往往将籀文和大篆混为一谈，如前所述，籀文是宣王时太史籀写儿童读物时采用的当时通行字体，这种读物东周时在秦地继续流行。秦人也肯定用自己时代的通行文字去重新抄录它，直至传到李斯等人。大篆是汉代人对区别于小篆的一种较古篆体的称呼，唐兰先生认为大篆是"秦汉间人所见较古的秦系文字"[184]，很有道理。如此，则秦武公钟镈、天水秦公簋、石鼓文、诅楚文等小篆以前的秦文字，都可称为大篆。

小篆是李斯等人对大篆省改而来的官方书体。泰山、琅邪台、峄山等秦刻石以及二世权量诏版、秦虎符上的刻铭文字，属于小篆的代表，笔划圆转，线条匀净而长，排列整齐，风格典雅庄重。事实上，小篆是大篆一步步简易、规整化的结果，至秦代水到渠成，李斯等人仅仅作了整理工作，绝非他们另起炉灶，一蹴而就。

秦篆中一直有正体和俗体的区别，前者是比较庄重的写法，后者是比较草率的写法，如大量的兵器刻辞，虽然文字结构还是篆体，但线条方折平直，已趋简易。造成这种差别的原因，有可能是使用场合和书写材料不同所致。石刻文字用于祭祀山川、歌功颂德，庄严肃穆，况且石上刻字，易于圆转；兵器铭文只为“物勒工名”，在战争频仍、兵器消耗巨大的情况下无暇精雕细琢，而且铜质坚硬，錾刻的线条很难保持婉转圆润，势必方折[185]。秦篆中正体的最后形态是小篆，在俗体中则产生了隶书。

考古材料中秦隶的代表有青川木牍、放马滩秦简、云梦睡虎地秦简、云梦龙岗秦简，年代跨度从秦武王时期至秦代末。隶、篆的根本区别在于字体结构的变化，而非用笔态势。如“邑”字篆体作“”，隶书作“”；“女”字篆作“”，隶作“”。篆书隶变有破圆为方、变曲为直、省减笔划等几种方法。隶书由于其简便易行，广泛用于公私文书，并非开始于秦代“大发隶卒，兴役戍”。程邈为秦始皇造隶书的传说不可信，但吏这一阶层应当在隶书的推广和规范化方面起了一定作用。吴白匋认为“隶”的意思是“附着”，隶书“佐助篆所不逮”，是秦篆的辅助字体[186]，可备一说。学界一般把汉隶八分形成以前的隶书早期形态称为“古隶”，秦隶和汉初隶书（如马王堆汉墓“遣策”），皆属此类，用笔方直，不带波挑，字形很不统一，有浓厚的篆意。

刻符顾名思义，是镌刻在兵甲之符上的文字。秦兵器如新郪、阳陵和杜符都是错金小篆，对此，王国维有详细的描述：“其文（新郪）甲作，兵作，在作，与秦阳陵符同；……余字皆同小篆。余谓此秦符也。……此符（阳陵）乃秦重器，必相斯所书，而二十四字字字清晰，谨严浑厚，径不过数分，

而有寻丈之势，当为秦书之冠。"[187]可见，所谓刻符不过是兵符上的秦篆正体文字。

殳是一种长柄的打击性兵器，无刃，常以竹木为之，类似于木棍。《云梦秦简·法律答问》中"殳"、"梃"连称，可资佐证。有的殳附带首、镦等铜部件，上有刻辞题识，如曾侯乙墓出土的"曾侯郲之用殳"镦，咸阳塔儿坡出土的"十九年大良造庶长鞅之造殳"镦。殳多充当王使的仪仗兵器，如《诗经·卫风·伯兮》："伯也执殳，为王先驱。"因为是王者之器，有时候代指兵器。殳书就是兵器刻辞的代称。段玉裁注《说文解字序》，认为"言殳以包凡兵器题识，不必专为殳"，有一定道理。秦国兵器刻辞均为草率急就的篆体，"殳书"应当是兵器上的秦篆俗体文字（草篆）。

"虫书"应当是笔划弯曲如虫形的字体。东周时宋楚蔡吴越等地流行一种鸟形和虫形装饰篆体笔划的美术字，称为"鸟虫书"，如吴王子于戈、楚王孙渔戈。但秦国至今未发现一例这种书体。秦文字发展趋势是"以趣约易"，这种繁缛的字体不合秦人质朴的传统，所以说这种书体在统一后的秦文字中可能并没有一席之地，许慎的说法值得怀疑。

摹印是玺印文字。唐兰先生指出："摹印是就印的大小，文字的多少，笔划的繁简，位置的疏密，用规摹的方法画出来。"[188]即先拟稿，再下刀刻章。典型的秦摹印文字如西安北郊发现的秦封泥所示，与小篆区别不大，但结构更加方正整齐，目的是为了适应田字界格的要求。

朱骏声在《说文通训定声》里说："凡一切封检题字皆曰署，题榜亦曰署。"也就是说简札封检、帛书、官府门阙的牌匾上的题记文字都可叫署书[189]。就其范围之广而言，与秦文字中的俗体无异。云梦睡虎地 M7 椁室门楣上有"五十一年（前 256 年）曲阳士五（伍）邦"题记，字体急就方折，属于草篆。

综上所述，许慎所谓的"秦书八体"实际上只有篆、隶两种，其余只不过是书写材料不同而冠以不同名称（刻符、摹印、署书、殳书）。以前有一些学者认为秦代以小篆统一文字，鉴于隶书使用的广泛性，又有学者认为秦代隶篆并行，实际是以隶书为主统一了文字。

注　释

[1] 王国维：《观堂集林·秦都邑考》第 532 页，中华书局 1959 年版。

[2] 同 [1]，第 530 页。

[3] 徐日辉：《新版〈辞海〉中"西垂""西犬丘"释文疏正》，《西北史地》1983年第 2 期。

[4] 韩伟：《论甘肃礼县出土的秦金箔饰片》，《文物》1995 年第 6 期。

[5] 同 [4]。

[6] 《史记·秦本纪》："宁（宪）公生十岁立，立十二年卒，葬西山。"《史记正义》引《括地志》云："秦宁公墓在岐州陈仓县西北三十七里秦陵山。《帝王世纪》云秦宁（宪）公葬西山大麓，故号秦陵山也。"由此可见，"西山"地望有西县（今甘肃礼县）和陈仓西北（今宝鸡斗鸡台一带）二说。《史记·秦始皇本纪》后引《秦记》："宪公享国十二年，居西新邑。死，葬衙。"可见，宪公葬地争议很大。但"西山"与"西垂"异名同实的可能性较大。

[7] 张天恩：《边家庄春秋墓地与汧邑地望》，《文博》1990 年第 5 期。

[8] 王学理、尚志儒、呼林贵等：《秦物质文化史》第 66 页，三秦出版社 1994年版。

[9] 王国维：《观堂集林·秦都邑考》第 534 页，中华书局 1959 年版。

[10] 蒙文通：《秦为戎族考》，《禹贡》第 6 卷 7 期，1936 年；《秦之社会》，《史学季刊》第 1 卷第 1 期，1940 年。

[11] 周谷城：《中国通史》第 174 页，开明书店发行，1939 年。熊铁基：《秦人

早期历史的两个问题》，《社会科学战线》1980 年第 2 期。

[12] 俞伟超：《古代"西戎"和"羌"、"胡"考古学文化归属问题的探讨》，《先秦两汉考古学论集》，文物出版社 1985 年版。

[13] 俞伟超：《关于"卡约文化"和"唐汪文化"的新认识》，同上。

[14] 叶小燕：《秦墓初探》，《考古》1982 年第 1 期。

[15] 刘庆柱：《试论秦之起源》，《人文杂志——先秦史论文集》，1982 年增刊。

[16] 卫聚贤：《中国民族的来源》，《古史研究》第三集，上海商务印书馆 1934 年；黄文弼：《嬴秦为东方氏族考》，《史学杂志》创刊号，1945 年；徐旭生：《中国古史的传说时代》，文物出版社 1985 年增订本。

[17] 段连勤：《关于夷族的西迁和秦嬴的起源地、族属问题》，《人文杂志——先秦史论文集》，1982 年增刊。

[18] 尚志儒：《早期嬴秦西迁史迹的考察》，《中国史研究》1990 年第 1 期。

[19] 尚志儒：《试论西周金文中的"秦夷"问题》，《庆祝武伯纶先生九十华诞论文集》，三秦出版社 1991 年版。

[20] 邹衡：《论先周文化》，《夏商周考古学论文集》，文物出版社 1980 年版。

[21] 韩伟：《关于秦人族属及文化渊源管见》，《文物》1986 年第 4 期。

[22] 同 [12]。

[23] 甘肃省文物工作队、北京大学考古学系：《甘肃毛家坪遗址发掘报告》，《考古学报》1987 年第 3 期。

[24] 赵化成：《甘肃东部和羌戎文化的考古学探索》，《考古类型学的理论和实践》，文物出版社 1980 年版。

[25] 赵化成：《寻找秦文化渊源的新线索》，《文博》1987 年第 1 期。

[26] 牛世山：《秦文化渊源与秦人起源的探索》，《考古》1996 年第 3 期。

[27] 刘军社：《壹家堡类型文化与早期秦文化》，《秦文化论丛》第 3 辑，西北大学出版社 1994 年版。

[28] 滕铭予：《秦文化起源及相关问题的再探讨》，打印稿。

[29] 陕西省雍城考古队：《秦都雍城钻探试掘简报》，《考古与文物》1985 年第 2 期。

[30] 同上。

[31] 同 [8]，第 74 页。

[32] 同 [29]。

[33] 王国维：《殷周制度论》，《观堂集林》第 467～472 页，中华书局 1959 年版。

[34] 韩伟：《马家庄秦宗庙建筑制度研究》，《文物》1985 年第 2 期。

[35] 徐扬杰：《马家庄秦宗庙遗址的文献学意义》，《文博》1990 年第 5 期。

[36]《汉书·韦贤传》："于是上重其事，依违者一年，乃下诏曰：'盖闻王者祖有功而宗有德，尊尊之大义也；存亲庙四，亲亲之至恩也。高皇帝为天下诛暴除乱，受命而帝，功莫大焉。孝文皇帝国为代王，诸吕作乱，海内摇动，然群臣黎庶靡不壹意，北面而归心，犹谦辞固让而即位，削乱秦之迹，兴三代之风，是以百姓晏然，咸获嘉福，德莫盛焉。高皇帝为汉太祖，孝文皇帝为太宗，世世承祀，传之无穷，朕甚乐之。孝宣皇帝为孝昭皇帝后，于义壹体。孝景皇帝庙及皇考庙皆亲尽，其正礼仪。'玄成等奏曰：'祖宗之庙世世不毁，继祖以下，五庙而迭毁。今高皇帝为太祖，孝文皇帝为太宗，孝景皇帝为昭，孝武皇帝为穆，孝昭皇帝与孝宣皇帝俱为昭。皇考庙亲未尽。太上、孝惠庙皆亲尽，宜毁。太上庙主宜瘗园，孝惠皇帝为穆，主迁于太祖庙，寝园皆无复修。'奏可。"师古曰："一体谓俱为昭也。《礼》，孙与祖俱为昭。宣帝之于昭帝为从孙，故云于义一体。"

[37] 韩伟：《秦公朝寝钻探图考释》，《考古与文物》1985 年第 2 期。

[38] 同 [8]，第 90～91 页。

[39] 马振智、焦南峰：《蕲年、棫阳、年宫考》，《陕西省考古学会第一届年会论文集》，1983 年版。

[40] 同 [8]，第 76 页。

[41] 同 [39]。

[42] 同 [39]。

[43] 尚志儒、赵丛苍：《秦都雍城布局与结构探讨》，《考古学研究》，三秦出版社1993 年版。

[44] 李自智：《秦都雍城的城郭形态及有关问题》，《考古与文物》1996 年第 2 期。

[45] 中国社会科学院考古研究所栎阳发掘队：《秦汉栎阳城遗址的勘探和试掘》，《考古学报》1985 年第 3 期。

[46] 王子今：《秦献公都栎阳说质疑》，《考古与文物》1982 年第 5 期。

[47] 王学理：《秦都咸阳》，陕西人民出版社 1985 年版。

[48] 杨宽：《西汉长安布局结构的探讨》，《文博》1984 年创刊号。

[49] 赵化成：《秦始皇陵园布局结构的再认识》，《远望集——陕西省考古研究所华诞四十周年纪念文集》，陕西人民美术出版社 1998 年版。

[50] 刘庆柱：《论秦咸阳城布局形制及其相关问题》，《文博》1990 年第 5 期。

[51] 孙德润：《秦都咸阳故城形制》，《泾渭稽古》1995 年第 1 期。

[52] 王学理：《秦都咸阳》第91页，陕西人民出版社1985年版；王学理：《秦咸阳——一座跨时代、超规模的历史名都》，《泾渭稽古》1991年第2期。

[53] 梁云：《"汉承秦制"的考古学观察与思考》，《远望集》，陕西人民美术出版社1998年版。

[54] 同[50]。

[55] 魏效祖：《咸阳宫探索》，《陕西省考古学会第一届年会论文集》，1983年版。

[56] 西安市文物保护考古所：《秦阿房宫遗址考古调查报告》，《文博》1998年第1期。

[57] 同[47]，第199页。

[58] 《史记·秦始皇本纪·正义》引颜师古说。

[59] 《史记·秦始皇本纪·索隐》。

[60] 《三辅黄图·阿房宫》。

[61] 《文选·西京赋》李善注引《三辅故事》。

[62] 黄怀信：《关于"阿房宫"之名》，《文博》1998年第2期。

[63] 同[8]，第270～273页。

[64] 王辉、焦南峰、马振智：《秦公大墓石磬残铭考释》，《中央研究院历史语言研究所集刊》，第六十七本，第二分，1996年。

[65] 杨宽：《秦始皇陵园布局结构的探讨》，《文博》1984年创刊号。

[66] 孙华：《周代前期的周人墓地》，《远望集》，陕西人民美术出版社1998年版。

[67] 韩伟：《略论陕西春秋战国秦墓》，《考古与文物》1981年第1期。

[68] 马振智：《秦国陵区考述》，《庆祝武伯纶先生九十华诞论文集》，三秦出版社1991年版。

[69] 《水经注·渭水·汉白渠》："东迳栎阳城北，白渠又东迳秦孝公陵北，又东南迳居陵城北、莲芍城南，又东注金氏陂，又东南注于渭。"

[70] 阎文儒：《"周陵"为秦陵考辩》，《考古与文物》1980年第2期。

[71] 《汉书·萧何传》："召平者，故秦东陵侯。秦破，为布衣。贫，种瓜长安城东。瓜美，故世谓'东陵瓜'，从召平始也。"今芷阳陵地附近的公路上有召平店。

[72] 陕西省考古研究所、临潼县文管会：《秦东陵第一号陵园勘察记》，《考古与文物》1987年第4期；陕西省考古研究所等：《秦东陵第二号陵园调查钻探简报》，《考古与文物》1990年第4期；陕西省考古研究所、秦陵工作站：《秦东陵第四号陵园调查钻探简报》，《考古与文物》1993年第3期。

[73] 张海云、孙铁山：《秦东陵再探》，《考古与文物》1993年第3期。

[74] 同 [8]，第 279 页。

[75] 张海云、孙铁山：《对秦东陵有关问题的几个看法》，《考古与文物》1996 年第 5 期。

[76] 同 [66]。

[77] 《史记·吕不韦列传》："始皇七年，庄襄王母夏太后薨。孝文王后曰华阳太后，与孝文王会葬寿陵。夏太后子庄襄王葬芷阳，故夏太后独别葬杜东，曰：'东望吾子，西望吾夫。后百年，旁当有万家邑。'"《史记正义》："秦孝文王陵在雍州万年县东北二十五里。"地在秦芷阳城附近，但与文中叙述方位不合，可知唐人说法有误。"杜东"在杜原之东，今天的凤栖原上，也就是在今西安市东南汉宣帝杜陵之东。它的东北方向是秦东陵所在的铜人原，符合"东望吾子"。因此，孝文王陵肯定不在东陵内，只有在夏太后陵的西北或西方，才符合"西望吾夫"的条件。陈直先生的《史记新证》曾指出孝文王陵在今西安东郊的韩森寨冢，尚需进一步确认。

[78] 徐苹芳：《中国秦汉魏晋南北朝时代的陵园和茔域》，《考古》1981 年第 6 期；袁仲一：《秦始皇陵考古纪要》，《考古与文物》1988 年第 5、6 期。

[79] 黄展岳：《中国西安、洛阳汉唐陵墓的调查与发掘》，《考古》1981 年第 6 期。

[80] 王学理：《秦始皇陵研究》，第 28～29 页，上海人民出版社 1994 年版；孙嘉春：《秦始皇墓向与布局结构问题研究》，《文博》1994 年第 6 期。

[81] 《汉书·贾山传》："为驰道于天下，东穷燕齐，南极吴楚，江湖之上，濒海之观毕至。道广五十丈，三丈而树，厚筑其外，隐以金椎，树以青松。"它与渭河北岸春秋时就已存在的东渡黄河的"临晋道"基本平行。后者是一般交通道路，前者却是"御道"。汉长安城中大街分成三股，中间一般为天子专用的"驰道"，就算贵为太子也不能在上面驰马或横穿而过。汉初时每月要把高祖衣冠从长陵寝殿中搬出送到长安城中的"高庙"（在故城东南部）游历一番。当时汉惠帝居未央宫，吕后居长乐宫，惠帝为了避免朝见母亲时烦民，在两宫之间，靠武库之南，修建了一条架空的"复道"。此事遭到叔孙通的反对，他认为子孙不该在"宗庙道"上方行走。看来，此"宗庙道"就是"衣冠道"。从方位言之，长乐宫和未央宫之间是南北向的安门大街，我们完全有理由推测，安门大街中间一股"驰道"以及城外的"驰道"，平时供天子行走，"月游衣冠"时自然成为"宗庙道"。汉承秦制，秦代情况应与之类似。秦代这条"宗庙道"不仅连接极庙和丽山寝园，还连接东陵和渭南先王诸庙（如昭王庙），是咸阳都市和先王茔域之间的重要联系。

[82] 袁仲一：《秦始皇陵考古纪要》，《考古与文物》1988 年第 5、6 期。

[83] 同 [50]。

[84] 同 [80]，第 127 页。

[85] 同 [49]。

[86] 《史记·赵世家》："（赵肃侯）十五年（前 335 年），起寿陵。"

[87] 同 [80]，第 137 页。

[88] 陈伟：《凤翔、临潼秦陵壕沟作用试探》，《考古》1995 年第 1 期。

[89] 同 [53]。

[90] 杨宽：《先秦墓上建筑问题的再探讨》，《考古》1983 年第 7 期。

[91] 杨鸿勋：《关于秦代以前墓上建筑的问题》，《考古》1982 年第 4 期。

[92] 同 [53]。

[93] 俞伟超：《汉代诸侯王与列侯墓葬的形制分析》，《中国考古学年会第一次年会论文集》，文物出版社 1980 年版。

[94] 同 [67]。

[95] 尚志儒：《秦国小型墓的分析与分期》，《陕西省考古学会第一届年会论文集》，1983 年版。

[96] 同 [14]。

[97] 陈平：《试论关中秦墓青铜容器的分期问题》，《考古与文物》1984 年第 3、4 期。

[98] 冈村秀典：《秦文化的编年》，《古史春秋》第二号，朋友书店，昭和 60 年 8 月。

[99] 宝鸡市考古队等：《陇县边家庄五号春秋秦墓发掘简报》，《文物》1988 年第 11 期。

[100] 尹盛平、张天恩：《陕西陇县边家庄一号春秋墓》，《考古与文物》1986 年第 6 期。

[101] 刘得桢等：《甘肃灵台景家庄春秋墓》，《考古》1981 年第 1 期。

[102] 咸阳市博物馆：《咸阳任家嘴殉人秦墓清理简报》，《考古与文物》1986 年第 6 期。

[103] 陕西省雍城考古队等：《陕西凤翔八旗屯西道沟秦墓发掘简报》，《文博》1986 年第 3 期。

[104] 陕西省考古研究所雍城工作站：《凤翔邓家崖秦墓发掘简报》，《考古与文物》1991 年第 2 期。

[105] 雍城考古队：《凤翔县高庄战国秦墓发掘简报》，《文物》1980 年第 9 期；

李学勤：《秦国文物的新认识》，《文物》1980 年第 9 期。

[106] 甘肃省博物馆：《甘肃平凉庙庄的两座战国墓》，《考古与文物》1982 年第 5 期。

[107] 滕铭予：《关中秦墓研究》，《考古学报》1992 年第 3 期。

[108] 中国历史博物馆考古部、西北大学等：《班村发掘报告》，待刊。

[109] 咸阳市考古研究所：《咸阳任家嘴春秋墓清理简报》，《考古与文物》1993 年第 3 期。

[110] 三门峡市文物工作队：《三门峡市司法局、刚玉砂厂秦人墓发掘简报》，《三门峡市三里桥秦人墓发掘简报》，《三门峡市火电厂秦人墓发掘简报》，《华夏考古》1993 年第 4 期。

[111] 崔璇：《秦汉广衍故城及其附近的墓葬》，《文物》1977 年第 5 期。

[112] 宋少华：《湖南秦墓初论》，《文物资料丛刊》第 6 辑。

[113] 俞伟超：《先秦两汉考古学论集》第 251 页，文物出版社 1985 年版。

[114] 同 [25]。

[115] 同 [107]。

[116] 负安志：《陕西长武上孟村秦国墓》，《考古与文物》1984 年第 3 期。

[117] 咸阳市文物考古研究所《咸阳石油钢管钢绳厂秦墓清理简报》，《考古与文物》1996 年第 5 期。

[118] 陈孟东：《秦陵兵俑衔级试解》，《文博》1984 年创刊号。

[119] 俞伟超：《周代用鼎制度研究》，《先秦两汉考古学论集》，文物出版社 1985 年版。

[120] 林剑鸣：《秦公钟、镈铭文释读中的一个问题》，《考古与文物》1980 年第 2 期。

[121] 高去寻：《黄河下游的屈肢葬问题》，《中国考古学报》第 2 册第 130 页，1947 年。

[122] 林寿晋：《上村岭的屈肢葬及其渊源》，《考古》1961 年第 11 期。

[123] 杨锡璋：《〈上村岭的屈肢葬及其渊源〉管见》，《考古》1962 年第 2 期。

[124] 俞伟超：《先秦两汉考古学论集》第 206 页，文物出版社 1985 年版。

[125] 韩伟：《试论战国秦的屈肢葬仪渊源及其意义》，《中国考古学会第一次年会论文集》，文物出版社 1980 年版。

[126] 同 [25]。

[127] 王子今：《秦人屈肢葬仿象"窀卧"说》，《考古》1987 年第 12 期。

[128] 戴春阳：《秦墓屈肢葬管窥》，《考古》1991 年第 8 期。

[129] 薛观涛：《试论我国古代土葬葬式的共同性和俯身葬的特殊性——兼评郑若葵〈商代的俯身葬〉》，《考古与文物》1992 年第 2 期。

[130] 同 [124]。

[131] 滕铭予：《关中洞室墓年代的研究》，《华夏考古》1993 年第 2 期。

[132] 宁夏考古研究所：《宁夏固原杨朗青铜文化墓地》，《考古学报》1993 年第 1 期；《固原于家庄墓地发掘简报》，《华夏考古》1991 年第 3 期。

[133] 同 [124]，第 206 页。

[134] 俞伟超：《方形周沟墓与秦文化的关系》，《中国历史博物馆馆刊》第 2 辑，1993 年版。

[135] 王建新：《辰韩之"秦人"考》，待刊。

[136] 田正标等：《浙江绍兴印山大墓墓主考》，《中国文物报》1999 年 2 月 10 日。

[137] 尚志儒：《先秦从死从葬制度初探》，《文博》1984 年第 2 期。

[138] 李学勤：《秦国文物的新认识》，《文物》1980 年第 9 期。

[139] 李学勤、艾兰：《最新出土的秦公壶》，《中国文物报》1994 年 10 月 30 日。

[140] 白光琦：《秦公壶应为东周初期器》，《考古与文物》1995 年第 4 期。

[141] 陈昭容：《谈新出秦公壶的年代》，《考古与文物》1995 年第 4 期。

[142] 李朝远：《上海博物馆新获秦公器研究》，《上海博物馆集刊》第 7 辑，上海书画出版社 1996 年版。

[143] 王辉：《也谈礼县大堡子山秦公墓地及其铜器》，《考古与文物》1998 年第 5 期。

[144] 陈平：《浅谈礼县秦公墓地遗存与有关问题》，《考古与文物》1998 年第 5 期。

[145] 卢连成、杨满仓：《陕西宝鸡县太公庙村发现秦公钟、秦公镈》，《文物》1978 年第 11 期。

[146] 同 [129]。

[147] 陈昭容：《秦系文字研究》第 6 页，打印稿。

[148] 陈平：《秦子戈、矛考》，《考古与文物》1986 年第 2 期。

[149] 王辉：《关于秦子戈、矛的几个问题》，《考古与文物》1986 年第 6 期。

[150] 簠见于罗振玉《贞松堂集古遗文》6·130；秦公钟见宋吕大临《考古图》7·9。

[151] 王国维：《观堂集林》第 902～903 页，中华书局 1959 年版。

[152] 李学勤：《郭沫若先生对夏代的研究》，《缀古集》第 266 页，上海古籍出版

社 1998 年版。

[153] 李零：《秦公钟、镈铭文释读中的一个问题》，《考古与文物》1980 年第 2 期。

[154] 李学勤：《秦国文物的新认识》，《文物》1980 年第 9 期；吴镇烽《新出秦公钟铭考释与有关问题》，《考古与文物》1980 年创刊号。

[155] 同 [147]，第 165 页。

[156] 同 [153]。

[157] 王辉：《秦器铭文丛考》，《文博》1988 年第 2 期。

[158] 同 [147]，第 168 页。

[159] 同 [151]。

[160] 同 [14]，第 168 页。

[161] 陈平：《试论战国秦兵的年代及有关问题》，《中国考古学研究论集——纪念夏鼐先生考古五十周年》，三秦出版社 1987 年版。

[162] 马非百：《关于秦国杜虎符的铸造年代》，《文物》1982 年第 11 期。

[163] 李学勤：《缀古集》第 138 页，上海古籍出版社 1998 年版。

[164] 同 [151]，第 904 页。

[165] 唐兰：《中国文字学》第 165 页，上海古籍出版社 1979 年版。

[166] 侯锦郎：《新郪虎符的再现及其在先秦军事、雕塑及书法研究上的重要性》，《故宫季刊》第 10 卷。

[167] 同 [151]，第 905～906 页。

[168] 陕西省雍城考古队：《凤翔马家庄春秋秦一号建筑遗址第一次发掘简报》，《考古与文物》1982 年第 5 期。

[169] 袁仲一：《秦代陶文》，三秦出版社 1987 年版。

[170] 始皇陵秦俑坑发掘队：《秦始皇陵西侧赵背户村秦刑徒墓》，《文物》1982 年第 3 期。

[171] 黄留珠：《读云梦秦简札记三则》，《周秦汉唐研究》第 1 辑，三秦出版社 1998 年版。

[172] 赵超：《试谈几方秦代的田字格印及有关问题》，《考古与文物》1982 年第 6 期。

[173] 王人聪：《考古发现所见秦私印述略》，《南方文物》1994 年第 4 期。

[174] 王辉：《秦印探述》，《文博》1990 年第 5 期。

[175] 周晓陆、路东之、庞睿：《秦代封泥的重大发现——梦斋藏秦封泥的初步研究》，《考古与文物》1997 年第 1 期。

[176] 同上。

[177] 陈根远：《西安秦封泥出土地在秦地望刍议》，《秦陵秦俑研究动态》1998 年第 1 期。

[178] 唐兰：《石鼓文年代考》，《故宫博物院院刊》1958 年第 1 期。

[179] 李学勤：《东周与秦代文明》第 186 页，文物出版社 1984 年版。

[180] 同 [147]，第 196 页。

[181] 孙常叙：《秦公及王姬钟、镈铭文考释》，《吉林师大学报》1978 年第 4 期。

[182] 同 [171]，卷五，第 252 页；卷七，第 305 页。

[183] 陈佩芬：《繁卣、趠鼎及梁其钟铭文诠释》，《上海博物馆集刊》第二辑，1982 年；李学勤：《东周与秦代文明》第 365 页，文物出版社 1984 年版。

[184] 同 [165]，第 158 页。

[185] 同 [147]，第 57 页。

[186] 吴白匋：《从出土秦简帛书看秦汉早期隶书》，《文物》1978 年第 2 期。

[187] 同 [151]，卷十八，第 903 页、第 907 页。

[188] 同 [165]，第 159 页。

[189] 《汉书·郑当时传》："翟公大署其门曰：'一死一生，乃知交情；一贫一富，乃知交态；一贵一贱，交情乃见。'"师古曰："署谓书之。"

五　秦文化的再探讨

（九十年代）

（一）陇县店子村、宝鸡益门村、
咸阳塔儿坡秦墓的发掘

田野考古既是考古学大厦赖以建立的第一块基石，又是推动考古学研究不断进步的动力。田野工作开始于第一支探铲打入地下，叩响大地的胸膛，终结于客观、全面的考古报告的问世。这个过程周而复始，永无止境。有无考古发掘报告，是衡量某个领域田野成就的重要标准。80 年代以前，秦墓的介绍主要以简报形式出现，在传递信息量方面毕竟有限。令人欣慰的是，1998 年以后出了几本关中秦墓的发掘报告，《陇县店子秦墓》是其中之一[1]。

墓地位于陇县城关乡店子村，地处陇县县城西北 3 公里处。1991～1993 年，陕西省考古研究所为配合宝中铁路建设，在 50 万平方米的墓地范围内，发掘了东周至秦代的秦文化墓葬共 244 座。墓型和葬具方面：不带二层台的长方形竖穴土坑墓 144 座，其中棺椁齐备的 108 座；带生土二层台的竖穴土坑墓 63 座，棺椁齐备的才 1 座。偏洞室墓 4 座，直线型土洞墓 10 座，它们往往有棺无椁。很明显，生土二层台和土洞洞室的流行，是对传统棺椁制度的破坏。葬式方面：屈肢葬 194 座，股、胫夹角多呈锐角；从墓葬登记表统计得知，人头西向的 203 座。总之，这是一处比较纯粹的秦人墓地。

报告中共计 137 座墓的随葬器物被图文并茂地介绍，占陶器墓的 71.4%，在原始资料的发表方面属于罕见的高比例[2]。此外，75 个典型墓例、87 座墓的陶器组合被附图逐一介绍，极大地方便了日后的再研究。报告把墓地分为春秋中期、春秋晚期、战国早期、战国中期、战国晚期、秦代 6 期，基本平实可靠。

由于已公布资料的丰富性，使我们能对分期再提若干补充意见。一、史载襄公二年（前 776 年）徙都汧，这是秦人抵达陇县的上限。不能排除店子秦墓早到春秋早期的可能性。像 M15 的鬲、盂、罐，均具春秋早期的典型特征，大喇叭口罐的形态更比被定在春秋中期的 M122、M252 等墓的要早。二、通观关中其他地区秦墓材料，彩绘仿铜陶礼器流行的下限在战国早中期之交，所以被报告定在战国中晚期的一些此类墓的年代似可提前，如 M66、M166 等。此外大喇叭口罐在战国晚期应已绝迹，像 M55、M36 等墓可提前至战国中期。三、秦代茧形壶一般形体较大，而且带圈足，像 M83 那种圜底的茧形壶应是战国中晚期的形制。

店子墓地的 224 座秦墓没有一座出青铜礼器，按随葬品类别，可将所有陶器墓分成两种：随葬彩绘仿铜陶礼器的墓（往往共出日用陶器）和只出日用陶器的墓。前者相当于本书所分的 C 类，后者相当于本书所分的 D 类（参见 188 页）。距店子村 5 公里的边家庄发现另一处秦墓地，年代集中在春秋早中期，出了 8 座五鼎四簋和 3 座三鼎二簋的铜礼器的墓，相当于本书所分的 A 类和 B 类，等级显然要高得多。再结合不远处的陇县磨儿塬的秦国"汧邑"故城，可以断定边家庄墓地是埋葬城邑中王公贵族的"公墓地"；店子却是埋葬城邑及近郊国人的"邦墓地"。这是先秦族坟墓制度的完整体现。"邦墓地"中"国人"身份，应包括了士、农、工、商。其中，"士"居多数，是国人的上层。这里的"士"主要指"甲士"，他们是作战的主力军，打仗时被授予兵甲车马。店子秦墓共出土了15件铜戈，有14件出在仿铜陶礼器的墓里，暗示这类墓主人身份和"士"有关。

春秋中期秦都邑东迁，宗族贵族亦随之东迁，边家庄墓地旋即废弃；但店子墓地却被继续沿用，留居汧邑的国人依然葬于斯。然而，这里已不再是文化中心，仿铜陶礼器上彩绘纹饰依然保持着春秋中期那种简单粗犷云雷纹的旧样式，雍城兴起的细密勾连蟠虺纹并没有流传至此。战国中期以后的一些新器形在这里也很少见到：不出蒜头壶，茧形壶仅1件。也根本不见矮足侈腹鼎、盖豆（或盒）、圆壶等中原式仿铜陶礼器组合，说明迁都咸阳之后的新风气对这里影响甚微。

1998年出版的《塔儿坡秦墓》是关中秦墓的另一部报告[3]。墓地位于咸阳市东郊渭阳乡塔儿坡村东北，1995年3月至8月咸阳市文物考古研究所在此清理了战国墓葬381座，其中竖穴土坑墓95座，均呈仰斗形，留有生土二层台；偏洞室墓66座；直线型土洞墓211座。屈肢葬267座，西首葬271座。仅一墓随葬铜容器。陶器组合可分为礼器鼎、盒、壶和日用器釜、盆、罐两类，后者居多数，有174座。年代从战国晚期偏早阶段延续到秦代。

近年来考古工作者在渭河北塬从塔儿坡至窑店镇16公里范围内，由西向东依次发现了塔儿坡、任家嘴、黄家沟等秦墓群。塔儿坡、黄家沟墓地是迁都咸阳后才开始形成的，任家嘴则在春秋中期已存在[4]。战国中晚期咸阳作为国际间一大都会，人口构成极为复杂，既有迁都前就已定居于斯（春秋时咸阳被称为"毕陌"）的土著，又有新迁至的外来人口。后者以来自旧都雍城及关中其他地区的为主，又有相当数量关东"新民"。任家嘴属于土著葬地，各时期墓葬数量比较均匀，说明处在稳定状态；塔儿坡墓地在短期形成如此大的规模，当属移民及其后裔的葬地。发掘的 38 座陶礼器墓有半数的直肢葬，也透露了这方面信息。战国时大规模人口流动是社会组织从血缘集团向地缘集团转变的重要原因，再加上商鞅变法禁止百姓父子兄弟同居一室以削弱宗族组织，我们很难说塔儿坡墓地还是以前的"族坟墓"性质。20 组打破关系中有不少同期打破现象，说明无人作专门规划；打破现象不普遍，可能由于地面上已有坟冢作为标识。

塔儿坡秦墓的陶器上共发现 99 件 49 种陶文，绝大多数属于民营制陶作坊的戳记。其中，"咸寏里高"、"咸尜里辰"、"咸重放牧"等都是新出现的里名。"咸阳巨夆"、"咸阳巨昌"一般被认为是属于咸阳市府经营的制陶作坊，它们都打在鼎、盒、壶上，或许说明这类作坊倾向于制作仿铜陶礼器。咸阳市府手工业不很发达，日用陶器的生产主要由民营作坊去做；相反，在京畿以外的地方，市府的日用产品却具压倒性优势，如三门峡秦墓就有大量的带"陕市"、"陕亭"戳记的陶器。塔儿坡还出土"咸里绦磃"的陶器刻文，自左向右横读，楷体。它说明当地确有以"咸"为名的里，可以和陈直先生在《关中秦汉陶录》中收集"元平元年咸里周子才"的陶文相印证。

塔儿坡 M28075 出土的两件骑马俑弥足珍贵。二俑并列置于壁龛中，均高 22 厘米，长 18 厘米左右。泥质灰陶。马呈站

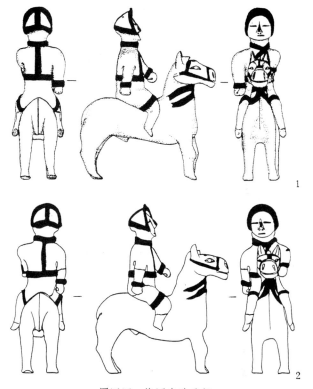

图四四　战国秦骑马俑
1.M28057：5　　2.M28057：6

立状，昂头，头颈有朱彩绘制的络头和辔绳。马背上无坐垫鞍
鞯，俑圆平脸，长高鼻，头戴宽折沿帽，身着左衽交领短袄，
下穿短裤，脚登长筒靴。左手前伸似执辔，右手下垂似执物。
俑的领、襟、衣服下摆皆涂朱色（图四四）。这两件俑应是战
国晚期秦骑兵的写照。早在春秋时期，一些北方边境国家就设
置了骑兵，秦穆公曾发"畴骑"辅重耳回国。到战国时秦骑兵
进一步扩大，有"骑万匹"（《史记·张仪列传》）。由于没有马

镫，鞍鞯也不成熟，这时骑兵仅作为辅助兵种而存在。塔儿坡秦墓的俑裸骑在马背上，较秦俑坑的更加原始。秦骑兵当学自戎狄，出于"师夷长技以制夷"的目的。这件俑胡服特征强烈，"胡服骑射"不仅仅是个历史事件，更象征了东周民族文化交汇的大背景。

. 1992年5月宝鸡市考古队在该市渭滨区益门村发掘的二号春秋墓，可说是90年代秦国考古重大收获之一。墓葬规模不大，长方形竖穴土坑，墓向315度，一棺一椁，椁长2.4米，宽1.2米。人骨腐朽，葬式不清。在这样的一座墓里竟然出土了200余件组随葬品，包括纯金器81件组（带钩3、带扣7、泡63、环6、络饰130枚、串珠908粒），金铁、金铜合成器24件（金柄铁剑3、金环首或方首铁刀17、金环首铜刀4），玉器81件组（璧10、环7、璜24、佩14、觿13、璋形饰6、带钩1），铜器19件（镞1、带钩1、带扣7、衔4、环2），此外，还有用108件玛瑙穿缀成的串饰和40块绿松石组成的串饰。琳琅满目，令人瞠目结舌。发掘者将其年代定在春秋晚期偏早阶段[5]。

益门村二号墓出土黄金总重量约3公斤，堪称富可敌国。金器数量之多，在中原春秋墓中尚属首例。可与之相提并论的惟有战国早期的曾侯乙墓和内蒙古伊克昭盟阿鲁柴登战国晚期的匈奴王墓。它为研究先秦金器的制造工艺和发展水平提供了珍贵的实物资料。先秦金器很少有大宗发现，过去曾在北方草原地区陆续出土过一些黄金饰品，从商代中晚期的平谷刘家河、山西石楼墓葬到战国晚期内蒙古伊盟西沟畔的匈奴墓，都流行黄金制成的耳环、耳坠、牌饰、冠饰、串珠等人体装饰品。阿鲁柴登的匈奴王墓虽然黄金总重量达4公斤，但组合仍属于此类。中原人民似乎没有用金的习惯，出土的也多为用于装饰物品的锤揲而成的金箔，如相传出土于甘肃礼县秦公大墓的金箔棺饰，河南淅川下寺春秋楚墓的金箔饰片等，使人一度怀疑中原金器并不发达。益门村的材料表明，至迟春秋晚期中原黄金工艺已有长足进步：金串珠直径仅 0.15 厘米，是把金液滴在冷水中凝结的"炸珠法"制成；铁剑的金柄前后两重，纹饰华丽繁缛，系用双范合铸而成；金带扣则为一次性浑铸。组合方面有马具和人体装饰品，与北方古文化一致；但金剑首和金带钩不见于北方草原文化，上面的蟠虺纹也是典型的华夏式，表现出文化上的两重性。益门村秦墓的金器组合也不同于曾侯乙墓，后者出碗、勺、杯、器盖等金质容器。

益门村二号墓出土了 23 件铁器，其中金柄铁剑为人工冶炼的块炼铁，金、铁合制，说明铁器尚属珍稀之物。目前发现的春秋时秦国铁器要比其他国家丰富，如甘肃灵台景家庄和陕西陇县边家庄春秋早期秦墓中各出土过 1 把铜柄铁剑，陕西长武春秋早期秦墓出土铁匕首 1 件，凤翔秦公一号大墓出土铲、锸、斧等铸铁工具，雍城马家庄宗庙遗址出土过铁锸。虽然春秋晚期的江苏六合程桥吴墓、湖南长沙楚墓也出土了一些铁器，但在春秋早中期秦国的铁器看来还是一枝独秀。秦国冶铁业是如何产生的？这个问题事关整个中原地区冶铁术的起源研究。50 年代，黄展岳提出中国人工冶炼铁发生在春秋后半叶。随着年代更早实物材料的发现，尤其是 90 年代河南三门峡上村岭虢国墓地出土的一件玉茎铜芯铁剑，属于西周晚期人工冶炼铁，将中原人工铁器的出现时间大大提前了。中原冶铁术是独立发生的还是由外部传入的？据研究，世界上冶铁术最先由西亚人在公元前 19 世纪发明，并逐步向周边传播。陈戈曾撰文指出新疆地区的人工铁器在公元前 10 世纪到公元前 5 世纪已经普遍使用，早于中原[6]。新疆的冶铁术应当是由西亚传入的。在这个前提下，罗丰、唐际根等学者提出中原冶铁术源于新疆地区[7]。要使这个观点成立，还必须在联系新疆和内地的古丝绸之路上找到冶铁术传播的中间环节。近年赵化成指出，分布于河西走廊东段、相当于公元前 9 世纪至前 5 世纪的沙井文化中有一定数量的铁器，陇山两侧北方系青铜文化中也有多柄春秋时的铜柄铁剑，可作为证据[8]。西方原始的块炼铁技术一经传入便和中原发达的青铜铸造技术相结合，产生了生铁铸铁，反倒比西方早了 1400 年。如此的话，秦国冶铁术是学自周人还是西北方的戎狄部落？我们倾向于后者，因为春秋早期秦国铁器主要为铜柄铁剑，周人本来就没有用剑习惯，况且周人冶铁术还来自西方，西周晚期处于起步阶段，远未形成传统。秦国僻在西北，在西方铁器东传过程中自然首当其冲，这也是春秋时秦国铁器序列完整，数量较中原其他地区丰富的原因。

益门村二号墓随葬品奢侈豪华，显示墓主人身份非同一般。该墓位于秦故都平阳附近，与雍城仅隔百里，属秦统治中心，但关中秦墓中用来表示身份地位的鼎簋钟壶类青铜礼器一件也没有，也没有日用陶器，与关中秦人丧葬习俗差异巨大。陈平、赵化成等明确指出墓主人应当是秦穆公霸西戎后被胁迫迁至关中的西戎某国君长，此说甚是[9]。他在政治上已经失势，但经济上仍享受优待，并被赐予大量财物。

不能因为墓主人是戎人就认为随葬品皆由秦国境外携带流入。墓中玉器多是商周以来华夏族传统样式，阴线刻和浅浮雕的细密蟠虺纹更是春秋中晚期列国间新兴起的美术风尚。二号墓出土的5件带钩为探索带钩起源提供了新材料。王仁湘曾提出中原带钩首先在关中出现，是由关中秦人发明的，后来传遍全国[10]。益门村的金玉带钩形体短小，长不足3厘米；回首的鸭首或蛇首，体扁平，腹中空，有柱。这种短型带钩根本无法括结革带或扣合衣襟，它应是用于束系丝带或佩饰。二号墓还出土了7件鸭首形金带扣，这种有舌有孔的带扣是北方戎狄的常用品，但在秦国墓葬中仅此一例。带扣和带钩出现的时间差不多，后者是否源于前者还不清楚，但这种腹部中空的短带钩进一步发展：空腹消失、腹内小柱发展成钮，就成为水禽形短带钩，如益门村的铜带钩，长仅4.2厘米。至于战国以后由于骑术普及，为满足括结革带需要而发明的长形有钮带钩，应当是一种"S"形铜带饰与水禽形带钩相结合的产物。这种铜带饰由扁平铜片卷成，长度10厘米以上，宽2～5厘米，使用时将其两端分别插入革带两头的竖排扣眼中，起到固定作用。它集中出在春秋晚期至战国早期的秦墓里（图四五）。

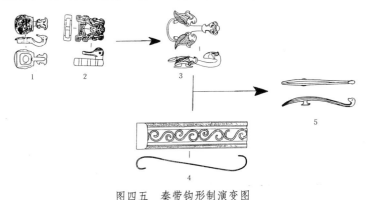

图四五 秦带钩形制演变图

1. 陇县店子 M252:15　2. 宝鸡益门村 M2:25　3. 宝鸡益门村 M2:206

4. 长安客省庄 M210:7　5. 陇县店子 M160:1

（二）秦国兵器研究

东周时期，战争频仍，武器的制作和消耗量是巨大的。兵器精良与否关系国运的盛衰，所谓"械用兵革攻完便利者强，械用兵革窳楛不便利者弱"。考古学家和军事史家一直把兵器作为自己重要的研究对象，杨泓《中国古代兵器论丛》是其中的翘楚，概括了整个冷兵器时代甲胄、刀剑、矛戟以及车战、骑兵等武器种类和作战兵种的宏观演变情况[11]。80 年代以后随着考古材料日益丰富，一些学者开始研究特定国别的兵器史，以期揭示各地武器制作、使用的错综复杂的不平衡现象。对考古学文化研究而言，抽出一种或几种存在时间长、变化敏感的典型器物，研究其谱系，能从某个侧面了解文化发展的脉络以及它与周边文化的关系。兵器无疑具有这种意义。具体到秦国兵器的研究历史，80 年代初集中在秦俑兵器上，80 年代中期以后有学者试图概括整个东周时期秦兵的发展情况，1992 年由于宝鸡益门村二号春秋秦墓的发掘，引发了关于"秦式短剑"的热烈讨论，大家更关注早期阶段秦国兵器的起源问题。

秦俑坑不仅仅再现了秦代兵种组合和军队阵形，更是当时武器库的大展览。最早系统研究秦俑兵器的是王学理，他的《秦俑兵器刍论》全面介绍了武器的类别和配备，深入探讨了秦代兵器在中国兵器发展史上的地位[12]。例如，他指出带长铤的三棱锥形铜镞、直叶宽扁刃的短矛、长胡四穿边内刃的铜戈（戟）、扁首或圆首的窄长形剑是战国末至秦代的通行样式。同时，它们也是商周铜兵演化的终结形态：镞由原来双翼式发展成三棱锥形；矛头由柳叶形或长三角形变得宽扁，矛头趋短；铜剑剑身不断变长，从春秋长二三十厘米的短剑到秦代长八九十厘米的兰叶形长剑，其脉络一目了然，反映了战争方式的变化。秦俑兵器形制并非偶然，而是长期战争实践中优胜劣汰决定下来的。他还首先识别出了殳、吴钩等礼仪性兵器。《秦俑坑青铜兵器的科技成就管窥》一文详细描述了秦俑坑青铜兵器的制作和加工工艺：矛及镦、镡等因留銎而使用了内外范；剑、戈、钩等实心兵器采用双合范一次性铸造；镞的首、铤分铸，先铤后首。合金成分的比例方面，因用途不同各种兵器有所区别，如矛头的含锡量就远大于镦，是为了满足刺兵的硬度要求。青铜剑剑身的结构充分说明了秦代精密的加工工艺：为了使剑身既锋利又坚韧，不易因冲击时的反作用力而折断，除了优选铜锡合金比例外，造型学上剑身厚度和宽度有节奏地递减，使宽厚兼顾（宽处厚度小，窄处厚度大），相互弥补（力度均衡），刚柔相济（弹性传导），长条形剑身的机械强度相对均衡而富有弹性，比其他国家的青铜剑要精良得多。此外，兵器表面有一层致密的含铬化合物的氧化层，能有效抗腐蚀，出土时仍乌黑发亮[13]。

秦俑坑兵器绝大多数是青铜兵器，仅有 1 件长骹扁铁矛、1 件铁镞、4 件铁铤铜镞，铁兵器还不到兵器总数的万分之一。然而，战国时铁兵器已登上历史舞台，关东诸国开始用它装备士卒。楚国的铁兵颇有盛名，"宛钜铁䤵，惨如蜂虿，轻利剽遬，卒如飘风"（《荀子·议兵》）。相比之下，秦国在这方面大为逊色。秦昭王曾感叹："吾闻楚之铁剑利而倡优拙。铁剑利则士勇，倡优拙则远虑。以远虑御勇士，恐楚之图秦也。"（《史记·范雎蔡泽列传》）在长沙的楚墓里曾多次发现剑、矛、镞等铁兵器，有的剑长达 1.4 米。韩国的冥山（今信阳东南）、棠溪（河南西平县西）、邓师（河南孟县东南）、宛冯（河南荥阳）等地的钢铁剑戟，可以"陆断马牛，水击鹄雁，当敌即斩"（《史记·苏秦列传》）。士卒都穿着铁制甲胄。燕国小弱，但在燕下都第44号墓却出土了50多件铁兵器，仅剑一种就有15把之多，多数长达100.4厘米，其中两件属钢质，刃部是经过淬火处理的高碳钢[14]。相比之下，雄霸天下的强秦发现的铁兵器却很少。益门村的金柄铁剑明显属于少数贵族享用的奢侈品，凤翔高庄第5期的墓出5把铁剑，但这些墓的年代实际应晚至西汉。凡此种种都证明，在关东诸国制造铁兵器的时候，秦国却继承了商周青铜兵器的传统，致力于技术改良，并将之发展到一个前所未有的高峰。

需要注意的是，即便在关东六国，铁兵器也没有取代铜兵器在武器装备中的主体地位。可能由于兵器要求更高的冶铸技术，战国时的低温固体还原法和高温液体还原法虽能满足铁农具的生产，但还不足以大批量制造铁兵器，用来装备军队。这是某些战国冶铁作坊遗址中铁兵器数量不多的原因。

纯粹从标型学角度研究秦国兵器，由陈平发其嚆矢。她认为秦国兵器和铜容器一样，也可分成春秋型和战国型两大器群，二者的年代分界在战国早、中期之交。《试论春秋型秦兵的年代及有关问题》一文集中探讨了戈、矛、剑等代表性器类的形制流变：一、从春秋早期至战国早、中期之交，戈的形态变化不大，都是三角锋短援中胡二穿戈；而关东诸国在春秋中期已向狭长援中长胡三穿戈演进，秦戈的发展要迟缓得多。二、春秋早中期秦国流行窄刃长骹、圆銎孔、有中脊无血槽的柳叶形矛，战国中期一变成为秦俑坑那种形制。三、春秋早期至战国早期流行宽扁柄兽面格的柱脊短剑，柄部有的作椭圆柱体，饰镂空蟠螭纹，茎两侧各有突齿；有的柄部作中间内曲的喇叭口形（图四六）。这种短剑在北方系青铜短剑大家族中都能找到相似制品，它或许反映了戎狄文化对秦人的影响，不一定是秦文化的本来因素。秦国在战国早期偏晚阶段开始出现细茎长剑，有的作扁茎无首式，有的作柱茎圆首式，都与东周中原式剑风格相同，反映了秦人努力吸收关东地区先进文化的历史事实。此外，秦国境内发现的少数形制特异的兵器，反映了与其他地区的文化交流。如凤翔高庄 M10 的援上刃近阑处设兽面纹穿鼻的铜戈，与江苏六合程桥发现的越国戈相同，可能与春秋晚期秦师救楚伐吴的事件有关[15]。

《试论战国型秦兵的年代及其有关问题》一文更加详细讨论了商鞅以后秦铜戈的形制、年代及铭文格式。陈平把战国型秦戈分为前后 3 式：I 式 2 件，包括大良造鞅戟和四年相邦樛斿戈，窄长援中长胡三穿，三穿皆在阑上（图四六，5）。II 式，如十二年上郡守寿戈等，是秦惠文王四年以后至秦昭王末年的样式，三穿移至援胡近阑一侧，内尾上扬，利如刀刃（图四六，6）。III 式如吕不韦戈、十四年属邦戈等，是秦庄襄王至秦始皇时代的样式，皆为长胡四穿（图四六，7）。其他从铭文内容无法直接断定王世的秦戈，也可参考形制特点加以推测[16]。

战国型秦戈的变化充其量只是一种小幅度的渐变和量变，根本无法与春秋、战国那种旧新样式交替的剧烈程度相比拟，后者是一种突发性的质变。陈平敏锐感到推动这场质变的关键人物是商鞅，"积极推动变法、奖励耕战、力主修守战之具的商鞅，首倡以中原先进的青铜兵器型式取代秦国的老式兵器，是很自然的"。事实上，商鞅变法不仅仅在于政治、军事，更

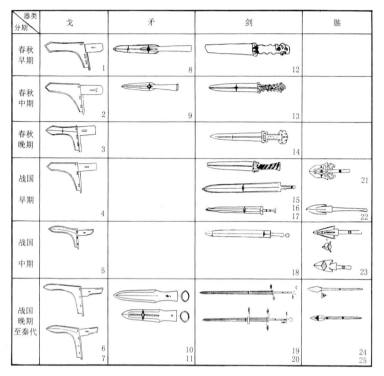

器类 分期	戈	矛	剑	镞
春秋 早期	1	8	12	
春秋 中期	2	9	13	
春秋 晚期	3		14	
战国 早期	4		15 16 17	21 22
战国 中期	5		18	23
战国 晚期 至秦代	6 7	10 11	19 20	24 25

图四六　秦国兵器形制演变图

1.宝鸡西高泉村 M1：7　2.凤翔八旗屯 BM27：7　3.陇县
店子 M132：1　4.凤翔高庄 M18：7　5.大良造鞅戟　6.十
二年上郡守寿戈　7.十四年属邦戈　8.户县宋村 M3 出土
9.凤翔八旗屯 BM27：9　10、11.秦俑坑出土　12.陇县边
家庄墓地出土　13.凤翔八旗屯 BM27 出土　14.宝鸡益门
村 M2：1　15.西安阎良战国墓出土　16.凤翔八旗屯 CM9
出土　17.长安客省庄 M202：14　18.凤翔八旗屯西道沟
M26：1　19、20.秦俑坑出土　21.凤翔高庄 M13：12　22.
凤翔八旗屯西道沟 M9：5　23、24.凤翔八旗屯西道沟 M26
出土　25、26.秦俑坑出土

是秦文化发展的一个转折点。由此新文化取代旧文化，主要表现为中原文化尤其是三晋文化因素的大量涌入，陶器、铜容器、兵器莫不如此，整个器物群的面貌焕然一新。可以说，这是理解东周秦文化考古材料的一个关键。

宝鸡益门村二号墓出土了大量金、玉、铜、铁文物，引起了学术界广泛关注。文物中最精美、最重要的莫过于三把金柄铁剑，堪称古代黄金工艺的典型代表。三把剑属于同一类型，但又有差别。M2∶1 剑长 35.2 厘米，铁质剑身呈柳叶形，柱状脊，有尾茎插入金柄内。从格至首作镂空的浮雕状蟠虺纹，以绿松石和料珠镶嵌其间，所嵌绿松石精磨成"乙"字钩形。剑茎的蟠虺纹向左右两侧伸展，形成 5 处突齿。格和首均为前后两重，玲珑剔透。M2∶2 和 M2∶3 剑要朴素一些，前者长 30.7 厘米，柄茎长条形无纹饰；后者长 35 厘米，格、首均为单重，格部为一变形兽面，茎的两侧各有 7 个突齿（图四七）[17]。

类似短剑以前曾在凤翔八旗屯秦墓中发现过，那么，它是不是秦文化的本来特点？李学勤持怀疑态度，他举出英国大不列颠博物馆收藏的一件相传出于山西浑源古墓的金剑首，以及 30 年代在河南琉璃阁出土的一把铜柄铁剑，柄部均有镂空蟠虺纹，与益门村相似；但它们一在晋国，一在卫国，与秦国相距较远，不好说是由秦国传入的，"因此，这类剑或许是列国一时风尚，非秦人独有"[18]。然而，他没有就此问题作进一步论述。

参与发掘工作的张天恩收集了秦国境内出土的 13 把短剑，依柄部特征，将之分为 3 个类型：格、柄、首均有镂空纹饰的（图四七，1～3）；格、首有纹饰，柄茎无纹饰的（图四七，

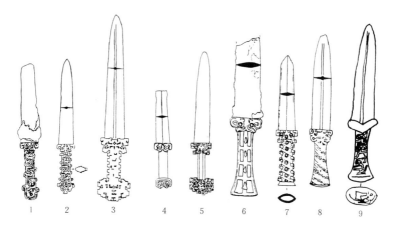

图四七　秦式短剑形制图

1. 陇县边家庄墓地出土　2. 凤翔八旗屯 BM27 出土　3. 宝鸡益门村 M2:1
4. 宝鸡市谭家村 M24:2　5. 宝鸡益门村 M2:2　6. 甘肃灵台景家庄 M1:4
7. 凤翔博物馆藏　8. 西安阎良战国墓出土　9.Sackler 藏品

4～5);兽面纹格,曲腰喇叭形柄部的（图四七,6～8）。这3
型在秦国从春秋早期同时流行,并行发展,一直延续到春秋晚
期甚至战国时期。从早到晚有共同的变化特征:格部纹饰轮廓
线由浑圆变得方折,纹饰由简趋繁。这类短剑可命名为"秦式
短剑",它们绝大多数明确出土于秦墓之中,可以认为是秦文
化所特有因素之一。他还认为"秦式短剑"来源于西周时期的
柳叶形短剑,其发展去向是中原地区的扁茎剑[19]。

　　陈平认为"秦式短剑"的提法不能成立,秦国这类剑应属
于北方草原直刃匕首式短剑的大系统,只不过采用了兽面纹、
蟠虺纹等中原纹样以及镂空、镶嵌等先进工艺,它是由北方戎
狄部落直接传入秦国的,不能算作秦文化的本来因素。因为:
一、这类剑在西周时期的秦人墓中尚未见到。二、出土数量

少，没有被经常、大量使用。三、造型与之类似的短剑在内蒙古宁城南山根、河北怀来安营堡和甘子堡、山东长岛大竹山岛、河北滦平窑上营房西山、河北隆化三道营骆驼梁、北京延庆玉皇庙等地的山戎、东胡墓中均有发现。四、北方系短剑存在时间长、分布地区广、数量大。五、二号墓主人是臣服于秦国、被迁至宝鸡的西戎某国戎王[20]。

　　上述二说或强调"秦式短剑"与北方系短剑的区别，或强调它们之间的共性。我们认为，"秦式短剑"是秦文化与北方系青铜文化结合的产物，是秦人模仿北方草原的短剑样式，又揉入了自身文化特点而自行铸造的。目前在关中地区发掘得到的、或相传出于关中地区的这类短剑已近 30 把，绝大多数为柄身连铸，仅陇县边家庄 1 柄、益门村 3 柄、灵台景家庄 1 柄为柄身分铸的铜柄或金柄铁剑，通过剑身基部的尾茎插入剑柄前部的銎孔而完成整个器物的连接，似乎专用于身、柄属于不同质料的短剑，不能算作"秦式短剑"制作方法的通则。就身柄连铸这一点而言，"秦式短剑"与北方短剑一致，而与西周柳叶形短剑不同——后者如沣西张家坡 M306 所出：剑身的尾茎上有两个圆孔，前后夹木片上钉后再缠以蒢藤，握在手中便可搏斗。然而，它的兽面纹、柄部装饰的细密镂空蟠虺纹又与北方广泛流行的兽首剑、曲茎剑、铃首剑上所饰迥异。李学勤的意见值得重视，东周时秦、赵、燕等国吸收边境少数民族的短剑样式再加以发挥创造可能是一种时尚。我们不能因为益门村二号墓的主人是戎人就认为这三把短剑是从境外带入的，相反，秦国可能专门铸造了一些样式奇特的短剑来赏赐或销售给它的北方近邻。如美国收藏家赛克勒（Sackler）藏品中有一件青铜短剑，通长 27.3 厘米，直刃柱脊，"V"形格，曲腰喇叭形茎柄，首下有一横穿空通过茎柱，首端装饰一斜卧回头的赤鹿，茎柄上满布浮雕的勾连蟠虺纹，这种花纹是春秋中晚期秦国铜容器上独有的，如宝鸡秦家沟 M1、M2 铜鼎及雍城姚家岗青铜构件上所饰，几可视作秦器的标志。此外，柄茎形制与西安阎良区战国早期墓的秦短剑以及传世的秦护军剑完全一样（图四七，9）。但是，"V" 形格又与秦短剑不同，常见于北方的触角式短剑。总之，这把剑既有秦文化的鲜明特征，又散发出更强烈的北方草原气息[21]。事实上，秦国为拉拢戎狄部落而赐以金银财物的例子史不绝书，秦惠文王就曾以"文满千纯、妇女百人以遗义渠君"（《秦集史》）。内蒙古准格尔旗西沟畔匈奴墓出土的金饰牌有典型的鄂尔多斯风格，但带"铢"、"两"、"少府"等字样，应是秦国专为匈奴酋长制作的。类似活动在汉代依然存在。

　　春秋秦文化器物几乎统统来源于周文化，如日用陶器、铜容器，以及戈、矛等兵器，惟独青铜短剑具有较明显的北方草原文化特点，游离于这个规则之外。为什么？这与当时的战争方式和剑在战争中的地位有关。西周至春秋时期中原地区以车战为主，长兵器戈、矛以及远射兵器弓、镞用得最多，被大批量生产，人们很注意这些兵器的改良，它们变化敏感，演化序列完整，没有缺环。相比之下，剑几乎派不上用场，因为只有双方士卒贴身肉搏时才需要十几厘米长的短兵器，但在车战前提下这种情况很少发生。剑的地位微不足道，其数量根本无法和铜戈相比。春秋时秦国发展较缓慢，这一点比关东更突出，总共 10 余把的出土量，只能说明需求量少，人们为了特殊目的才会去铸造它。剑本来就不是华夏族的发明，相反，在华夏族的周边地区青铜短剑的制作却很发达，如北方草原地区、西南夷地区、吴越地区等，因为那里或者多戈壁沙漠，或者多湖泊密林，或者多丘陵沟壑，步兵而非车兵是决定战争胜负的主力。西周时中原铜剑以扁茎柳叶形为主，共发现 36 把，有半数出土于宝鸡茹家庄、竹园沟的弻国墓地，明显属于弻国特有器类，只不过向岐、丰及关东有所扩散。弻国可能是古蜀人或氐羌的一个支系，商末迁至宝鸡一带；西周中期弻族南迁四川后，这种短剑在关中很快销声匿迹，可谓来去匆匆[22]。所以说，柳叶形短剑不是周人的器物，周人也根本没有用剑的传统，秦人在继承周文化时不可能继承这种短剑样式，秦人也没有铸造铜剑的迫切需要。直到战国早期，由于骑兵和步兵日趋重要，剑才越来越被重视，"简公六年（前 409 年），令吏初带剑"（《史记·秦本纪》），说明了这一变化。"秦式短剑"是春秋秦人直接借鉴了北方系短剑形制再结合自己的审美情趣而铸造的，或者用于赏赐、交换，或者偶尔自用。

（三）秦美术考古概述

1. 绘画

秦的绘画作品，没有传世之物，目前能见到的只有秦都咸阳宫廷遗址出土的壁画残迹。尽管支离破碎，不能完全构成一幅幅完整的画面，但毕竟是两千多年前秦代绘画实物的发现，弥足珍贵。1961 年 11 月对秦都咸阳遗址的"冀阙宫廷"一号建筑试掘时，首次出土壁画残块与装饰性铜构件。1974 年正式发掘时出土更多，从其所处的地层堆积情况也大致可以推断原来的分布范围。1979 年发掘三号建筑遗址，竟在南部清理出一处夹道式的画廊建筑，南北长达 32.4 米[23]。

这些宫廷壁画大致可以分为两大类，一类是装饰性的图案，另一类是景物。一号建筑室内杂土堆积，其窖藏填土中出土图案壁画残块，独不见描绘人物场景的壁画；而三号建筑的画廊内容更为丰富，不但包括了两大类壁画，而且也大致能确知其所处位置。

图案壁画多作边饰，从其出土位置观察大约绘制在廊墙和墙壁的下部，作横向的带状展开。图案构成有两种：一种是在墨色条带上以粉白的连珠组成几何纹样，或以黑、白、红三色绘成卷云纹，使得底色与绘画纹样很清晰地显现出来，对比效果甚佳；另一种是用黑、褐、朱红、湖蓝、橘黄诸色绘成流云纹或四方连续的几何纹（即多变的菱形纹、轵菱纹、单线）图案，显得富丽堂皇。

画廊残留下来的只是整幅画廊中极少的一部分，但在这长达32.4米的坍塌墙壁上却给了我们以透视秦宫廷壁画的机缘。壁画内容构成较为复杂，它包含了车骑人物、台榭建筑、动物、植物、神怪、图案和杂画共七种。东壁有一幅以仪仗队列为中心，两侧有相对而驰的车马，我们姑且名之曰"车马出行图"。画上有六乘驷马轩车分别前后相随，而十一位着各色长袍、戴武冠的人物分上下排列处于群车中间，显然是一幅具仪仗的出行图长卷。从该画的布局上看，当时已经注意到主重次轻、彼此呼应、颜色谐调等关系，反映了有秦一代的绘画水平。比如：驰驱的车马着红、黄、黑色，分别构成秦代文献中常提到的那种"纯驷"。而在路旁陪衬以树木和建筑物，在于增强对比效果。他如著戎装、戴弁帻的武士乘棕红色马，转体弯弓欲射；西壁有重檐建筑，附设角楼，柱间垂幔，屋顶立凤，下有门吏，这些都显示出画家已能把握大场面的构图与技巧。在这里，我们还能体味到画家的匠心，即：无论是马、虎、麒麟、野猪、凤鸟等动物，或是松、竹、柳、麦穗等植物，虽属画中的点缀品，但都真切入画，搭配合理，富有生活气息，无疑会给人以深刻的感染力。在驰驱的车马队列前留有开阔的空间，再加之以路旁的树木作为参照物，就给人以速度、力量、奋进的想象空间。

从画廊的整幅画面看，大致可以提供给人们的认识是这么几点：

第一，由绘画宫廷建筑、车马出行、仪仗人物、动植物种等当时的现实生活内容知，其表现主题是现实主义的，这就一改过去那种与现实生活隔膜甚或是神秘诡谲的形式化作风，代之以活生生的题材。这与秦人重视当今、务实求真的传统一致，也使壁画内容与居室气氛相和谐。

第二，几何图形多用变形的菱形、轭菱纹样，整体图案以浓重的黑色为主体，又用作边饰，既严肃纯正又连续多变、明快清新，表现了冲决传统、积极向上的精神风貌。

第三，彩色壁画首次亮相秦绘画的水平。首先在布白上注意通盘安排，三号宫殿建筑长廊以壁柱很自然地分割为九个开间，其中以第五间为中心使图幅向两侧展开。东壁以仪仗人物为轴，六乘车马分在两侧形成对称布局；西壁则基本是以重楼建筑为中心向外展开。这种安排就使得画面主次分明，联结统一，又整体严谨。线描是其使用的主要艺术语言，以细线勾勒绘画对象的轮廓，使得严密细致又繁复多变；或用粗线一挥而就成为衣纹、飘带，则显得富有弹性而自如。壁画用彩也很富特点，如以黑、赭、黄、大红、朱红、石青、石绿、蓝、白等色及其间色造型，或渲染使浓淡有致，产生立体感与质感；或平涂，对比设色使带有跳动性，绚丽多姿，收到良好的视觉效果。

总之，秦宫壁画反映的时代风貌是：它冲开先秦时期那种僵化沉闷的艺术模式的束缚，由静入动，动静结合；从抽象走向具体，富于生活气息；变庄重肃穆为生机勃发，给人以力量。简洁、纯真、生动的现实主义创作原则，是秦绘画创造鲜明的艺术形象的根本。秦宫壁画填补了秦代宫殿建筑壁画的空白，从而也确立了它在中外绘画史上的地位。

2．雕塑

《史记》载：秦始皇二十六年（前221年），"收天下兵，聚之咸阳，销以为钟鐻，金人十二，重各千石，置廷宫中"。"金人"每个重达30.75吨，可信吗？可惜原物不可见，永远是历史上的难解之谜。但是，秦始皇陵园考古的重大发现不但给我们提供了确认不虚的旁证材料，而且也在中国雕塑史上揭开了新的一页。

（1）秦陵彩绘铜车马艺术

1980年12月，在秦始皇陵西侧出土了两乘彩绘驷马铜车。两乘驷马铜车成组地放入深8.6米的坑中，马东车西，前后相随。马已入套，御手握辔，作停车待发之状，其体量约为真人车马的1/2。前导后主，当属秦宫廷礼仪用车制度的真实写照。而作为大型的铜质铸件，从形体到色彩都真实地体现了原物的风貌，确实是难得的写实主义的雕塑艺术佳作。

秦始皇陵西两乘铜车的最大区别在于篷盖。前车车箱中竖立一柄圆盖伞，车体较小，名曰"立车"、"高车"、"轺车"，或"驷马立车"。车马通长2.25米，高1.52米，马高66厘米，体长1.1米，站立的御俑高92厘米，总重1061公斤。后车车体较前车为大，在方舆的蕃覆有穹隆顶的篷盖，前设御者的"育"座。此车名曰"安车"、"辒辌车"、"驷马安车"，通长3.1米，高1.06米，马通高90.2～93.2厘米，踞坐的御俑高51厘米，总重1241公斤[24]。过去出土的商周到春秋战国间的木车均已腐朽，仅留残迹，虽有金属的车马饰件遗存，但又多有盗扰而发生位移现象，故而很难弄清车的结构及套马的系驾关系。而秦始皇陵两车不只真实地再现了秦代华贵乘车的形象，而且搭配成组，反映的则是秦代銮驾制度中"五时副车"的一种[25]。

从圆雕艺术看，车马俑虽属于青铜铸造品，但其原型则是成熟的造型艺术。其艺术风格表现在以下几点：

第一，造型准确，比例合度，手法写实。我国古代画家总结出人体比例的歌诀是"立七坐五盘三半"，铜立御俑的通高正是七个头，踞坐的铜御俑也符合三个半头的高度。其"面大如手"，五官正同"三停五部"的安排。铜俑的长发丝缕清晰，编结在顶，雕塑手法可谓细腻，而面目姣好，生气感人，可说是精心雕塑出来的美男子形象。铜马的造型同样是非常准确的，马头高昂，棱骨分明而肉少；颈浑圆而长，挺胸，广膺，大腿宽厚，汗沟（由尾基到会阴的褶缝）深明……这些都是耐久善走的表征。马全躯丰肥，四肢劲健，属于挽拽型良马的形象。因为马的头处于"王者"的地位，是精神之所系，所以刻画得最细，眼眶四满，上弓下直，睛如悬铃，灼然有神；鼻广而方，纹理明显；鼻孔开张，口裂深长；双耳前倾而坚厚，有如削竹，显得机警神骏。铜俑、铜马虽是无生命的模拟物，但秦代工匠力图使其真切如实，从而也赋予它们以生命感。

第二，形象逼真，静中寓动，似可传神。御者眉清目秀，戴切云冠，著袍，登履，佩剑，当同"御官"身份相符。其双臂前伸，手握六辔，头略前倾，目视车前，眉如新月，双唇紧闭，丰满的脸庞流露出一丝淡淡的微笑，有着特定的谨慎与自矜，既具有男子汉英俊强壮的气度，又显示出他是一位御术娴熟的高手。其衣纹随体，如平举的两袖在肘侧则作斜向，肩背两侧自上而下作弧线曲折，里面轻薄也显示着筋肉的起伏，有似"曹衣出水"的艺术趣味。同样，马四腿如柱，巍然伫立，处于静态，但胸筋暴起，两耳前耸，两骖受靳的牵动而头向外偏，靁的缨穗略向后飞扬，则显示出乘车待发的动势。在这里，雕塑家成功地处理了动与静的关系。静，似乎落地有声；动，却可飞蹄无痕。

第三，白马素车，彩绘龙凤，赋彩鲜明。俑、马、车通体敷彩，因对象与部位而异，以现真实。四马纯白，脊上淡灰，表示毛色变化。铜俑颜面和手臂粉红，毛发蓝黑，双眉如黛，唇含渥丹，皓齿明眸，一如真人。衣服样式、颜色、装饰，亦当如实。铜车彩绘纹样极其复杂；以红、绿、蓝、白、黑、褐等颜色及其间色，在不同部位上，描绘夔龙纹、夔凤纹、流云纹及各式菱形、几何图案，以体现原物的质感[26]。尽管铜车主体部分的彩绘绮丽多姿，纹样繁缛，颜色鲜明，但基调仍趋于素雅，给人以清新、典雅而又神圣的多种感受。

秦陵彩绘铜车马是综合的艺术品，它成就于泥塑、制模、冶铸、机械加工、表面处理、彩绘、装配等多种工艺，既属于雕塑、绘画艺术，又涉及冶金、物理、化学等门类及其手段。归结其创作手法，主要是：

——圆雕、线雕结合，青铜浇铸和錾刻并施。其原型属于精美的雕塑品，据之制模后以铜液浇铸，再经细加工。錾刻和绘画这两种手法相机而用，有着概括与写实的不同，如马身长毛不能靠刻划来表现，就凭借彩绘。相反，对鬃、尾、文髦等则不可彩画，就采用錾刻。使详略得当，效果立显。而线刻固然是指在平面上用刻划阴线作画的一种方法，但它却被引用到表现铜俑与铜马的毛发、褶襞和肉纹这些特殊的对象上，可说是中外青铜雕像上仅见的一种创造。

——工笔重彩构图，平涂晕染着色。铜车马表面涂颜料十多种，而用色以白为多，次则蓝、绿。较少元色，多施间色，故而做到淡雅中见绚丽，平静中显袅娜。驷马纯白，属于平涂所为，但脊上晕染以黑。铜俑的肤色虽施粉白，却是白中泛红。车蕃上的图案，用笔极其工细，直线如矢，曲线似钩，转弯以规，折角用矩。舆底上绘的重绹可说是工笔重彩的代表，其四周是深蓝色的边框，上绘朱红色和粉绿色的几何图案；心部以白色为底，然后用朱红、天蓝和粉绿细描杯文、轭菱、钩纹、掣电、涡纹等纹样。如此陪衬的结果，益发显出绹的富丽堂皇。再以绿色或蓝色的夔纹为例，其体弯如新月，外侧用朱色勾绘鳞甲，而内侧以墨线画边，色彩不同，明暗清楚，而立体感甚强。他如车蕃的轿、轸之间和御座四周都用纤细的稠胶调色画出行云流水与几何图案，篷盖、箱围、盾牌上画以变体夔龙戏凤及流云纹、杯纹，都使人有飞腾出世的感觉。

——雕塑与冶铸相济，绘画与装饰同工。铜车马的原型是细泥雕塑而成的艺术品，它既是后来成形铜车马的原始坯型，也是制范模的基础，至为重要，当然不应有毫厘之差。但是，由于空心造型与冶铸的关系，便有内外范的不同。这是同一般雕塑的最大区别。从铜车马的造型准确、表现手法细腻以及体内残留的泥质内范可知，雕塑和铜液浇铸都是异常成功的。对这些铜铸的俑、马、车及车马饰、挽具（轭、靷）、鞁（勒、辔、胁驱、联索、鞭、策）等加以彩画、组装，再系驾入套。这一套完整的工艺流程就构成了铜车马艺术的全部，剩下的就是按礼制要求入坑了。

（2）秦俑塑绘艺术

秦始皇陵园出土的陶俑，从体量到身份可分为两类：一类是分散于马厩坑的"圈俑"，多作跽坐姿态；另一类是陵东侧兵马俑坑以群体形式出现的秦军将卒与战马的形象。这些同真人真马等大的偶物，威武雄壮，具有虎虎生气，无论单个还是整体，历代陶俑无出其右者，是一批极为珍贵的艺术品。

秦兵马俑作为立体空间的造型艺术，由秦始皇好大喜功的性格所决定，同样是一批写实主义的作品。其写实性表现在以下几个方面：

——形体如真，犹似脱胎于秦兵马的模拟品。秦俑身高1.75～1.96米，着军装，或系步、弩、车、骑等不同兵种，或系各级指挥官；陶马通高1.72米，体长2.03米，或驾车，或披鞍作乘骑。其比例合度，反映了秦兵强马壮的真实。

——面貌不一，必定是秦军将卒英雄群像的真实写照。秦俑塑造出兵种、面容、年龄与身份各自有别的形象，源于中外古代纪念雕像同样的意识，必是以秦军为原型的。截至目前，出土高级军吏俑数十件，其形象无一雷同，表情不一。为数众多的士兵俑中，也不乏当时少数民族的形象。

——各具个性，同忠实的写实手法分不开。秦俑不但"形似"，而且"神具"，再加之敷色得体，塑绘结合，传神写照，才赋予它们个性化的艺术生命力。整体布置捕捉了秦军事生活的代表性场景（阵、营、战、幕），表现入列后的静态、受纪律约束后的严肃。但细微的一些变化，如衣纹随体的曲折、发带翻飞、马耳前倾等，都在静中见动，同于生活中的真实。

其实，秦俑艺术在写实的基础上还有着新的发挥，其积极的成果表现在：

第一，在表现主题上，是有实有虚，虚实相生，从而在视觉上收到最佳的效果。步、骑、车、弩四个兵种的编列次序属实，而各自数量的多寡则虚（一号坑的翼、卫部的武士俑只有外面的一列单行，车后徒卒的数目不定，不合兵法规定，显然具有很大的象征性）；战车、坐骑与武士是模拟的实体，但御者执辔随车、骑士牵马则属于虚拟；武士握持兵器的姿势多是真的，但弓、弩、戟、铍等平置地上却是不合理的。在这里，实中有虚，虚中含实，呈现在人们眼前的是一支扑面而来的浩浩荡荡的大军。

第二，在人物造型上，具体而微的精雕细刻与概括洗练的手法结合，从而达到"形神兼备"。秦俑与人同高，属于1∶1的比例，显系依体造型。而形象刻画更为细腻，五官适度，胡须各别，发丝根根清晰。甲札厚薄一定，规格严整，履底针脚走向如实。但袍摆、裤管仅具大样，衣纹皱褶也只是寥寥的数道阴线。从整体言，秦武士俑上细下粗，似不相称，但活生生的面貌、硕大结实的身躯，都会给人以"灵气"的感染力和稳定坚固的印象。同样，陶马壮实，腿、蹄刻划粗略，但头部雕塑极精，居"王者"地位，再配上结构合理的躯干、丰满的臀部，一下就勾勒出秦马"探前趹后，蹄间三寻"的良种神态来。总之，精细与概括有机结合，同样是雕塑赋神之妙。

第三，在雕塑手法的运用上，静中寓动，夸张出自真实，赋彩恰切，从而表现出秦军勇武的精神风貌。秦俑坑选取的特

定环境是以"陈兵"的形式来表现军事生活的主要内容。选取
的时间是阵、营、战、幕那一瞬间的静态。秦俑艺术家为避免
群雕中同一姿势出现死寂沉闷的场景，就力图在细节刻画上有
所变化，像发带翻飞作风动之状，眉棱粗壮高起，胡须上翘异
于常人……这些夸张虽然还算不上大胆，但毕竟有助于人物性
格的刻画。军吏俑左手握剑、两指微曲，或右手紧握左腕拄剑
站立，都表现了一定的力度感。蹲姿甲俑右臂自然下垂、半握
拳，左臂曲肘、手微伸，一上一下，十分清楚地表现了紧握
弓、轻控弦的内在动劲。而敷色上俑各有别、浓淡相间，使得
这阵营场面虽然充满了静穆气氛，却也不乏异常热烈的趣味。
秦俑艺术之所以为人们所承认，就在于：塑，造"形"；色，
赋"质"；准，生"神"。各有侧重，互为补充，有机配合，相
辅相成。因为塑绘的统一，就使得这些无生命的模拟物生机盎
然、呼之欲出。

　　前面所述，只是从秦俑塑绘本身谈其艺术表现的。实际
上，所谓"秦俑艺术"绝不完全局限于此。我们应该看到：秦
俑从个体形象的塑造到群体的布置，都达到了很高的艺术水
平。因为造型解决的是对象的体积、空间、比例、外形、体
量、质感等基本问题，而只有合理、巧妙地处置群雕的布置和
陈列才能创造出一种气氛，从而产生强烈、深刻的感染力。那
么，秦俑何以给人以巨大的震撼力？那就是它从宏观上把群塑
形象集合在一个统一的构图中，即通过艺术的布置，使人们在
视觉上产生一种强烈的心理共鸣。其表现手法主要表现在：

　　首先，采用方块（含长方块）结构和对称结构的构图方
式，扩大铺陈界面。表现矩阵（一号坑）、营练（二号坑）、示
战（四号坑）和军幕（三号坑）的四个坑，因各自的内容与数

量关系而坑形大小不一。于是，设计者把面积最大、纵深最远的一号坑放在右侧，使其他三坑置于左侧，又把长方形的四号坑变为面东的横向且放在二、三号坑之间，在大方块内容纳着纵向的两线配置。一号坑的锋、翼、卫及车前卒、随车步兵，二号坑的三处营地、演练场等，均属方块或长方块形状；而一号坑以第六过洞为纵轴，两侧各六个过洞及其随车武士俑的排列，都是左右对称的。主力部队的武帻甲士同样是左右对称的。这种整齐的构图方式不但符合军列的实际，而且也整齐划一，避免了犬牙交错的零乱感。更重要的是在艺术美感上激发人的想象力，即：方块构图整齐、严密，具有无穷的连续性，可使数千件兵马俑延展成一个浩浩荡荡的军事实体；而对称结构在轴线关系上延伸、展开，具有在横向或纵向上的宽度或深度的变化。无论是哪一种构图方式，都会给人以"不尽长江滚滚来"的动感和强大压力，确能起到"平中幻变"的作用。

其次，以体量大、数量多取胜而形成威严磅礴的气势。秦俑坑占地空间大，纵横4.2万平方米（230×183平方米），本已构成一个庞大的特有空间；而俑、马等身，车如实，数量多到七千左右，况且是戴武帻、穿战袍、擐铠甲、执兵器的一队队士兵，簇拥着驷马战车，伴随着披坚执锐、坐乘骏马的骑兵，干戈耀眼，是一支全副武装的精灵。尽管设置数量带有很大的象征性，陶俑也不过是些无生命的"偶物"，但当人们面对这列队待命、威武整肃的场景时，仍会受到一种气势夺人的感染。

秦俑这一大型的纪念碑式的群体雕塑，从其创作意向、艺术手法、写实作风所形成的造型之美，大、多、真的组合方法和严整的阵营形式所造就的艺术美、气势美、构图美，同始皇陵园有机联系的整体美，构成了自成一体的"秦俑艺术"。这是佛教艺术传入中国之前，在华夏大地上诞生的艺术，立于世界雕塑艺术之林，属于全人类宝贵的文化财富。

3. 工艺美术

所谓"工艺美术"实际是指一些建筑构件、生活用品上的装饰纹样。秦纯粹的装饰是很少有的，多是把实用作为第一位，在此基础上加以美化。

秦的工艺美术作品反映在建筑装饰上最为突出，在咸阳宫殿建筑和长陵车站沙坑出土的铜构件上都有平雕的夔凤纹、流云纹和几何形图案。临潼零河的铜门楣上，多为盘曲纠结的蟠虺纹，而宫殿的一些壁面、台阶、地面上，铺砌有方格纹、回纹、菱纹、米格纹、花卉及∽、×等多种纹样的方形砖。其中规整的云纹、柿蒂纹和回纹是组成复合纹样的母体纹样。特别是一块线刻珥蛇的水神乘着驮璧的凤鸟花砖，属于神话题材的艺术珍品。苍龙抱璧纹空心砖，无论是渭北的线刻的单龙，或是渭南的浅浮雕双龙，其四爪伸张，均呈现出"飞龙在天"的艺术形象。它同室内的朱红色地面、彩画墙壁配合，互为呼应，从而构成建筑的整体美。

瓦当纹样见有葵纹、叶纹、辐射纹和变形云纹（图四八）。动物纹样在春秋时期已经出现，如雍都故址有鹿纹、双兽纹瓦当，秦咸阳宫殿遗址的瓦当纹样繁多而以云纹为其大宗。一号宫殿遗址有以鹿、鸟、昆虫、蜻蜓和青蛙等动物纹样组成的四区圆瓦当，渭河南宫殿还见有四鹿、四兽、子母鸟、豹等多种纹样的圆瓦当（图四九），而秦始皇陵园出土一种大型夔纹檩当面径61厘米，构图清新、布局严谨，都应是当年带彩的画瓦（图五〇）。

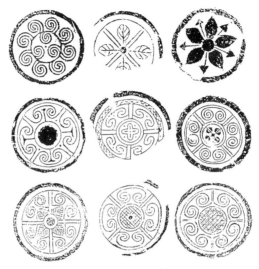

图四八　秦宫殿遗址出土的瓦当图案

图四九　秦宫殿遗址出土的动物纹瓦当图案

图五〇　秦檐当

　　模印画像砖是另一种装饰风格的工艺美术品。临潼的一块画像砖面上模印出有如浅浮雕似的骑马射猎图。陕西历史博物馆的一块空心砖，运用五种印模分别捺出宫廷侍卫、宴享宾客、苑囿景色和骑马射猎的四区画面，各自都异常生动。

　　器物附件的装饰，同样是经过艺术处理的。咸阳宫殿的铜铺首、雁足灯，塔儿坡铜镈于上的龙纽，长陵车站沙坑铜带钩上猴、鹿、鸭、兔等动物及铜武士俑头，西安收藏的鎏金铜卧虎，秦陵铜车马上的金当卢、络头银泡等等，都是对实用器物美化了的精工制品。

　　咸阳一号宫殿窖藏中出土十一种已经炭化的丝麻衣服，在

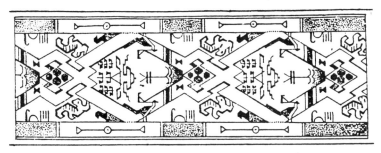

图五一　秦咸阳一号官殿遗址出土丝织品图案

锦和编织绣上的图案是杯纹，间以豹纹，上下夹有几何纹条带，其空间则是用三角、圆点、弧线及多种连线填充。整个横幅作二方连续排列，显得规整大方。豹纹作举爪、回头望姿态，从而打破机械连续的呆板，使动静结合（图五一）。秦俑将军甲上绘画着彩色的二方或四方连续的图案，非常优美，当是绣绘的模拟。这些反映了当时丝织的高超技艺和图案工艺美术的水平。

（四）多学科合作与秦文化研究的整体趋势

1. 多学科的参与及其成果

既然"考古学是根据古代人类通过各种活动遗留下来的实物以研究人类古代社会历史的一门科学"（《中国大百科全书·考古学》），其研究的对象就是古代遗迹和遗物这些物质的遗存，那么，古代社会作为一个复杂的复合体，其范围之广必然涉及到科学的很多门类。实际上，并不能单靠考古学的地层学和类型学方法来完成古代社会历史的研究，更无法完全揭示其文化面貌。研究越是深入，多学科的合作越是显得重要。秦文化研究的实践，更能给我们提供这样的例证。

　　秦文化遗存的发现与研究，社会科学是捷足先登的。历史学和历史地理学运用秦考古的新资料，不只使自己摆脱长期以来研究的低迷状态，同时也使秦考古研究提高到了一个新的水平。因为考古学本来就是历史科学的一个组成部分。当林剑鸣编写《秦史稿》这部秦史专著时，正因为大量引用了秦考古的新资料，才避免了文献资料转抄加按语之弊，使得很多问题得到合理的说明与阐释，而且也丰富多彩。王学理等学者，因为使大量的考古资料同历史文献紧密结合，其编著的《秦物质文化史》得到了学术界的肯定。

　　当秦人走出陇东沟谷、沿着汧渭向中下游迁徙时，建立的座座都城即是那段历史轨迹的遗留。历史地理学从选址的自然环境、经济条件和政治背景等方面入手，揭示出这些秦都和邑居产生和放弃的历史动因。同样，历史地理学对水利灌溉工程（如都江堰、郑国渠等）、交通道路（如驰道、直道和以咸阳为辐射中心的天下大道等）、邮传驿站、离宫别馆、长城建筑（地形选择、走向等）以及郡县边邑的形成等的研究都起了重要作用。在这里，古都学除上述研究内容之外，还能从城市的平面布局、立体结构和历史沿革的研究中破解很多物质文化之谜。在秦都咸阳和栎阳城的研究中，一些专著和论文已经是这么做的，从而收到了良好的效果。而地理学和地质学的介入，更能从地貌变迁、地质结构中给出城市、陵墓变迁与构筑条件的某些答案。孙嘉春工程师凭借自己地质学的专业特长，对秦始皇陵地区地质结构、水流变迁的考察，有助于对修陵过程及历史地貌演化的了解。对鱼池水坝、陵冢积土来源、陵园方向、墓圹深度等问题也都提出了独到的见解，颇为有益[27]。

秦的简牍、铭刻（铜器、陶器、兵器上的铭文，石刻文字）、印章、封泥、诏版、权量、符节、文书（如瓦书、信札）等，文辞虽短，但提供的信息量却往往很大。它们固然各自属于一个独立的学科，有着各自的研究领域，但因为是秦系文字的载体，也就成为古文字学研究的对象。古文字研究的结果，对判别其年代、性质，更具重要意义。王辉的《秦铜器铭文编年集释》一书，文题相符，是部文字学专著。如果把诸学科研究成果综合起来，放回它原来的历史环境之中，当然就大大有助于恢复秦文化面貌的研究。同理，社会科学其他学科的研究成就无疑也会大大丰富秦文化研究的内容与深度。

对始皇陵兵马俑的研究，必然要同中国军事史发生关系。我们徜徉在古代兵法著述中，可以从中获得有助于认识秦俑军事部署的线索与启示，从武器配备原则中也能找到秦俑兵器构成的关系。当然，把秦俑同兵法对照，生搬硬套，无论如何都是不合辙的。有关秦俑军阵与兵器的论文可说是连篇累牍，各自成理。袁仲一著有《秦始皇陵兵马俑研究》一书，可同秦俑坑考古发掘报告配合阅读[28]。而王学理积十八年的研究，终成《秦俑专题研究》一书，把秦俑坑这个具有广博军事内容的大课题分成军事学（10 个专题）、兵器学（10 个专题）、艺术史（6 个专题）和科学技术（3 篇检测报告与研究）四大部分，各专题上下纵横地展开问题独立成篇，全书又总揽各题以勾勒出俑坑全部的军事内涵。作者的视角是：不但把秦俑作为一种文化现象置于有秦一代特定的历史环境之中，而且追本溯源地上及春秋战国下逮汉魏远及西洋，故而能从历史的必然性中找到继承与相互影响问题的答案。特别是对秦俑坑军事内容的构成、武器组合，能多角度、多层次、多维地作出深入浅出的阐释和研究，形成很多新颖的观点与深切的见解，所以有评论指出《秦俑专题研究》是"解读秦俑的佳作"[29]。

"标准化"是现代工业生产工艺所形成的概念，因此很多人对我国历史上是否存在标准化问题持怀疑态度。但秦俑组合兵器部件大小一致、制作规整，是具有互换性的通用品，由此激发了机械行业对我国标准化史的追溯研究。陕西省标准化情报研究所同陕西省考古研究所一些学者，在对秦俑坑的兵器、建筑材料等作过考察之后，写出了《论秦汉时期标准化》一文[30]。王学理则发表了长篇论文《秦代军工生产标准化的初步考察》。他通过对秦俑坑弓弩、箭杆、镞头等远射兵器的配套设施及其各组成部分，戟、铍的定型，长剑的加工工艺的测定等等，取得翔实的数据后，断定这些都属于"标准化的产品"，并指出秦简《工律》中"为器同物者，其大小、短长、广亦必等"表明"同类归并，大小分等"的系列化取得了法律的承认；车马具零部件已能做到通用化，因而在装配成型中实现组合化；秦俑军服种类齐全而规范，在生产中已能做到男女分工的专业化和生产环节上的制度化。而秦之所以能够使产品实现标准化，是首先以法律化的管理制度为其前提的[31]。标准化史学科的研究表明秦代是我国标准化的确立时期，对后代产生了深远的影响，在世界上也应有其历史地位。

美术史界对秦代美术的研究，具有特别的意义。随着秦宫壁画、秦俑的发现与部分资料的公布，探求秦美术的内容、风格、技法、意义、地位的论文，从不同的角度展开。李浴依据新的资料，对其1957年出版的《中国美术史纲》重新作了修订[32]。张光福的《中国美术史》，以实际材料介绍"秦代的造型艺术概况"，又单论了"秦俑艺术"[33]。刘凤君在他的《美

图五二　秦咸阳冀阙宫廷建筑遗址复原图

术考古学导论》一书中，从雕塑艺术技法上提到秦俑成型[34]。
秦代美术的被写入，填补了中国美术史的空白，也大大促进了
秦文化的研究。

　　秦建筑工程史研究的薄弱环节也正在发生着根本性的改
变。过去仅限于对瓦、瓦当、水道等建筑材料的搜集整理和对
秦长城的一般性调查，而秦大型建筑遗址的发掘使得恢复其原
貌成为可能。秦咸阳宫一号建筑经杨鸿勋考古复原，它本来是
一座横跨今牛羊沟、上有飞阁复道连接的、呈"二元构图的两
观形式"的高台建筑，异常宏伟[35]。王学理研究认为，它就
是秦孝公、商鞅所筑的"冀阙宫廷"建筑的组成部分[36]（图
五二）。秦始皇陵食官建筑遗址（东段），据遗迹和建筑遗物复
原，是一处用途不同、形式各异的群体建筑的一部分，其中的
膳食作坊建筑作重檐的庑殿顶，采用蜀柱型的抬梁式木构架，
因而也显得很有气魄[37]。长城是个令人感兴趣的题目，向来
为文学家、史地学者所重视，有关的专著、论文较多。特别是
80 年代以后，对战国秦长城与统一后秦长城的考古，结合关
塞、亭障以及沿途建筑、道路等作综合调查，尽管存疑和争议
的问题尚多，但考古学、历史学和历史地理学等多学科通力合
作，必将使这一雄伟的建筑工程从宏观上进入秦文化的研究领

域中来。

秦物质文化史处于资料积累时期，同考古的其他学科一样，常常利用自然科学的先进手段为自己服务。随着自然科学一些学科的介入，多学科合作的结果将形成秦文化研究的整体化趋势。

过去考古学断代的方法，除器物本身标年外，通常运用地层学和标形学求得相对年代。自 70 年代中期之后，为取得绝对年代值，多种科学测年手段的引入大大改变了制约深入研究的状况。碳-14 测出秦都咸阳宫殿建筑遗址的年代距今 2290±80 年（即前 340±80 年）[38]，测知秦俑坑年代范围是距今 1960±80～2250±50 年[39]。用同样的方法也对雍都的宗庙遗址、秦公一号大墓作过测定，均取得重要的年代参数。在碳-14 测年方法之后，利用热释光测定秦咸阳三号宫殿建筑遗址、秦俑一号坑的年代，也都具有良好的效果。

对秦俑和红烧土作光谱半定量分析和化学成分定量分析，用 X 射线衍射分析和岩相分析作矿物结构分析，再作物理性能测定（如机械强度、秦砖重烧后的强度与收缩、重烧后相对对比硬度与显微硬度、体积密度、吸水率、孔隙率等）、差热失重，从而测知其烧成温度是 900～1050℃[40]。

秦兵马俑坑出土的青铜兵器，制作规范，加工精细，最早引起冶金史研究者的注意。北京科技大学（原北京钢铁学院）冶金史研究室用 LMA～1 型激光显微光谱分析仪对秦镞进行了定性分析，用质子 X 荧光非真空仪对其表面作成分分析，再用 RU－200 旋转阳极 X 射线结构分析仪对其表面作结构分析，从而确知秦俑坑青铜镞表面有一层由人工形成的含铬氧化层。还用电子探针、光谱分析等多种测定手段，对表面呈灰色而光洁的青铜剑、矛、殳、镞等兵器测定，取得同样的结果。这层致密的铬化合物氧化层含铬 0.87～2.23％、厚 10～15 微米，经过人工模拟表明它是由秦代铬盐氧化处理技术制成[41]。由于河北满城汉中山靖王刘胜墓也有同样铜镞的发现，可知秦俑坑铜兵器表面的处理绝不是孤例，从而也揭开古代冶金史上的一个秘密。对雍都秦公一号大墓填土中出土的铁铲、锸等农业生产工具作金相分析，表明都属于锻铸铁件，无疑将我国锻铸工艺史提早到了春秋中期。

我们能看到的秦代的颜色，要算咸阳宫壁画和秦俑体表的涂色了。但这些矿物质颜料容易褪色，特别是俑色因底层老化而涂层脱落。中国科学院自然科学史研究所李亚东、北京科技大学的韩汝玢和谢逸凡用质子 X 荧光非真空分析仪进行颜料成分的定性分析，用转靶 X 射线衍射测定其结构，用偏光显微镜作岩相分析，求得几种颜料是：红——辰砂（HgS）、铅丹（Pb_3O_4）、赭石（Fe_2O_3），绿——孔雀石［$CuCO_3 \cdot Cu(OH)_2$］，蓝——蓝铜矿［$2CuCO_3 \cdot Cu(OH)_2$］，紫——铅丹＋蓝铜矿，白——铅白、高岭土、硫酸铅（$PbSO_4$）、方解石（即白垩 $CaCO_3$），浅褐——褐铁矿、锰、铁、镁，黑——无定形炭[42]。秦俑馆在以后的长期实验中有新发展，把颜色的测定同颜色的保护结合起来。

《史记》载：秦始皇陵墓内"以水银为百川江河大海，机相灌输，上具天文，下具地理"。用地球勘查化学的汞测量技术，对秦始皇陵地区进行了汞含量测量，结果表明：在秦始皇陵封土中出现一个约 12000 平方米的强汞异常范围，其汞含量变化为 70～1500ppb，从而证实秦始皇陵墓内储有水银的记载不虚，陵墓也没有盗挖[43]。另外，我们用地质学物探的多种手段对秦始皇陵的内部空间及结构进行探测，也取得了积极的成果[44]。

利用航空遥感及高空红外摄影技术对秦遗址作大面积勘测，只是在秦始皇陵地区进行过，但耗资大，解释还欠准确。不过，这是个重要手段，今后定会得到推广。

社会科学和自然科学的相关学科同秦考古结合并互相渗透，既拓宽了秦文化的研究领域，也使秦文化研究具备了广度与深度。

2. 秦文化研究的整体趋势

近半个世纪以来，对秦文化资料的发现、发掘、整理，从思考、分析入手，进而由单科到综合、由浅入深地展开了研究。在世纪末叶，越是晚出的资料越容易进入研究领域。同时，随着秦文化研究的逐步展开，拓宽研究领域形成多学科的合作也就势所必然。就秦文化研究史而言，80～90年代，秦文化的深层研究应该说是卓有成效的。

首先，秦文化资料整理已经带有全面化和系统化的趋向。研究实践告诉我们：资料是一切研究的基础，而田野考古资料向学术界的公布则以"考古报告"为其最佳的形式。因为它使人能够较全面地了解该遗址或墓葬的结构与内涵，其所具有的科学价值是多方面的。还有一些考古调查或发掘，受规模或者时间的限制，就采用简报的形式发表资料。如关中、河南、湖北、四川等地的秦墓材料多半是采用简报形式公布的。尽管有些未见考古报告面世，但或详或略的报道如雍都秦公陵园、秦东陵陵园、秦始皇陵园及其陪葬墓、居赀役人墓、四川青川秦墓、甘肃天水放马滩秦墓等等，还是提供了新课题的一些线索，对研究秦文化内涵无疑是有意义的。至于秦都城及其宫殿建筑、水利工程、交通道路、军防设施等等重要内容，虽然还没有一本考古报告出版，但大量的简报资料也就成了研究的依据。

其次，由专题到综合性的研究已向秦文化的各个领域延伸，从而取得了积极甚至是突破性的成果。汇总考古重大发现、展示研究现状的著作，当数中国社会科学院编写的《新中国的考古发现和研究》一书[45]。同类的还有几所大学出版的考古教材，如《考古学通论》[46]、《战国秦汉考古》[47]等。

把考古资料置于东周与秦代这一特定的历史背景之中，按国别、依地区、分器类，有合有分地研究，最典型的例子就是李学勤的《东周与秦代文明》[48]、王学理等的《秦物质文化史》[49]、林剑鸣等的《秦汉社会文明》[50]等专著。

论述秦文化的文章收入论文集或纪念文集之中的，从内容到数量可谓林林总总。散见于各类杂志上的研究论文，也是不可胜计。论广度，无所不包；论深度，各层兼有。即以云梦秦简为窗口，就可以窥见研究的概况。除大量的对云梦秦简各篇的释文、译注的研究及一般性的动态报道之外，对简文的研究涉及到政治、经济、军事、刑律、地理、交通、邮传、民族、语言、文字、文化、思想、宗教、天文、历法、时制等等，可说是应有尽有。至于专题研究，往往在一些层面上开掘得更深，其涉及范围广到都城、建筑、货币、兵器、铜器、权量、简牍、印章、文字（含刻石、陶文）、瓦当、长城、陵寝制度、造型艺术、科学技术以及区域历史、中外文化交流等等。

总之，20世纪的秦文化研究从遗存的发现、资料的积累，到初步认识、深入研究，经过了近八十年的历程。在此期间，研究方式由原来考古地层学、标形学的狭小圈子走出来，形成以考古学为主体的多学科合作趋势。秦文化研究也取得了积极的成果，在中国文化宝库里熠熠生辉。

注　释

[1] 陕西省考古研究所：《陇县店子秦墓》，三秦出版社 1998 年版。

[2] 滕铭予：《〈陇县店子秦墓〉评介》，《中国文物报》1999 年 1 月 27 日第 8 期（总第 675 期）。

[3] 咸阳市文物考古研究所：《塔儿坡秦墓》，三秦出版社 1998 年版。

[4] 曹发展：《咸阳任家嘴秦人墓地发掘的主要收获》，《泾渭稽古》1995 年第 2 期。

[5] 宝鸡市考古工作队：《宝鸡益门村二号春秋墓发掘简报》，《文物》1993 年第 10 期。

[6] 陈戈：《新疆出土的早期铁器——兼谈我国开始使用铁器的时间问题》，《庆祝苏秉琦考古五十五年论文集》，文物出版社 1998 年版。

[7] 唐际根：《中国冶铁术的起源问题》，《考古》1993 年第 6 期。

[8] 赵化成：《公元前 5 世纪中叶以前中国人工铁器的发现及其相关问题》，《考古文物研究——纪念西北大学考古专业成立四十周年文集》，三秦出版社 1996 年版。

[9] 陈平：《试论宝鸡益门二号墓短剑及有关问题》，《考古》1995 年第 4 期；赵化成：《宝鸡市益门村二号春秋墓族属管见》，《考古与文物》1997 年第 1 期。

[10] 王仁湘：《带钩概论》，《考古学报》1985 年第 3 期。

[11] 杨泓：《中国古代兵器论丛》，文物出版社 1980 年版。

[12] 王学理：《秦俑兵器刍论》，《考古与文物》1983 年第 4 期。

[13] 王学理：《秦俑坑青铜兵器的科技成就管窥》，《考古与文物》1980 年第 3 期。

[14] 河北省文物管理处：《河北易县燕下都 44 号墓发掘报告》，《考古》1975 年第 4 期。

[15] 陈平：《试论春秋型秦兵的年代及有关问题》，《考古与文物》1986 年第 5 期。

[16] 陈平：《试论战国型秦兵的年代及有关问题》，《中国考古学研究论集——纪

念夏鼐先生考古五十周年》，三秦出版社 1987 年版。

[17] 同 [5]。

[18] 李学勤：《益门村金、玉器纹饰研究》，《文物》1993 年第 10 期。

[19] 张天恩：《秦器三论》，《文物》1993 年第 10 期。

[20] 陈平：《试论宝鸡益门二号墓短剑及有关问题》，《考古》1995 年第 4 期。

[21] Emma C. Bunker, Ancient bronzes of the eastern European steppes, edited by Trudy S. Kawami with John Stevenson, P226, New York, 1997.

[22] 卢连成、胡智生：《宝鸡𢓃国墓地》（结语），第 443～446 页，文物出版社 1988 年版。

[23] 陕西省社会科学院考古研究所渭水队：《秦都咸阳故址的调查与试掘》，《考古》1962 年第 6 期；秦都咸阳考古工作站：《秦都咸阳第一号宫殿建筑遗址简报》，《文物》1976 年第 11 期；学理等：《秦都咸阳发掘报道的若干补正意见》，《文物》1979 年第 2 期；咸阳市文管会等：《秦都咸阳第三号宫殿建筑遗址发掘简报》，《考古与文物》1980 年第 2 期。

[24] 秦始皇陵兵马俑博物馆、陕西省考古研究所：《秦始皇陵铜车马发掘报告》，文物出版社 1998 年版。

[25] 王学理：《五时副车铜偶所反映的秦代銮驾制度》，载《考古与文物丛刊第一号·秦陵二号铜车马》，1983 年 11 月。

[26] 王学理：《秦陵彩绘铜车马》，陕西人民出版社 1988 年版。

[27] 孙嘉春：《秦始皇陵之谜地学考辨》，《文博》1989 年第 5 期。

[28] 袁仲一：《秦始皇陵兵马俑研究》，文物出版社 1990 年版。

[29] 向平：《解读秦俑的佳作》，《陕西日报》1999 年 3 月 9 日。

[30] 袁卫华、王学理等：《论秦汉时期标准化》，《陕西标准化》1981 年第 2 期。

[31] 王学理：《秦代军工生产标准化的初步考察》，载中国兵工学会《兵器科技史研究会论文集》（第一集），北京。后又收入《秦俑专题研究》，三秦出版社 1994 年版。

[32] 李浴：《中国美术史纲》，辽宁美术出版社 1986 年版。

[33] 张光福：《中国美术史》，知识出版社 1982 年版。

[34] 刘凤君：《美术考古学导论》，山东大学出版社 1995 年版。

[35] 陶复：《秦都咸阳宫第一号遗址复原问题的初步探讨》，《文物》1976 年第 11 期。后又收入杨鸿勋《建筑考古学论文集》，文物出版社 1987 年版。

[36] 王学理：《秦都咸阳》，陕西人民出版社 1985 年版；《咸阳帝都记》，三秦出版社 1999 年版。

[37] 王学理:《"丽山食官"（东段）复原的构想》,《考古与文物》1989 年第 5 期。

[38] 咸阳文管会等:《秦都咸阳第三号宫殿建筑遗址发掘简报》,《考古与文物》1980 年第 2 期。

[39] 周明富、周卫健等:《秦兵马俑坑^{14}C 的年代测定报告》,载《秦俑专题研究》第 582 页,三秦出版社 1994 年版。

[40] 陕西省考古研究所等:《秦始皇陵兵马俑坑一号坑发掘报告（1974～1984）》,文物出版社 1988 年版。

[41] 韩汝玢、马肇曾等:《秦始皇陶俑坑出土的铜镞表面氧化层的研究》,载《自然科学史研究》1983 年第 4 期,又载《秦俑专题研究》第 584～594 页,三秦出版社 1994 年版。

[42] 李亚东:《秦俑彩绘颜料及秦代颜料史考》,《考古与文物》1983 年第 3 期。韩汝玢、谢逸凡:《秦始皇陵陶俑彩绘颜料的鉴定》,载《秦俑专题研究》第 595～612 页,三秦出版社 1994 年版。

[43] 常勇、李同:《秦始皇陵中埋藏汞的初步研究》,《考古》1983 年第 7 期。

[44] 王学理:《秦始皇陵研究》,上海人民出版社 1994 年版。

[45] 中国社会科学院考古研究所:《新中国的考古发现和研究》,文物出版社 1984 年版。

[46] 蔡凤书、宋百川:《考古学通论》,山东大学出版社 1988 年版。

[47] 查瑞珍:《战国秦汉考古》,南京大学出版社 1990 年版;李发林:《战国秦汉考古》,山东大学出版社 1991 年版;宋治民:《战国秦汉考古》,四川大学出版社 1993 年版。

[48] 李学勤:《东周与秦代文明》,文物出版社 1984 年版。

[49] 王学理等:《秦物质文化史》,三秦出版社 1994 年版 。

[50] 林剑鸣等:《秦汉社会文明》,西北大学出版社 1985 年版。

参 考 书 目

（一）古籍及其校注

1．司马迁：《史记》，中华书局 1962 年版。

2．班固：《汉书》，中华书局 1962 年版。

3．郦道元：《水经注》，王国维校注本，上海人民出版社 1984 年版。

4．陈直：《三辅黄图校证》，陕西人民出版社 1980 年版。

5．何清谷：《三辅黄图校注》，三秦出版社 1995 年版。

6．《文选·西京赋》，中华书局 1977 年影印本。

（二）论著、考古报告

1．马非百：《秦集史》，中华书局 1982 年版。

2．俞伟超：《先秦两汉考古学论集》，文物出版社 1985 年版。

3．张光直：《中国考古学论文集》，生活·读书·新知三联书店 1999 年版。

4．俞伟超：《考古学是什么》，中国社会科学出版社 1996 年版。

5．夏建中：《文化人类学理论学派》，中国人民大学出版社 1997 年版。

6．陈星灿：《中国史前考古学史研究》，三联书店 1997 年版。

7．苏秉琦：《苏秉琦考古学论述选集》，文物出版社 1984 年版。

8．中国科学院考古研究所：《沣西发掘报告》，文物出版社 1962 年版。

9．王学理：《咸阳帝都记》，三秦出版社 1999 年版。

10．中华书局编辑部编：《云梦秦简研究》，中华书局 1981 年版。

11．林剑鸣：《秦汉史》，上海人民出版社1989年版。

12．《云梦睡虎地秦墓》，文物出版社1981年版。

13．陕西省考古研究所、始皇陵秦俑坑考古发掘队：《秦始皇陵兵马俑坑一号坑发掘报告》，文物出版社1988年版。

14．陕西始皇陵秦俑考古队、秦始皇兵马俑博物馆：《秦始皇兵马俑》，文物出版社1983年版。

15．王学理：《秦始皇陵研究》，上海人民出版社1994年版。

16．王学理：《秦俑专题研究》，三秦出版社1994年版。

17．李学勤：《东周与秦代文明》，文物出版社1984年版。

18．郭沫若：《两周金文辞大系图录考释》，科学出版社1957年版。

19．四川省博物馆：《四川船棺葬发掘报告》，文物出版社1960年版。

20．王国维：《观堂集林》，中华书局1959年版。

21．王学理、尚志儒、呼林贵等：《秦物质文化史》，三秦出版社1994年版。

22．周谷城：《中国通史》，开明书店发行，1939年。

23．王学理：《秦都咸阳》，陕西人民出版社1985年版。

24．李学勤：《缀古集》，上海古籍出版社1998年版。

25．唐兰：《中国文字学》，上海古籍出版社1979年版。

26．袁仲一：《秦代陶文》，三秦出版社1987年版。

27．袁仲一：《秦文字类编》，陕西人民教育出版社1993年版。

28．黄留珠主编：《周秦汉唐研究》第1辑，三秦出版社1998年版。

29．陕西省考古研究所：《陇县店子秦墓》，三秦出版社1998年版。

30．杨泓：《中国古代兵器论丛》，文物出版社1980年版。

31．卢连成、胡智生：《宝鸡𢂰国墓地》，文物出版社1988年版。

32．王学理：《秦陵彩绘铜车马》，陕西人民出版社1988年版。

33．林剑鸣等：《秦汉社会文明》，西北大学出版社1985年版。

34．中国社会科学院考古研究所：《新中国的考古发现和研究》，文物出版社1984年版。

35．蔡凤书、宋百川：《考古学通论》，山东大学出版社 1988 年版。

36．查瑞珍：《战国秦汉考古》，南京大学出版社 1990 年版。

37．李发林：《战国秦汉考古》，山东大学出版社 1991 年版。

38．宋治民：《战国秦汉考古》，四川大学出版社 1993 年版。

39．周晓陆、路东之：《秦封泥集》，三秦出版社 2000 年版。

40．咸阳市文物考古研究所：《塔儿坡秦墓》，三秦出版社 1998 年版。

后　记

　　秦文化的研究经历了整整 70 年时间。我们曾就文献中几条蛛丝马迹去探索早期秦人起源之路；我们曾仔细摩挲铜陶器物试图去把握秦文化的成长历程；拜祖先之赐，我们也有几次轰动世界的考古发现。过去的路弯弯曲曲，艰辛的跋涉，毕竟留给我们许多很值得骄傲和回味的东西。

　　那么，今天和 30 年代相比，在科学认识方面，我们取得了哪些重要的进步？我们以为主要有两个：一是对秦文化特征有了较为明晰的认识；二是无论在都城、陵墓，或是中小型墓葬问题上，都建立起了秦文化从早到晚的发展序列。这两点概括起来，其实都是文化历史的研究。这也是考古学发展的必由之路：先得对文化的时空框架及谱系作一番交代。

　　然而，在文化动力研究及文化运行机制方面，我们还做得远远不够。如果考古学的本质是"人学"的话，在观念方面的研究也很不足。我们至今还不能从那些普通的陶器中抽象出秦人的精神世界和生活状态来。往昔的研究不可谓不细，连秦俑甲衣花纹都被详尽描述和分类，但这对理解文化整体有多大意义？因此说，我们太需要长时段的、综合性的整体研究了，我们太需要打通政治、军事、哲学、艺术各方面界限，寻找它们之间的共通之处。要做到这一点，暂时跳出秦文化恐怕值得考虑；把秦文化放在东周社会从封国到帝国变迁的大背景中，把它与其他列国文化作深入对比研究，以期从文献史料和实物多方面相互印证中，揭示秦文化的独特个性及其走过的独特道路，实属必要。

　　本书的一（一）、（二），三（三），五（三）、（四），由王学理撰写；其他部分由梁云撰写。最后，由王学理校改全稿。

作　者
2000 年 6 月

图书在版编目（CIP）数据

秦文化／王学理、梁云著．－－北京：文物出版社，
2001.4（2020.11重印）

（20世纪中国文物考古发现与研究丛书）

ISBN 978-7-5010-1236-7

Ⅰ.秦… Ⅱ.①王…②梁… Ⅲ.考古-中国-秦代
Ⅳ.K871.41

中国版本图书馆CIP数据核字（2000）第54598号

20世纪中国文物考古发现与研究丛书

秦文化

著　　者　王学理　梁　云

封面设计　张希广
责任印制　陈　杰
责任编辑　窦旭耀
出版发行　文物出版社
社　　址　北京市东直门内北小街2号楼
网　　址　http：//www.wenwu.com
邮　　箱　web@wenwu.com
印　　刷　河北鹏润印刷有限公司
开　　本　850mm×1168mm　　1/32
印　　张　9.625　插页：2
版　　次　2001年4月第1版
印　　次　2020年11月第3次印刷
书　　号　ISBN 978-7-5010-1236-7
定　　价　40.00元